はじめよう
経済数学

浅利一郎・山下隆之［著］
Asari Ichiro　Yamashita Takayuki

日本評論社

本書は pLaTeX 2ε を使って組版されました.

まえがき

経済学を学ぶ学生たちが最初に出会う専門教育科目は，通常，ミクロ経済学やマクロ経済学などの経済理論である．ミクロ経済学もマクロ経済学も経済学の共通の経済理論として，世界中のどの大学で経済学を学ぶにしても，必ずきちんと教育される基礎科目となっている．もちろん，経済理論の教育も入門レベルから上級レベルまであり，いきなり難解な理論を教えるわけではない．しかし，入門レベルの経済理論の教育においてさえ，そこで用いられている経済学の数学的方法に戸惑いを感じる学生たちが少なくない，というのが私たちの実感である．その理由はいくつか考えられる．数学が苦手だから「文系」の経済学を選んだという学生もいるであろう．受験科目に数学を選択しなくても入学できる経済学部や経済学科があることも事実である．どのような理由であれ，経済学の勉強に数学的な方法は要らないのではないかという「思い込み」が外れ，戸惑いを感じたのだと思う．

私たちは，学生たちの「戸惑い」を取り除くのではなく,「戸惑い」は戸惑いとしてそこから出発することが必要であると考えている．つまり，私たちが本書を企画した目的は，経済学の学習に数学的方法の修得は必要・不可欠であることを敢えて明言した上で，高校数学からミクロ経済学やマクロ経済学を学ぶための数学的方法を修得する道筋をわかりやすく示すことにある．本書は，ミクロ経済学とマクロ経済学を学ぶために必要な数学的方法をマスターするためのガイドブックである．その意味では言うまでもないが，数学者による数学の本ではないし，また本書末の参考文献一覧にあげているようないわゆる「経済数学」の標準テキストとも異なっている．多くの「経済数学」の本では，経済学で用いられる数学を数学の論理でもって厳密に展開・解説している．本書は，ミクロ経済学とマクロ経済学を学ぶための数学的方法を修得することを直接の目的として，その限りで数学的厳密さを一部犠牲にしている所もある．本書により経済学の数学的方法に関心を持った読者には，参考文献一覧にあげた経済数学の良書により更に学習することを薦める．

本書は，次の３部構成をとっている.「第Ｉ部　経済数学の基礎」は高校数学の確認（第１章）からはじめて，ミクロ経済学・マクロ経済学の数学的方法を修得するための準備をおこなう．高校数学では基本的には１変数関数 $y = f(x)$ を中心に様々な関数，それらのグラフ，微分・積分などを学ぶが，経済学の数学的方法では多変数関数 $y = f(x_1, x_2, \cdots, x_n)$ が登場する．第２章と第３章は，高校数学の微分・積分の学習内容を復習し，その上で多変数関数の微分・積分とその応用を解説する．第４章と第５章は，多変数関数の特殊形として線形代数の基礎と，経済動学に必要な線形代数の「固有値問題」を取り上げる．

「第Ⅱ部　ミクロ経済学の数学的方法」では，第Ｉ部を基礎に，ミクロ経済学の理論構成にしたがって，主体均衡の理論，市場均衡の理論，不完全競争の理論などで用いられる数学的方法を取り上げる．

「第Ⅲ部　マクロ経済学の数学的方法」では，大学教育のレベルでマクロ経済学に登場する市場均衡モデルの方法とマクロ動学の数学的方法の解説をおこなう．

本書の第１の特徴は，すでに述べた本書の構成にも表れているように，大学レベルの経済学教育でミクロ経済学とマクロ経済学を学ぶ際に必要な数学的方法を，高校数学から出発して順番に修得するように編成していることである．

第２の特徴は，ミクロ経済学とマクロ経済学の大学教育のベンチマークの１つとして，公務員採用試験等の過去問題から良問を選んで，演習問題として配置していることにある．数学の学習方法として演習問題を解くことは通常よくおこなわれているが，ミクロ経済学とマクロ経済学の数学的方法の学習にも演習問題学習法は有効な方法である．公務員採用試験の過去問題を解くだけでなく，演習問題の理論的意味と数学的方法を理解することを通して，ミクロ経済学とマクロ経済学の基本内容を体系的に修得することができる．

第3の特徴は，本書は必ずしも公務員採用試験の経済理論分野の解説書として企画したものではないが，公務員採用試験の経済理論分野の参考書として利用することができる．公務員採用試験もひとつの「受験」としていわゆる「傾向と対策」的にテクニカルに勉強する学生もいる．しかし，本書は経済理論分野の問題を，内容的にも数学的にも本格的に学ぶことを通して，公務員採用試験の経済理論分野を見通しよく学習することを可能にしている．

なお，本書は第I部の第1章から第3章と第2部を山下が，第I部第4,5章と第3部を浅利が執筆している．

最後に，本書の出版にあたって，日本評論社と編集者の斎藤博氏には，遅々として進まない私たちの作業を粘り強く支援していただいたこと，また，静岡大学の研究者を中心として出版してきた「はじめよう」シリーズの第5冊目として本書を出版していただいたことに感謝の意を表したいと思う．また，本書の作成過程において，学生の立場から各章の例題を実際に解いてチェックしてくれた静岡大学・浅利ゼミの木下慎一君，萩原一登君，高部俊吾君，田中真美さん，そして山下ゼミの井龍人喜君，石原健太君，中川善之君にもこの場を借りてお礼申し上げる．

2003年8月

第1刷・第2刷の修正箇所については，研究室ホームページ（http://www.ipc.shizuoka.ac.jp/~jetyama/），に掲載する予定である．

2004年12月

浅 利 一 郎
山 下 隆 之

目次

第I部

経済数学の基礎

第 1 章

経済数学の学び方

1.1 経済学の数学的性格

経済学は，経済問題を解明することをその目的としている．しかし，多様で複雑な現実の経済そのものを直接分析するのは，不可能である．そこで，現実経済を簡単にした模型を作る．これが「経済モデル」である．

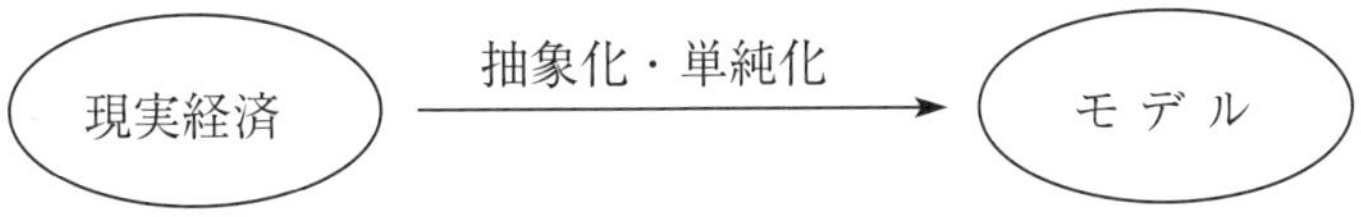

・ceteris paribus
・最大化（最小化）行動

経済モデルが，必ずしも数学的手法を用いなければならない理由はないけれども，数理モデルの利用は，論点を明確にし，明快な解答を得る上で，他の方法より優れていた．また，経済モデルが方程式で記述できるならば，統計学の力を借りることで，経済データの裏付けをとり，現実との対応を確認し，さらには将来の予測を立てることも可能になる．本書では，数学的分析方法のうち，基本的なものを読者に紹介する．

1.2 高校数学の復習

中学，高校の授業で習った数学の基礎事項を確認しよう．

式の計算

整式　$6ax^2$ のように，いくつかの文字や数を掛け合わせてできる式を **単項式** という．単項式において，その数の部分を **係数** といい，掛け合わせる文字の個数を **次数** という．例えば，単項式 $6ax^2$ では，その係数は 6 で，次数は 3 である．特定の文字に着目し，その他の文字を数と同じように考えることもある．文字 x に着目したときの単項式 $6ax^2$ の係数は $6a$，次数は 2 である．

8,0,-1 などの数は，文字を含まない単項式とみなす．また，0 以外の数の次数は 0 とし，単項式 0 については，次数を考えない．

$2a+3b^2+ab$ のように，いくつかの単項式の和として表される式を **多項式** といい，その各単項式を多項式の **項** という．着目した文字の部分が同じである項を **同類項** という．多項式の同類項をまとめたとき，各項の次数の中で最大のものをその多項式の次数という．同類項をまとめるときは，次数の高い順に並べることが多い．

単項式と多項式を合わせて **整式** といい，次数が n の整式を簡単に **n 次式** という．いくつかの文字を含む整式では，1つの特定の文字に着目して，その他の文字を，数と同様に扱うことがある．このとき，着目した文字を含まない項を **定数項** という．例えば，x に着目すると，

$$
\begin{array}{lcl}
ax\ \ +b & \cdots & 1\text{次式} \\
ax^2+bx+c & \cdots & 2\text{次式}
\end{array}
$$

である．

整式の加法，減法および乗法　整式の和と差の計算は，同類項をまとめることである．整式の乗法では，次数に注意して計算しなければならない．整式と整式の和・差・積は整式になる．整式の計算について，次の法則が成り立つ．

整式の計算の法則

任意の整式 A，B，C について

(1) 交換法則　$A+B=B+A$

$AB=BA$

(2) 結合法則　$(A+B)+C=A+(B+C)$

$(AB)C=A(BC)$

(3) 分配法則　$A(B+C)=AB+AC$

$(A+B)C=AC+BC$

展開と因数分解　整式の積を1つの整式として表すことを，式を **展開** するという．逆に，1つの整式を2つ以上の整式の積の形で表すことを，**因数分解** するという．整式を因数分解するとき，整式の各項に**共通因数**があれば，まず，それを，$AB+AC=A(B+C)$ のように括弧の外にくくり出すとよい．因数分解は展開の逆の計算である（表1.1参照）．

方程式　文字を含む等式があって，その文字がある特別の数値をとるときに限ってその等式が成り立つとき，この等式を **方程式**（equation）という．

関数

変数 x の値を定めると，それに対応して変数 y の値が ただ1つ 定まるとき，y は x の**関数** (function) であるという．y が x の関数であることを，文字 f などを用いて，$y=f(x)$ と表す．また，この関数を，単に，関数 $f(x)$ ということがある．

「関数」という言葉は，ライプニッツ (Gottfried W.Leibniz, 1646〜1716) が初めて 1670 年頃から用い，この頃から変化する量についての研究が本格的に始まった．そして，関数を表す

展開の公式		因数分解の公式
$(a+b)^2 = a^2+2ab+b^2$	$\Leftrightarrow$	$a^2+2ab+b^2=(a+b)^2$
$(a-b)^2 = a^2-2ab+b^2$	$\Leftrightarrow$	$a^2-2ab+b^2=(a-b)^2$
$(a+b)(a-b)=a^2-b^2$	$\Leftrightarrow$	$a^2-b^2=(a+b)(a-b)$
$(x+a)(x+b)=x^2+(a+b)x+ab$	$\Leftrightarrow$	$x^2+(a+b)x+ab=(x+a)(x+b)$
$(ax+b)(cx+d)=acx^2+(ad+bc)x+bd$	$\Leftrightarrow$	$acx^2+(ad+bc)x+bd=(ax+b)(cx+d)$
$(a+b)^3=a^3+3a^2b+3ab^2+b^3$	$\Leftrightarrow$	$a^3+3a^2b+3ab^2+b^3=(a+b)^3$
$(a-b)^3=a^3-3a^2b+3ab^2-b^3$	$\Leftrightarrow$	$a^3-3a^2b+3ab^2-b^3=(a-b)^3$
$(a+b)(a^2-ab+b^2)=a^3+b^3$	$\Leftrightarrow$	$a^3+b^3=(a+b)(a^2-ab+b^2)$
$(a-b)(a^2+ab+b^2)=a^3-b^3$	$\Leftrightarrow$	$a^3-b^3=(a-b)(a^2+ab+b^2)$

表 1.1　展開と因数分解の公式

記号 $f(x)$ は，1738 年頃からオイラー (Leonhard Euler, 1707-1783) たちによって用いられ始めた．現在では，自然科学や社会科学をはじめ，さまざまな分野で，いろいろな現象を関数としてとらえて問題を解決するということがおこなわれており，関数の概念は欠くべからずものとなっている．

関数 $f(x)$ において，x の値 a に対応する y の値を $f(a)$ と書き，これを関数 $f(x)$ の $x=a$ における**値**という．一般に，関数 $y=f(x)$ において，変数 x のとりうる値の範囲，すなわち x の変域を，この関数の**定義域**（domain）という．また，x が定義域全体を動くとき，$f(x)$ のとりうる値の範囲，すなわち変数 y の変域を，この関数の**値域**（range）という．関数 $y=f(x)$ の定義域は，特に断りがなければ，$f(x)$ の値が定まるような数 x の全体である．y の値は x の値に伴って変動するから，x を独立変数，y を従属変数と呼ぶこともある．

変数や関数がとる値は，実数だけを考える．特に断りがない場合は，関数 $f(x)$ の定義域は，$f(x)$ の値が実数として定まるようなすべての実数 x の集合とする．経済分析では，さらに正の実数に限定される場合が多い（下図参照）．

実数	有理数 $\cdots$	整数	$0,\ \pm1,\ \pm2, \cdots$ など
		有限小数	$\frac{1}{5}=0.2,\ \frac{1}{2}=0.5, \cdots$ など
		循環小数	$\frac{1}{3}=0.3333\cdots,\ \frac{4}{9}=0.4444\cdots, \cdots$ など
	無理数 $\cdots$	循環しない無限小数	$\sqrt{2}=1.4142\cdots,\ \pi=3.1415\cdots, \cdots$ など

関数のグラフ

平面上の原点 O と，O で垂直に交わる x 軸と y 軸を定めたとき，この平面を **座標平面** という．座標平面を，座標軸によって，図のように 4 つの部分に分けるとき，これらの部分を**象限**といい，順に第 1 象限，第 2 象限，第 3 象限，第 4 象限という．ただし，座標軸上の点はどの象限にも属さないとする．

座標平面上の点 P の座標が (a,b) であるとき，$P(a,b)$ と書く．また，これを点 (a,b) ということがある．

関数の値の変化の様子は，**グラフ**（graph）を描くとよくわかる．関数 $y=f(x)$ の定義域の中の x のおのおのの値に対して，対応する y の値を求め，(x,y) を座標とする点を座標平面上にとれば，これらの点全体は1つの図形を作る．これを関数 $y=f(x)$ のグラフという．グラフを描くとき，数学においては，通常，独立変数を横軸にとるが，経済学では，需要・供給関数のグラフを描く際には，価格を縦軸，需要・供給量を横軸にとるのがマーシャル以来の慣例となっている．

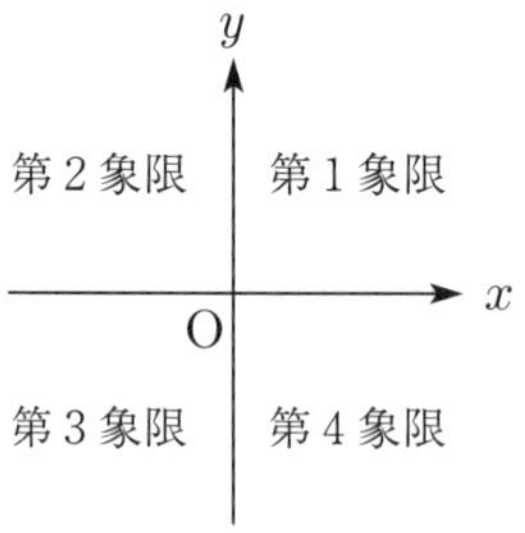

1次関数のグラフ

a，b は定数とする．$a \neq 0$ のとき，関数 $y=ax+b$ を，x の1次関数という．1次関数 $y=ax+b$ のグラフは，座標平面上で，点 $(0,b)$ を通り，傾き a の直線を表す．これを単に直線 $y=ax+b$ といい，b をこの直線の y 切片という．

需要曲線 $Q=b-aP$ なども1次関数であり，直線となる．

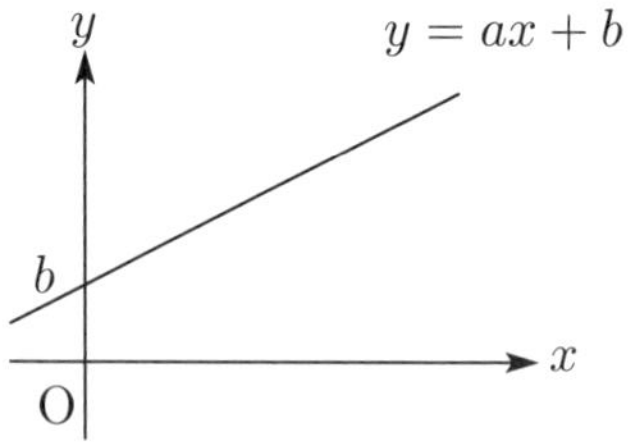

2次関数のグラフ

a，b，c は定数とする．$a \neq 0$ のとき，関数 $y=ax^2+bx+c$ を，x の2次関数という．この関数は，$y=a\left(x+\frac{b}{2a}\right)^2-\frac{b^2-4ac}{4a}$ と変形できる．そのグラフは，軸が直線 $x=-\frac{b}{2a}$，頂点が点 $\left(-\frac{b}{2a},-\frac{b^2-4ac}{4a}\right)$ の放物線である．$a>0$ ならば下に凸であり，$a<0$ ならば上に凸である．

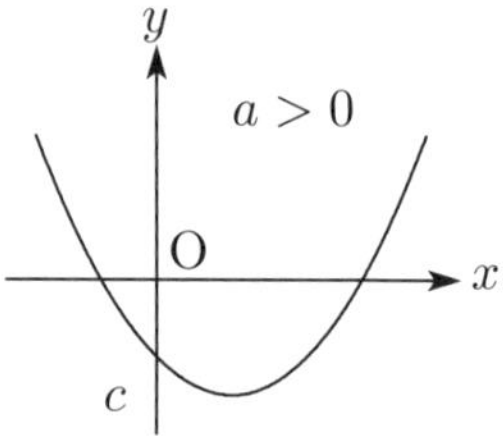

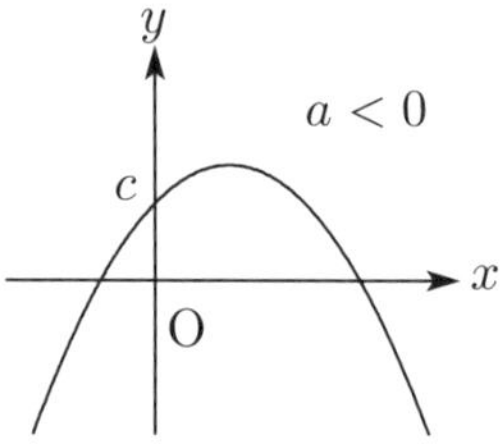

連続関数

関数をグラフに描いたときグラフがつながっている場合，その関数を **連続** であるという．

一般には，関数 $y=f(x)$ において，その定義域に属する値 a に対し，極限値 $\lim_{x \to a} f(x)$ が存在して

$$\lim_{x \to a} f(x) = f(a)$$

が成り立つとき，関数 $f(x)$ は $x=a$ **で連続** であるという．関数 $f(x)$ がある区間の各点で連続ならば，$f(x)$ はこの区間で連続である．あるいは，この区間で **連続関数** であるという．このとき $y=f(x)$ のグラフはこの区間で切れ目のない連続した曲線（直線を含む）となる．関数 $f(x)$ が $x=a$ で連続でないとき，$f(x)$ は $x=a$ で不連続であるという．

逆関数

関数 $y = f(x)$ の定義域が D で，値域が E であるとき，E の各々の値 y に対して $f(x) = y$ となるような x の値がただ 1 つ定まるならば，x は y の関数になると考えられる．この関数を

$$x = f^{-1}(y)$$

が考えられる．この関数を関数 $y = f(x)$ の **逆関数** という．経済学の例では，需要関数 $q = d(p)$ に代わって，逆需要関数 $p = d^{-1}(q)$ が用いられることがしばしばある．

関数と接線

放物線などの曲線と軸以外の直線が 1 点だけを共有するとき，曲線と直線はその点で**接する**といい，その点を**接点**という．また，その直線を **接線**（tangent） という．

1.3 関数の種類

関数 $y = f(x)$ において，対応の規則 f が x の式で与えられることが多い．このとき $f(x)$ の表す式の形によって，整関数（1 次関数，2 次関数，3 次関数，$\cdots$），指数関数，対数関数などとよばれる．整関数についてはみてきたので，経済学でしばしば利用される指数関数と対数関数をとりあげてみよう．

指数

17 世紀初めネイピア (John Napier, 1550-1617) は対数を考え，大きい数の掛け算割り算を足し算引き算に変換させて，計算を容易にすることに成功した．対数の考えのもとになる指数関数は少し遅れて始まった．コンピュータや電卓の普及により，計算方法としての対数はほとんど用いられなくなったが，これらの関数はいまも科学技術の分野で重要な役割を果たしている．経済学では，指数関数や対数関数は，成長の問題や経済動学の問題に広く利用されている．

文字 x をいくつか掛けたものを x の**累乗**という．x を n 個掛けた累乗を x の n **乗**といい，x^n と書いて，n をその**指数**という．

$$x^1 = x, \quad x^2 = x \times x, \quad \cdots, \quad x^n = \underbrace{x \times x \times \cdots \times x}_{n\ 個}$$

一般に，m，n を実数とするとき，次の**指数法則**が成り立つ．

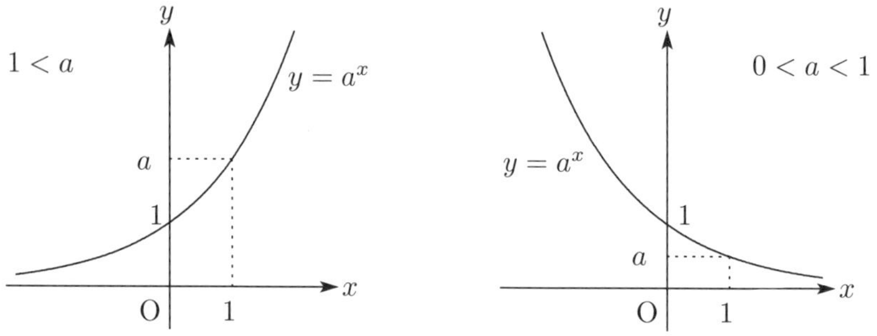

図 **1.1**　指数関数のグラフ

指数法則

$a>0$ で，m，n を実数とすると

(1)　$x^m x^n = x^{m+n}$

(2)　$(x^m)^n = x^{mn}$

(3)　$(xy)^m = x^m y^m$

(4)　$x^{-m} = \dfrac{1}{x^m}$

指数関数

$a=1$ のときはつねに $a^x=1$ である．この場合を除いて，正の定数 $a(a \neq 1)$ に対して x の関数

$$y = a^x$$

を，a を底とする **指数関数** という．指数関数のグラフは，$a>1$ のとき x が増加するにしたがって a^x は増加し，$0<a<1$ のとき x が増加するにしたがって a^x は減少する．

記号 e で示されるある無理数が，微積分では，望ましい底として用いられている．

$$e = 2.71828\cdots$$

対数

$y=a^x$ を，$x=\log_a y$ と書き，変数 x は a を底とする y の **対数**（logarithm） であるという．対数は正の数に対してしか定義できない．

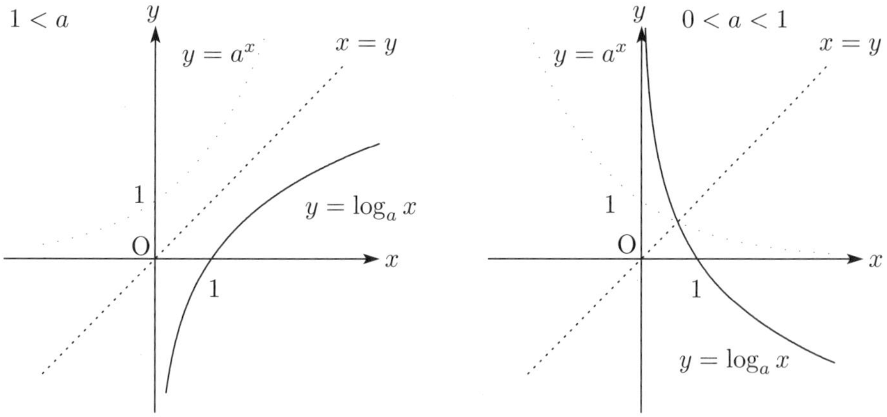

図 1.2　対数関数のグラフ

対数の性質

$a > 0$，$a \neq 1$ のとき，正の実数 x，y と実数 n に対して，次の式が成り立つ，

(1)　$\log_a 1 = 0, \log_a a = 1$

(2)　$\log_a xy = \log_a x + \log_a y$

(3)　$\log_a \frac{x}{y} = \log_a x - \log_a y$

(4)　$\log_a x^n = n \log_a x$

対数関数

a を正の数（$a \neq 1$）とするとき，任意の正の数 x に対してその対数

$$y = \log_a x$$

がただ 1 つ定まる．x を正の実数の範囲で変化させるとき，これを x の関数と考えて，a を底とする **対数関数** という．

対数の定義により，対数関数 $y = \log_a x$ は指数関数 $x = a^y$ の逆関数であり，そのグラフは直線 $y = x$ に関して対称になっている．

常用対数　日常用いる数は 10 進数であるから，10 を底とする対数を用いると便利なことが多い．それを **常用対数** といい，底 10 を省略して単に log と書かれることがある．

自然対数　微積分では，e を底とする対数を用いると便利なことが多い．それを **自然対数** といい，記号 $\log_e$ か ln と書く．

第2章

微分と積分

経済活動を解き明かしていくのにあたり，経済学はひとつの行動パターンに注目する．それは，人間が経済活動に参加するとき，利益追求的な**極大化行動**をとることである．同じく重要なこととして，経済学では，人間が合理的な行動をとると想定する．極大化目的を達成するためには通常いくつかの方法がある．合理的な市場参加者は，さまざまな方法の中から最小の努力や費用で可能な方法を選択する．

経済学においてもっとも一般的に用いられる選択基準は，あるものを最大にするという目的か，あるいはあるものを最小にするという目的である．最大化や最小化を求めることを，経済学では **最適化問題** と呼ぶ．

最適化問題の数学上の表現はつぎのようになる (1 変数の場合).

$$\max_{x} F(x)$$

最適化問題を解くことは，数学上の概念では「極値」という名称で呼ばれる最大値や最小値を求めることである．多くの経済問題における関心は，端点における値以外の極値に向けられるので，通常，目的関数の定義域は非負の実数の集合に限られており，とくに断りのない限り，局所的な極値を考える．本章では，最適化問題の理解には欠かせない微分法について学習しよう．

2.1 微分

ユークリッド (Euclid, B.C.300 年頃) にさかのぼる幾何学と異なり，微積分法の歴史は意外に浅く，ニュートン (Isaac Newton, 1642～1727)，ライプニッツらの近代の天才達によって創始された．微積分法は物理学の成立をうながし，近代文明を引き起こしたといえる．微積分法は現代解析学や応用数理の諸分野へと発展し，学問としての数学の大きな部分を支えている．経済学においては，19 世紀後半の「限界革命」の頃に導入され，経済理論の発展を支えてきた．

微分係数

関数 $f(x)$ において，x の値が a から b まで，$b-a$ だけ変化すると，$f(x)$ の値は $f(a)$ から $f(b)$ まで，$f(b)-f(a)$ だけ変化する．このとき，x の値の変化に対する $f(x)$ の値の変化の割合は，次の式で表される．

$$\frac{f(b)-f(a)}{b-a} \tag{2.1}$$

これを，x が a から b まで変化するときの，関数 $f(x)$ の **平均変化率** という．

関数 $f(x)$ の平均変化率 (2.1) 式において，a の値を定め，b を a に限りなく近づけるとき，(2.1) が一定の値 α に限りなく近づく場合，この値 α を，関数 $f(x)$ の $x=a$ における **微分係数** または **変化率** といい，$f'(a)$ で表す．

ところで，関数 $y=f(x)$ のグラフにおいて，(2.1) 式は，曲線 $y=f(x)$ 上の 2 点

$$A(a, f(a)),\quad B(b, f(b))$$

を結ぶ直線 AB の傾きを表している．

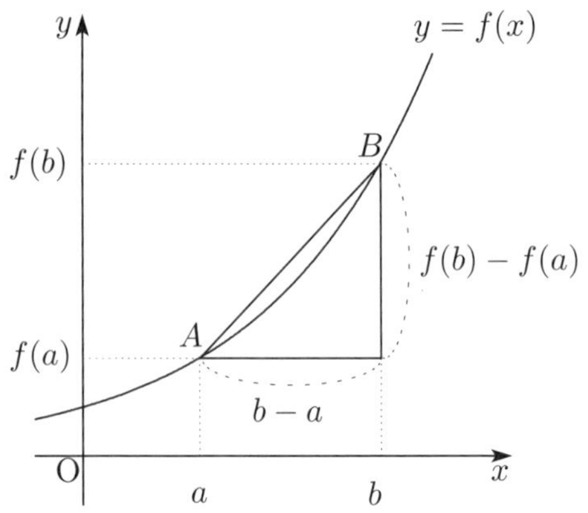

ここで，b を a に限りなく近づけると，点 B は曲線上を移動しながら，点 A に限りなく近づく．このとき，直線 AB の傾き，すなわち (2.1) の傾きは $f'(x)$ に限りなく近づくから，直線 AB は，点 A を通り傾きが $f'(a)$ である直線 AT に限りなく近づく．

この直線 AT を，曲線 $y=f(x)$ 上の点 A における曲線の **接線** といい，A をこの接線の **接点** という．曲線 $y=f(x)$ 上の点 $A(a, f(a))$ における接線の傾きは，$f'(a)$ である．

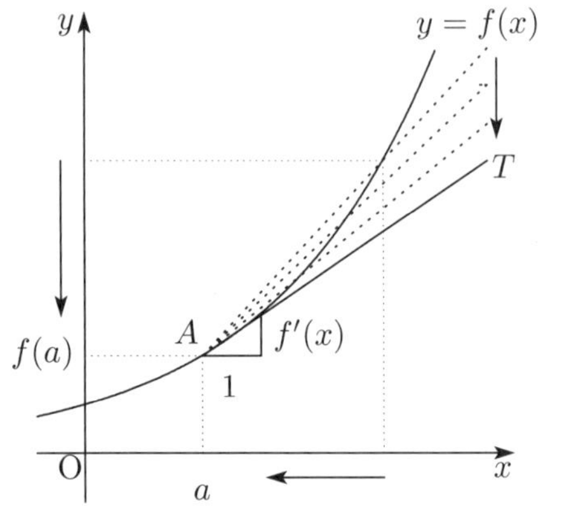

導関数

関数 $f(x)$ において，x が a と異なる値をとりながら a に限りなく近づくとき，$f(x)$ がある一定の値 α に限りなく近づく場合

$$\lim_{x\to a} f(x) = \alpha$$

と書き，この値 α を，$x \to a$ のときの $f(x)$ の **極限値** という[1]．

関数の微分係数を，記号 lim を用いて表してみよう．関数 $f(x)$ の $x=a$ における微分係数 $f'(a)$ は，平均変化率

$$\frac{f(b)-f(a)}{b-a}$$

[1] 記号 lim は，極限を意味する limit を略したものである．

の $x \to a$ のときの極限値であるから，次のように表される．

$$f'(a) = \lim_{b \to a} \frac{f(b) - f(a)}{b - a} \tag{2.2}$$

(2.1) において，$b - a = h$ とおくと，$b = a + h$ となり

$$b \to a \iff h \to 0$$

が成り立つ．したがって，$f'(a)$ は次のように表すこともできる．

$$f'(a) = \lim_{h \to 0} \frac{f(a+h) - f(a)}{h}$$

関数 $y = f(x)$ が，ある区間の任意の実数値 a について，$x = a$ で微分可能であるとき，$f(x)$ はその区間で微分可能であるという．このとき，区間内の任意の値 a に $f'(a)$ を対応させて得られる関数を $f(x)$ の **導関数**（derivative）といい，$f'(x)$，y'，$\dfrac{dy}{dx}$，$\dfrac{d}{dx}f(x)$ などと表す[2]．

$f(x)$ の導関数

$\Delta y = f(x + \Delta x) - f(x)$ とおくとき

$$f'(x) = \lim_{\Delta x \to 0} \frac{\Delta y}{\Delta x} = \lim_{\Delta x \to 0} \frac{f(x + \Delta x) - f(x)}{\Delta x}$$

関数 $f(x)$ の導関数を求めることを，$f(x)$ を **微分する** という．記号 Δ はデルタと読み，Δx，Δy はそれぞれ x の増分，y の増分という．微分可能な関数について，次のことが成り立つ．

微分可能と連続

関数 $f(x)$ は $x = a$ で微分可能であれば，$x = a$ で連続である．

証明 関数 $f(x)$ が $x = a$ で微分可能であれば

$$\lim_{x \to a}\{f(x) - f(a)\} = \lim_{x \to a}\left\{\frac{f(x) - f(a)}{x - a} \cdot (x - a)\right\} = f'(a) \cdot 0 = 0$$

したがって $\displaystyle\lim_{x \to a} f(x) = f(a)$ である．よって，$f(x)$ は $x = a$ で連続である．

証明終

ただし，この逆に，関数 $f(x)$ が $x = a$ で連続であっても，$f(x)$ は $x = a$ で微分可能とは限らない[3]．

導関数の計算

導関数の定義式から，関数 $f(x)$，$g(x)$ について，次のことが成り立つ．

---

[2]定義式の右辺の極限は $\frac{0}{0}$ の不定形なので，ある極限値に収束しないこともある．その場合，$f'(a)$ は存在しないので，微分不能である．

[3]例えば，関数 $f(x) = |x|$ は，$x = 0$ で連続であるが，$x = 0$ で微分可能ではない．

導関数の線形性

(1) $\{kf(x)\}' = kf'(x)$　　　ただし，k は実数定数

(2) $\{f(x) \pm g(x)\}' = f'(x) \pm g'(x)$　　　（複号同順）

証明　(2) の第1式の証明　　$y = f(x) + g(x)$ とおくと

$$\begin{aligned}\Delta y &= \{f(x+\Delta x) + g(x+\Delta x)\} - \{f(x) + g(x)\} \\ &= \{f(x+\Delta x) - f(x)\} + \{g(x+\Delta x) - g(x)\}\end{aligned}$$

よって　$\dfrac{\Delta y}{\Delta x} = \dfrac{f(x+\Delta x) - f(x)}{\Delta x} + \dfrac{g(x+\Delta x) - g(x)}{\Delta x}.$

ここで　$\displaystyle\lim_{\Delta x \to 0} \frac{f(x+\Delta x) - f(x)}{\Delta x} = f'(x),\ \lim_{\Delta x \to 0} \frac{g(x+\Delta x) - g(x)}{\Delta x} = g'(x).$

したがって　$\displaystyle\frac{dy}{dx} = \lim_{\Delta x \to 0} \frac{\Delta y}{\Delta x} = f'(x) + g'(x).$

証明終

関数 $f(x)$，$g(x)$ の積の導関数について，次のことが成り立つ．

積の導関数

(3) $\{f(x)g(x)\}' = f'(x)g(x) + f(x)g'(x)$

証明　$y = f(x)g(x)$ とおくと

$$\begin{aligned}\Delta y &= f(x+\Delta x)g(x+\Delta x) - f(x)g(x) \\ &= f(x+\Delta x)g(x+\Delta x) - f(x)g(x+\Delta x) + f(x)g(x+\Delta x) - f(x)g(x) \\ &= \{f(x+\Delta x) - f(x)\}g(x+\Delta x) + f(x)\{g(x+\Delta x) - g(x)\}\end{aligned}$$

よって

$$\frac{\Delta y}{\Delta x} = \frac{f(x+\Delta x) - f(x)}{\Delta x} g(x+\Delta x) + f(x) \frac{g(x+\Delta x) - g(x)}{\Delta x}.$$

ここで　$\displaystyle\lim_{\Delta x \to 0} \frac{f(x+\Delta x) - f(x)}{\Delta x} = f'(x),\ \lim_{\Delta x \to 0} \frac{g(x+\Delta x) - g(x)}{\Delta x} = g'(x).$

また，$g(x)$ は微分可能であるから，連続で

$$\lim_{\Delta x \to 0} g(x+\Delta x) = g(x)$$

したがって

$$\begin{aligned}\frac{dy}{dx} &= \lim_{\Delta x \to 0} \frac{\Delta y}{\Delta x} \\ &= \lim_{\Delta x \to 0} \left\{ \frac{f(x+\Delta x) - f(x)}{\Delta x} g(x+\Delta x) + f(x) \frac{g(x+\Delta x) - g(x)}{\Delta x} \right\} \\ &= f'(x)g(x) + f(x)g'(x).\end{aligned}$$

証明終

関数 $f(x)$，$g(x)$ の商の導関数について，次の公式が成り立つ．

商の導関数

(4) $$\left\{\frac{f(x)}{g(x)}\right\}' = \frac{f'(x)g(x) - f(x)g'(x)}{\{g(x)\}^2}$$

証明　$y = \dfrac{f(x)}{g(x)}$ とおくと

$$\begin{aligned}
\Delta y &= \frac{f(x+\Delta x)}{g(x+\Delta x)} - \frac{f(x)}{g(x)} \\
&= \frac{f(x+\Delta x)g(x)}{g(x+\Delta x)g(x)} - \frac{f(x)g(x+\Delta x)}{g(x+\Delta x)g(x)} \\
&= \frac{\{f(x+\Delta x)g(x) - f(x)g(x)\}}{g(x+\Delta x)g(x)} - \frac{\{f(x)g(x+\Delta x) - f(x)g(x)\}}{g(x+\Delta x)g(x)}
\end{aligned}$$

よって

$$\frac{\Delta y}{\Delta x} = \frac{1}{g(x+\Delta x)g(x)}\left\{\frac{f(x+\Delta x) - f(x)}{\Delta x}g(x) - f(x)\frac{g(x+\Delta x) - g(x)}{\Delta x}\right\}.$$

ここで　$\displaystyle\lim_{\Delta x \to 0}\frac{f(x+\Delta x) - f(x)}{\Delta x} = f'(x),\ \lim_{\Delta x \to 0}\frac{g(x+\Delta x) - g(x)}{\Delta x} = g'(x).$

また，$g(x)$ は微分可能であるから，連続で

$$\lim_{\Delta x \to 0} g(x+\Delta x) = g(x)$$

したがって

$$\begin{aligned}
\frac{dy}{dx} &= \lim_{\Delta x \to 0}\frac{\Delta y}{\Delta x} \\
&= \lim_{\Delta x \to 0}\left[\frac{1}{g(x+\Delta x)g(x)}\left\{\frac{f(x+\Delta x) - f(x)}{\Delta x}g(x) - f(x)\frac{g(x+\Delta x) - g(x)}{\Delta x}\right\}\right] \\
&= \frac{f'(x)g(x) - f(x)g'(x)}{\{g(x)\}^2}.
\end{aligned}$$

証明終

また，とくに $y = \dfrac{1}{g(x)}$ の導関数については，次の公式が得られる．

商の導関数

(5) $$\left\{\frac{1}{g(x)}\right\}' = -\frac{g'(x)}{\{g(x)\}^2}$$

2つの関数 $y=f(u)$, $u=g(x)$ に対し，合成関数 $y=f(g(x))$ の導関数 $\dfrac{dy}{dx}$ について，次の公式が成り立つ．

合成関数の導関数

(6) $\dfrac{dy}{dx}=\dfrac{dy}{du}\cdot\dfrac{du}{dx}=f'(g(x))g'(x)$

証明　$\Delta y=f(u+\Delta u)-f(u)$, $\Delta u=g(x+\Delta x)-g(x)$ とおくと，$\Delta x\to 0$ のとき $\Delta u\to 0$ であるから

$$\begin{aligned}\frac{dy}{dx} &= \lim_{\Delta x\to 0}\frac{\Delta y}{\Delta x}\\ &= \lim_{\Delta x\to 0}\frac{\Delta y}{\Delta u}\cdot\frac{\Delta u}{\Delta x}\\ &= \left(\lim_{\Delta u\to 0}\frac{\Delta y}{\Delta u}\right)\left(\lim_{\Delta x\to 0}\frac{\Delta u}{\Delta x}\right)\\ &= \frac{dy}{du}\cdot\frac{du}{dx}.\end{aligned}$$

証明終

対数関数の導関数　対数関数 $y=\log_a x$ を微分することを考えよう．

$$\begin{aligned}(\log_a x)' &= \lim_{\Delta x\to 0}\frac{\log_a(x+\Delta x)-\log_a x}{\Delta x}\\ &= \lim_{\Delta x\to 0}\frac{1}{\Delta x}\log_a\left(1+\frac{\Delta x}{x}\right)\end{aligned}$$

ここで，$\dfrac{\Delta x}{x}=h$ とおくと，$\Delta x\to 0$ のとき $h\to 0$ であるから

$$\begin{aligned}(\log_a x)' &= \lim_{\Delta x\to 0}\frac{1}{xh}\log_a(1+h)\\ &= \lim_{h\to 0}\frac{1}{x}\log_a(1+h)^{\frac{1}{h}}\\ &= \frac{1}{x}\lim_{h\to 0}\log_a(1+h)^{\frac{1}{h}}\end{aligned}$$

$h\to 0$ のとき $(1+h)^{\frac{1}{h}}$ の極限値が存在し，その値は

$$\lim_{h\to 0}(1+h)^{\frac{1}{h}}=2.71828\,18284\cdots$$

であることが知られている．この値は無理数で，それを文字 e で表す．すなわち，

$$e=\lim_{h\to 0}(1+h)^{\frac{1}{h}}$$

この正の定数 e を用いると，$y=\log_a x$ について

$$(\log_a x)'=\frac{1}{x}\log_a e=\frac{1}{x\log_e a}$$

とくに，底 a が e に等しいときは，次のようになる．

$$(\log_e x)' = \frac{1}{x}\log_e e = \frac{1}{x}$$

e を底とする対数を **自然対数** という．微分法や積分法では，通常，自然対数を単に対数とよび，$\log_e x$ の底 e を省いて $\log x$ と書く．常用対数と区別して $\ln x$ と書くこともある．対数関数の導関数についてまとめると，次のようになる．

対数関数の導関数

$$(\log x)' = \frac{1}{x},\ (\log_a x)' = \frac{1}{x\log a}$$

指数関数の導関数　指数関数 $y = a^x\ (a > 0,\ a \neq 1)$ の導関数について考えよう．両辺の自然対数をとれば

$$\log y = x\log a.$$

この両辺を x について微分すれば

$$\frac{1}{y}\cdot y' = \log a.$$

ゆえに $y' = y\log a$．すなわち $(a^x)' = a^x\log a$．特に，$a = e$ とすると $(e^x)' = e^x\log e = e^x$．指数関数の導関数についてまとめると，次のようになる．

指数関数の導関数

$$(e^x)' = e^x,\qquad (a^x)' = a^x\log a$$

x^α の導関数　α を実数とするとき，関数 $y = x^\alpha$ の導関数は，次のようにして求めることができる．

x^α の導関数

任意の実数 α について $(x^\alpha)' = \alpha x^{\alpha-1}$

証明　$x > 0$ のとき，$y = x^\alpha$ の両辺は正であるから，自然対数をとると $\log y = \alpha\log x$．
両辺を x について微分すると　$\frac{1}{y}\cdot y' = \alpha\frac{1}{x}$.
よって　$y' = \alpha\cdot y\cdot\frac{1}{x} = \alpha\cdot x^\alpha\cdot x^{-1} = \alpha\cdot x^{\alpha-1}$.

証明終

2.2　導関数の応用

平均値の定理

関数の値の変化と導関数との関係について考えよう．次の **平均値の定理** が成り立つ．

定理 2.1 平均値の定理

関数 $f(x)$ が閉区間 $[a, b]$ で連続で，開区間 (a, b) で微分可能ならば

$$\frac{f(b)-f(a)}{b-a} = f'(c),\ a < c < b$$

を満たす実数 c が区間 (a, b) の中に少なくとも 1 つ存在する．

この定理の結論は，次のことを意味している．曲線 $y = f(x)$ 上の 2 点 $A(a, f(a))$，$B(b, f(b))$ を結ぶ線分と平行な接線が引けるような点 C が，2 点 A，B 間の曲線上にある．

平均値の定理を証明するためには，次のような手順を踏む．

ワイエルシュトラスの定理 $\longrightarrow$ ロルの定理 $\longrightarrow$ 平均値の定理

まず，ワイエルシュトラス（Weierstrass）の定理は自明のこととして扱う．

定理 2.2 ワイエルシュトラスの定理

関数 $f(x)$ が閉区間 $[a, b]$ で連続ならば，$f(x)$ はこの区間で必ず最大値と最小値をとる．

次に，平均値の定理の特別の場合であるロル（Rolle）の定理を証明しよう．

定理 2.3 ロルの定理

関数 $f(x)$ が閉区間 $[a, b]$ で連続で，開区間 (a, b) で微分可能であるとき，$f(a) = f(b)$ ならば

$$f'(c) = 0,\ a < c < b$$

を満たす実数 c が区間 (a, b) の中に少なくとも 1 つ存在する．

証明　(1) $f(a) = f(b) = 0$ である場合

関数 $f(x)$ は，閉区間 $[a, b]$ で連続であるから，この区間で，最大値 M および最小値 m をもつ．$m = M$ であるときは，この区間で常に $f(x) = 0$ であり，したがって常に $f'(x) = 0$ であるから，定理は成り立つ．$m \neq M$ であるときは，そのいずれかは 0 でないから，$a < c < b$ を満たすある値 c で，$f(x)$ は 0 でない最大値または最小値をとる．

まず，$f(c)$ が最大値である場合，$f'(c) = 0$ となることを示そう．$f(c)$ は最大値であるから，$|\Delta x|$ が十分小さいとき

$$f(c + \Delta x) \leqq f(c)$$

よって　　$\Delta y = f(c + \Delta x) - f(c) \leqq 0.$

$$\Delta x > 0 \quad \text{ならば} \quad \frac{\Delta y}{\Delta x} \leqq 0 \quad \text{ゆえに} \quad \lim_{\Delta x \to 0} \frac{\Delta y}{\Delta x} \leqq 0$$

$$\Delta x < 0 \quad \text{ならば} \quad \frac{\Delta y}{\Delta x} \geqq 0 \quad \text{ゆえに} \quad \lim_{\Delta x \to 0} \frac{\Delta y}{\Delta x} \geqq 0$$

したがって，$\lim_{\Delta x \to 0} \dfrac{\Delta y}{\Delta x} = 0$．すなわち $f'(c) = 0$ となる．$f(c)$ が最小値である場合も，同様にして $f'(c) = 0$ が示される．

(2) 一般の場合

$g(x) = f(x) - f(a)$ とおくと，仮定 $f(a) = f(b)$ から

$$g(a) = g(b) = 0$$

よって，(1) で示したことから $g'(c) = 0,\ a < c < b$ を満たす実数 c がある．このとき，$f'(c) = g'(c) = 0$ であるから，定理の結論が成り立つ．

証明終

ロルの定理を用いて，平均値の定理を証明しよう．

証明 $\dfrac{f(b) - f(a)}{b - a} = k$ とおき，関数 $F(x) = f(x) - k(x - a)$ を考えると

$$F(a) = F(b) = f(a),\ F'(x) = f'(x) - k.$$

よって，ロルの定理により

$$F'(c) = 0,\ a < c < b$$

を満たす実数 c が存在する．

$$F'(c) = 0 \text{ から } f'(c) = k.$$

したがって

$$\frac{f(b) - f(a)}{b - a} = f'(c),\ a < c < b$$

を満たす実数 c が存在する．

証明終

テイラー（Taylor）の定理

平均値の定理 2.1 では

$$f(b) = f(a) + f'(c)(b - a) \tag{2.3}$$

が成り立つような c が a と b の間に存在する．

$f'(x)$ が連続であるとき，b を x でおき換え，$x \to a$ とすれば，$c \to a$ であり，$f'(c) \to f'(a)$ となる．したがって，$x \fallingdotseq a$ のときの近似式

$$f(x) \fallingdotseq f(a) + f'(a)(x - a)$$

が得られる．これを $y = f(x)$ の $x = a$ のまわりの 1 次の近似式という．

さらに (2.3) の右辺を $b - a$ の 2 次式の形に表すことを考えよう．

$$f(b) = f(a) + f'(a)(b-a) + K(b-a)^2$$

a を x でおき換えて，関数

$$F(x) = f(b) - f(x) - f'(x)(b-x) - K(b-x)^2$$

を考える．$f(x)$ が 2 回微分可能であるとすれば $F(x)$ も微分可能であり連続である．微分すると

$$\begin{aligned} F'(x) &= -f'(x) - f''(x)(b-x) + f'(x) + 2K(b-x) \\ &= \{2K - f''(x)\}(b-x) \end{aligned}$$

となる．$F(a) = F(b) = 0$ であるから，ロルの定理より，$F'(c) = 0$ となる c が開区間 (a, b) に存在する．つまり，

$$F'(c) = \{2K - f''(c)\}(b-c) = 0$$

である．これから $K = \frac{f''(c)}{2}$ が導かれる．$F(a) = 0$ であるから

$$f(b) = f(a) + f'(a)(b-a) + \frac{f''(c)}{2}(b-a)^2 \tag{2.4}$$

が成り立つ．さらに，(2.4) を一般化した定理が成り立つ．

定理 2.4 テイラーの定理

関数 $f(x)$ が，a，b を含む区間で n 回微分可能であるならば，

$$\begin{aligned} f(b) = f(a) &+ f'(a)(b-a) + \frac{f''(a)}{2}(b-a)^2 + \cdots \\ &+ \frac{f^{(n-1)}(a)}{(n-1)!}(b-a)^{n-1} + \frac{f^{(n)}(c)}{n!}(b-a)^n \end{aligned}$$

が成り立つような c が，a と b の間に存在する．

関数の増減

2.1 節で学んだように，関数 $y = f(x)$ の $x = a$ における微分係数 $f'(a)$ は，曲線 $y = f(x)$ 上の点 $(a, f(a))$ における接線の傾きを表している．関数 $y = f(x)$ のグラフ上の点 $A(a, f(a))$ における接線の傾きは，$f'(a)$ であるから，$f'(a) > 0$ ならば，接線は右上がりで，$f'(a) < 0$ ならば，接線は右下がりである．関数のグラフは，点 A の近くでは，A における接線にほぼ一致しているとみなしてよいから，ある区間で $f'(x)$ の符号が一定であるとき，次のことがいえる．

関数の増加，減少

区間 (a,b) で常に $f'(x) > 0$ ならば，$f(x)$ は区間 $[a,b]$ で**単調に増加**する．
区間 (a,b) で常に $f'(x) < 0$ ならば，$f(x)$ は区間 $[a,b]$ で**単調に減少**する．
区間 (a,b) で常に $f'(x) = 0$ ならば，$f(x)$ は区間 $[a,b]$ で**定数**である．

証明 関数 $f(x)$ は閉区間 $[a,b]$ で連続で，開区間 (a,b) で微分可能であるとする．平均値の定理により，$a \leqq x_1 < x_2 \leqq b$ である任意の2つの実数 x_1，x_2 に対して，次の条件を満たす実数 c が存在する．

$$f(x_2) - f(x_1) = (x_2 - x_1)f'(c),\ x_1 < c < x_2$$

ここで，$x_2 - x_1 > 0$ であるから，次のことがいえる．

$$f'(c) > 0 \quad \text{ならば} \quad f(x_1) < f(x_2)$$
$$f'(c) < 0 \quad \text{ならば} \quad f(x_1) > f(x_2)$$
$$f'(c) = 0 \quad \text{ならば} \quad f(x_1) = f(x_2)$$

証明終

2.3 1変数関数の極大・極小

関数 $f(x)$ の増減の様子を，$f'(x)$ の符号の変化に注目して調べると，局所的な極大や極小を求めることができる．関数 $f(x)$ において，変数 x が増加しながら $x = a$ を通過するとき，$f(x)$ の値の増加，減少の様子について考えてみよう．

[1] $f'(x)$ の値が正から負に変わる場合

$f(x)$ の値は増加から減少に移り，$x = a$ を含む十分小さい区間では $x \neq a \Longrightarrow f(x) < f(a)$ が成り立つ．このとき，$f(x)$ は $x = a$ で **極大**（local maximum）になるといい，$f(a)$ を **極大値** という．

[2] $f'(x)$ の値が負から正に変わる場合

$f(x)$ の値は減少から増加に移り，$x = a$ を含む十分小さい区間では $x \neq a \Longrightarrow f(x) > f(a)$ が成り立つ．このとき，$f(x)$ は $x = a$ で **極小**（local minimum）になるといい，$f(a)$ を **極小値** という．

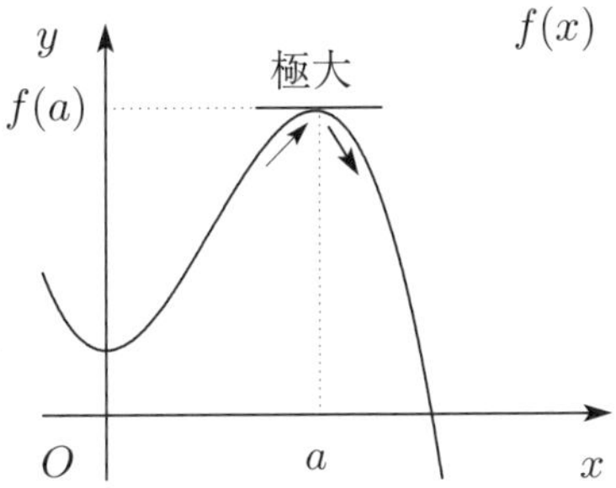

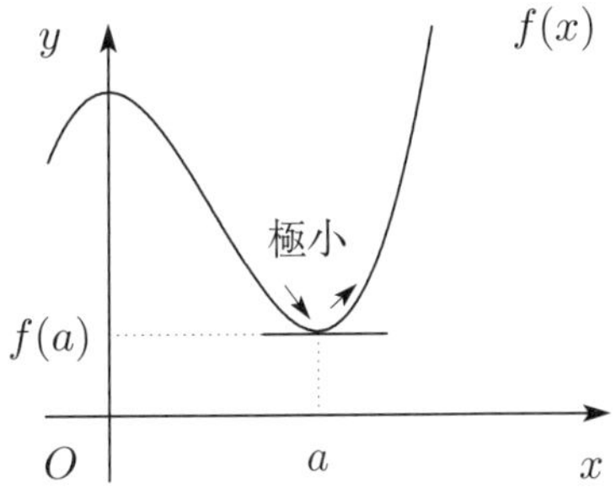

極大値と極小値をまとめて**極値**という．関数 $f(x)$ が $x=a$ で極値をとるとき，$x=a$ の前後で $f'(x)$ の正，負の符号が変わるから，$f'(a)=0$ である．この結果をまとめると次のようになる[4]．

定理 2.5 極値であるための必要条件

$f(x)$ が $x=a$ で極値をとるならば　　$f'(a)=0$

2.4　高次関数の極大・極小

高次の導関数

ある区間 I で定義された微分可能な関数 $y=f(x)$ の導関数 $f'(x)$ も x の関数である．もしもこの $f'(x)$ がまた I において微分可能なら，$f(x)$ は I において 2 階微分可能であるといい，その導関数 $\{f'(x)\}'$ を $f(x)$ の**第 2 次導関数**と呼ぶ．記号で次のように表す．

$$y'',\ f''(x),\ \{f(x)\}'',\ \frac{d^2y}{dx^2},\ \frac{d^2}{dx^2}f(x)$$

これに対して，$f'(x)$ を $f(x)$ の**第 1 次導関数**ということがある．さらに，$f''(x)$ が I で微分可能ならば，$f(x)$ は I で 3 回微分可能であるといい，その導関数 $\{f''(x)\}'$ を $f(x)$ の**第 3 次導関数**といい，記号で次のように表す．

$$y''',\ f'''(x),\ \{f(x)\}''',\ \frac{d^3y}{dx^3},\ \frac{d^3}{dx^3}f(x)$$

一般に，関数 $y=f(x)$ を n 回微分して得られる関数を，$y=f(x)$ の**第 n 次導関数**といい，記号で次のように表す．

$$y^{(n)},\ f^{(n)}(x),\ \frac{d^ny}{dx^n},\ \frac{d^n}{dx^n}f(x)$$

$y^{(1)}$，$y^{(2)}$，$y^{(3)}$ は，それぞれ y'，y''，y''' を表している．第 2 次以上の導関数をまとめて，**高次導関数**という．

第 2 次導関数と極大，極小

関数 $f(x)$ について，$f'(a)=0$ であるとき，$f'(a)$ が極値であるかどうかは，第 2 次導関数の値 $f''(a)$ を利用して判定することもできる．ただし，$x=a$ を含むある区間で $f''(x)$ は連続であるとする．

[1] $f''(a)<0$ であるとき，$x=a$ の十分近くでは $f''(x)<0$ で，$f'(x)$ は単調に減少する．$f'(a)=0$ であるから

$$x<a \text{ では } f'(x)>0, \quad a<x \text{ では } f'(x)<0$$

[4] この定理の逆は成り立つとは限らない．例えば，関数 $f(x)=x^3$ については，$f'(0)=0$ であるが，$x\neq 0$ のとき $f'(x)>0$ で，この関数は単調に増加するから，$f(0)$ は極値ではない

よって，この場合，$f(a)$ は極大値である．

x	$\cdots$	a	$\cdots$
$f'(x)$	$+$	0	$-$
$f''(x)$		$-$	
$f(x)$	↗	極大	↘

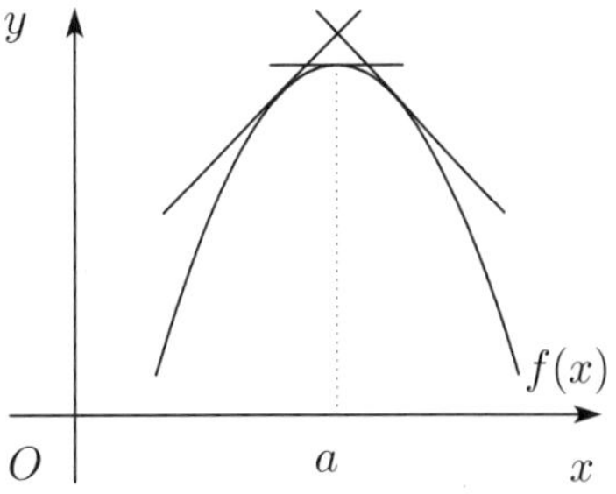

[2] $f''(a) > 0$ であるとき，$x = a$ の十分近くでは $f''(x) > 0$ で，$f'(x)$ は単調に増加する．$f'(a) = 0$ であるから

$$x < a \text{ では } f'(x) < 0, \quad a < x \text{ では } f'(x) > 0$$

よって，この場合，$f(a)$ は極小値である．

x	$\cdots$	a	$\cdots$
$f'(x)$	$-$	0	$+$
$f''(x)$		$+$	
$f(x)$	↘	極小	↗

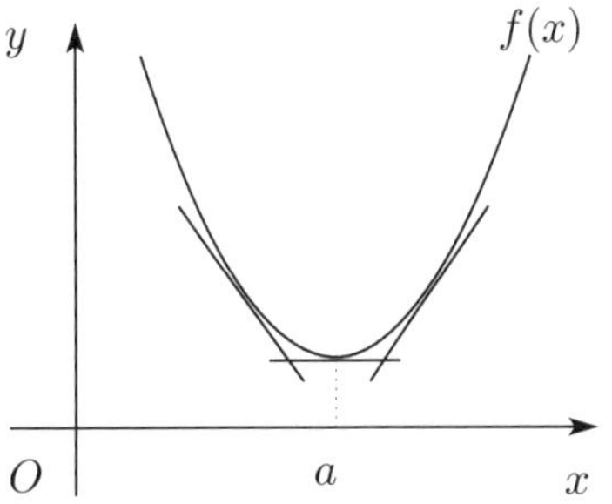

定理 2.6 第 2 次導関数と極値の判定

関数 $f(x)$ について，$f'(a)=0$ であるとき

$$f''(a) < 0 \implies f(x) \text{ は } x = a \text{ で極大になる}$$
$$f''(a) > 0 \implies f(x) \text{ は } x = a \text{ で極小になる}$$

1 変数の高次関数の極大・極小問題は置換によって低次 (2 次以下) の極大・極小問題に帰着されるもののほかは，一般に導関数を用いて解く．

導関数と極値の判定

1 階の条件　1 次導関数がゼロになること．

2 階の条件　極大化のためには，2 次導関数が負であること．
極小化のためには，2 次導関数が正であること．

曲線の凹凸

関数 $f(x)$ が微分可能であるとき，曲線 $y=f(x)$ 上の各点で接線を引くことができる．ここでは，その接線の傾きの変化について考えてみよう．

ある区間において，x の値が増加するにつれて，接線の傾きが増加するとき，曲線 $y=f(x)$ は，この区間で **下に凸** であるという．また，接線の傾きが減少するとき，曲線 $y=f(x)$ は，この区間で **上に凸** であるという．

関数 $f(x)$ が第2次導関数 $f''(x)$ をもつ場合，ある区間で，常に $f''(x)>0$ ならば，$f'(x)$ は単調に増加し，常に $f''(x)<0$ ならば，$f'(x)$ は単調に減少する．ここで，$f'(x)$ は接線の傾きを表すから，曲線 $y=f(x)$ の凹凸について，次のことがいえる．

曲線の凸凹

常に $f''(x)>0$ である区間では，$f(x)$ は**曲線は下に凸**である．
常に $f''(x)<0$ である区間では，$f(x)$ は**曲線は上に凸**である．

一般に，曲線 $y=f(x)$ 上の点 $P(a,f(a))$ について，$x=a$ の前後で曲線の凹凸が変わるとき，点 P を曲線 $y=f(x)$ の **変曲点** という．$f(x)$ が第2次導関数 $f''(x)$ をもつときには，次のことがいえる[5]．

変曲点

点 $P(a,f(a))$ が曲線 $y=f(x)$ の変曲点ならば，$f''(a)=0$

2.5　積分

無限に細かく分割された量を統合する計算をするには，定積分という手法を用いる．これはグラフ下の面積を計算するのに有効な方法である．

[5]しかし，$f''(a)=0$ であっても，点 $P(a,f(a))$ は曲線の変曲点であるとは限らない．例えば，$f(x)=x^4$ においては，$f''(x)=12x^2$ であるから $f''(0)=0$ であるが，$x=0$ の前後で $f''(x)>0$ であって，曲線 $y=x^4$ の凹凸は変わらない．すなわち，原点 O は変曲点ではない．

関数 $y=f(x)$ が区間 $[a,b]$ で連続で，つねに $f(x)\geq 0$ であるような関数であると仮定しよう．経済学において利用されるほとんどの関数はこの性質を持っている．その区間で，曲線 $y=f(x)$，x 軸および垂線 $x=a$ と $x=b$ で囲まれた図形を A で示そう．

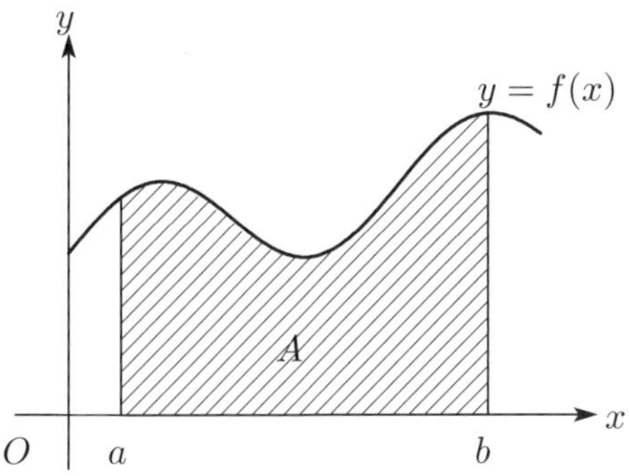

x 軸上で区間 $[a,b]$ を n 等分し，その分点を

$$a=x_0,\ x_1,\ x_2,\ \cdots,\ x_{n-1},\ x_n=b$$

とする．この分割による小区間の幅を

$$\Delta x=\frac{b-a}{n}$$

とおく．各小区間に $[x_{i-1},\ x_i]$ に対して高さが $f(x_i)$ の長方形を考え，その面積の和

$$S_n=f(x_1)\Delta x+f(x_2)\Delta x+\cdots+f(x_i)\Delta x+\cdots+f(x_{n-1})\Delta x+f(x_n)\Delta x$$

を作る．総和の記号を用いれば，これは

$$S_n=\sum_{i=1}^{n}f(x_i)\Delta x$$

と表され，図の網掛けで示された n 個の長方形の和に等しい．

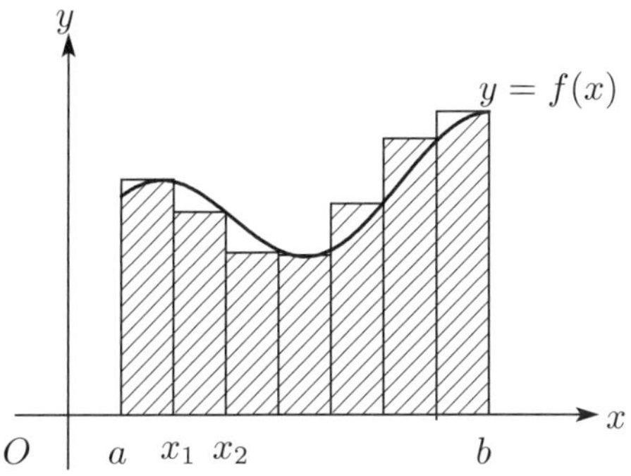

$n\to\infty$ とすれば小区間の幅は $\Delta x\to 0$ となり，S_n は図形 A の面積 S に限りなく近づく．すなわち

$$S=\lim_{n\to\infty}\left\{\sum_{i=1}^{n}f(x_i)\Delta x\right\}$$

このような和の極限値を区間 $[a, b]$ における **定積分** といい $\int_a^b f(x)dx$ で表す．

区間 D で $f(x)$ が連続ならば，D に属する定数 a と x に対して，$f(x)$ の区間 $[a, x]$ における定積分を

$$F(x) = \int_a^x f(t)dt$$

とおくと，$F(x)$ は x の関数である．この関数について次の定理が成り立つ．

定積分の基本定理

関数 $f(x)$ が区間 D で連続であるとき，

$$\frac{dF(x)}{dx} = f(x)$$

である．

証明　x，$x+h$ が D に属すとき，$h>0$ に対して，$F(x+h)-F(x)$ は，区間 $[x, x+h]$ に対応する曲線 $y=f(x)$ と x 軸で囲まれた部分の面積を表す．区間 $[x, x+h]$ における $f(x)$ の最小値を $m(h)$，最大値を $M(h)$ とすると，

$$m(h) \leqq \frac{F(x+h)-F(x)}{h} \leqq M(h)$$

であるから，$h \to 0$ のとき，$M(h) \to f(x)$，$m(h) \to f(x)$ に注意すると，

$$\lim_{h \to 0} \frac{F(x+h)-F(x)}{h} = f(x).$$

したがって，

$$\frac{dF(x)}{dx} = f(x)$$

である．

ここで，$F(x)$ は $f(x)$ の **不定積分** または **原始関数** といわれる．すなわち，積分は微分の逆計算である．もしも $F(x)$ が $f(x)$ の1つの不定積分であるならば，任意の不定積分は，C を定数として，$F(x)+C$ の形に表される．これらをまとめて，$f(x)$ の不定積分を

$$\int f(x)dx = F(x) + C$$

と表す．C を **積分定数** という．

積分に関して，以下の公式を覚えておくと有用である．

定積分の公式

(1) $\displaystyle\int_a^b kf(x)dx = k\int_a^b f(x)dx$ （k は定数）

(2) $\displaystyle\int_a^b \{f(x) \pm g(x)\}\,dx = \int_a^b f(x)dx \pm \int_a^b g(x)dx$ （複合同順）

(3) $\displaystyle\int_a^c f(x)dx = \int_a^b f(x)dx + \int_b^c f(x)dx$

(4) $\psi(x) = t$，$\psi(a) = \alpha$，$\psi(b) = \beta$ とするとき

$$\int_a^b f(\psi(x))\frac{d\psi}{dx}dx = \int_\alpha^\beta f(t)dt$$ （置換積分法）

(5) $\displaystyle\int_a^b f(x)g'(x)dx = [f(x)g(x)]_a^b - \int_a^b f'(x)g(x)dx$ （部分積分法）

また，いくつかの関数の積分も覚えておくとよいだろう．

不定積分の公式

(1) $\displaystyle\int x^\alpha dx = \frac{1}{\alpha+1}x^{\alpha+1} + C$ （$\alpha \neq -1$）

(2) $\displaystyle\int e^x dx = e^x + C$

(3) $\displaystyle\int \frac{1}{x}dx = \log|x| + C$

練習問題

1．次の関数を微分せよ．

(1) $y = 3x^4 - 2x^3 + 5x^2 - 4x + 3$

(2) $y = (2x-1)^2(x+3)^3$

2．次の関数の第 2 次導関数を求めよ．

(1) $y = (x^2 + 2x - 1)^4$

(2) $y = x^2 \log x$

3．次の関数の極値を調べなさい．

(1) $y = 10x^2 - 5x + 1$

(2) $y = \frac{1}{3}x^3 - x^2 - 3x + 4$

4．次の関数の凹凸と変曲点を調べなさい．

$$y = x^3 - 6x^2 + 9x - 1$$

5．ある独占企業の総費用関数および需要関数が次のように与えられている．

$$TC = q^2 + 2q + 8$$
$$p = 32 - 2q$$

〔TC：総費用, q：産出量, p：価格〕

この企業が最大利潤を得ることのできる産出量を求めよ．(ヒント:総利潤は総収入 − 総費用である．)

6．ある独占企業の平均費用関数および需要関数が次のように与えられている．

$$AC = q^2 + 1$$
$$p = 9 - q$$

〔AC：平均費用, q：産出量, p：価格〕

この企業が最大利潤を得ることのできる価格を求めよ．(ヒント:平均費用は産出量 1 単位当りの費用である．)

第 3 章

多変数関数の微分

いままで 1 変数の関数について微分に関する性質を調べてきた．しかし，自然界や社会の事象には，2 つや 3 つのものが決まってはじめて値が決まるものも多い．この章では，1 変数関数の議論を主に 2 変数関数に対して拡張し，2 変数関数の極値の問題などについて考察する．

3.1　偏導関数・全微分

2 変数関数

変数（実数）x，y，z の間に

$$z = x + y - 1 \tag{3.1}$$

$$z = \sqrt{a^2 - x^2 - y^2} \tag{3.2}$$

のような関係があるとき，x と y の 1 組の値が (x, y) が与えられれば，z の 1 つの値が決まる．x，y がいろいろな値をとって変わり，その各々の組 (x, y) に対して z の値が定まるとき，z を変数 x，y の関数という．2 つの変数の関数を **2 変数関数** という．

関数記号を用いて，

$$z = f(x, y)$$

という形の式で一般に表す．

2 つ以上の変数の関数をまとめて **多変数関数** というが，3 つ以上の変数の関数も同様に定義される．これらの関数は変数の個数に応じて，

$$f(x, y, z),\ \cdots,\ f(x_1, x_2, \cdots, x_n)$$

などと表される．2 変数関数についてのいろいろの定義や性質は，ほとんどそのまま多変数関数についても成り立つから，ここでは主として 2 変数関数について考える．

一般に関数の変数がとることのできる値の組 (x, y) の範囲 D を，その関数の **定義域** と呼ぶ．関数の定義域として，ふつう関数が意味を持つような実数の組の最も広い範囲を考える．実数の組 (x, y) は座標平面上で 1 点 $P(x, y)$ を表すから，定義域 D は座標平面上の点集合で表される．関数

$$z = f(x, y)$$

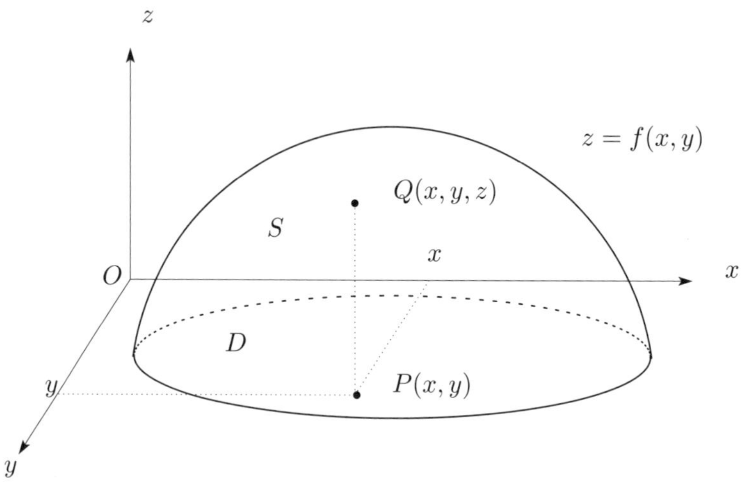

図 **3.1**　2変数関数のグラフ

は，定義域 D の各点 $P(x,y)$ に対して値 z が定まるから，$z=f(P)$ と書くこともある。

空間内に直交座標系をとり，その原点を O とする．変数の1組の値 (x,y) に対して xy 平面上の点 $P(x,y)$ をとり，P における関数の値 $z=f(x,y)$ に対して空間の点 $Q(x,y,z)$ をとる．点 Q は，P を通り z 軸に平行な直線上で高さが z の位置にある（図 3.1）．点 P が定義域 D の中を動くとき，点 Q は一般に1つの曲面 S を描く．この曲面 S を関数 $z=f(x,y)$ の **グラフ** または **曲面** という．

例えば，(3.1) では変数の任意の値の組 (x,y) に対して z の値が定まる．定義域は座標平面全体であり，描くグラフは平面である．これに対して，(3.2) では x，y，z が実数であるためには，変数 x，y が

$$x^2+y^2 \leqq a^2 \tag{3.3}$$

を満たさなければならない．定義域は (3.3) で表される円の内部と周である．(3.2) の両辺を2乗すれば

$$x^2+y^2+z^2=a^2 \tag{3.4}$$

であるから，(3.2) のグラフは原点 O を中心とし半径 a の球面の $z \geqq 0$ の部分であることがわかる．

極限値　　点 $P(x,y)$ が1点 $A(a,b)$ に限りなく近づくとき，近づき方に関係なく，関数 $f(x,y)$ が一定の値 C に限りなく近づくならば，関数 $f(x,y)$ は C に **収束** するという．C をそのときの $f(x,y)$ の **極限値** という．

点 P が A に限りなく近づくことを $P \to A$ と表す．これは P が A に一致することなく距離 PA が0に限りなく近づくことをいう．

$$AP=\sqrt{(x-a)^2+(y-b)^2}$$

であるから，$AP \to 0$ であることと $x \to a$ かつ $y \to b$ であることは同値である．これを $(x,y) \to (a,b)$ と書く．

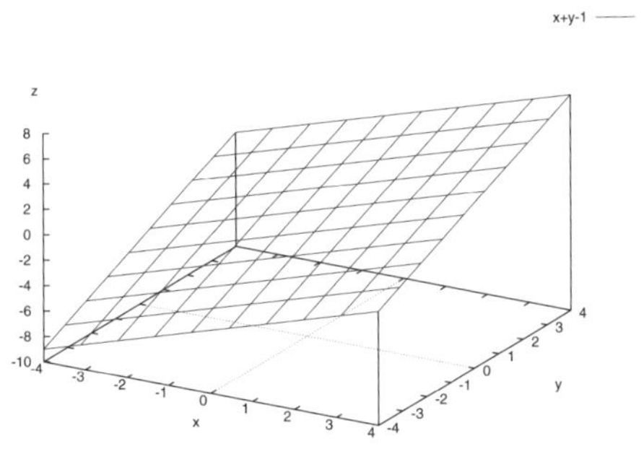

$z = x + y - 1$ のグラフ

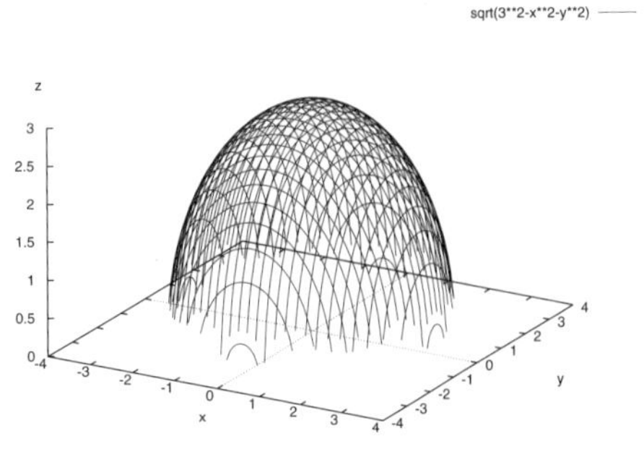

$z = \sqrt{3^2 - x^2 - y^2}$ のグラフ

$P(x,y) \to A(a,b)$ のとき $z = f(x,y)$ の極限値が C であることを,

$$\lim_{(x,y)\to(a,b)} f(x,y) = C$$

などの記号で書く.

連続　1 変数の場合と同じように, 2 変数関数の連続も定義される. 関数 $f(x,y)$ の定義域 D の点 $A(a,b)$ において, $\lim_{(x,y)\to(a,b)} f(x,y)$ が存在し,

$$\lim_{(x,y)\to(a,b)} f(x,y) = f(a,b)$$

が成り立つとき, $f(x,y)$ は **連続** であるという. 定義域 D のすべての点で連続であるとき, その関数は D で連続であるという.

偏導関数

偏微分係数　2 変数関数 $z = f(x,y)$ において, 2 個の独立変数のうち片方の変数 y を一定の値 b に固定すれば, $z = f(x,b)$ は 1 変数 x だけの関数と考えられる. この関数の $x = a$ における微分係数

$$\lim_{h\to 0} \frac{f(a+h,b) - f(a,b)}{h}$$

が存在するとき, この極限値を点 $A(a,b)$ における $f(x,y)$ の x についての **偏微分係数** といい, 記号 $f_x(a,b)$ で表す. 曲面 $z = f(x,y)$ を S とするとき, xz 平面に平行な平面 $y = b$ で S を切ると, 切り口は曲線 $z = f(x,b)$ を与える.

平面 $y = b$ 上では, 1 変数関数での求め方と同じようにして, 曲線 $z = f(x,b)$ の $x = a$ における接線の傾きを求めることができる. 点 $A(a,b)$ を通る平面 $y = b$ で, グラフ S を切断した断面の曲線 $z = f(x,b)$ の点 $B(a,b,f(a,b))$ での微分を考えるのである.

同様に, x を一定の値 a に固定して得られる y だけの関数 $z = f(a,y)$ の $y = b$ における微分係数

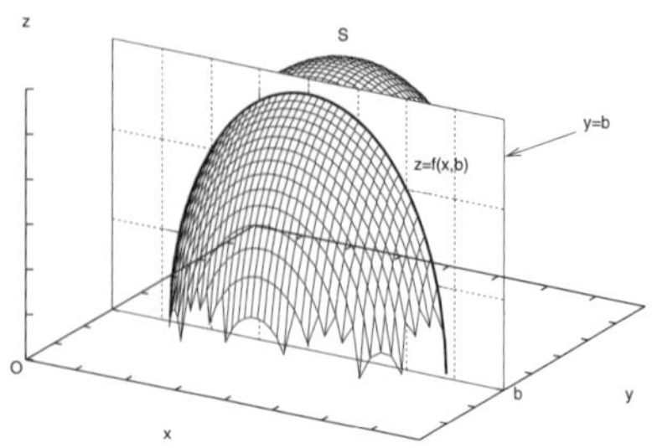

S を $y=b$ で切る．

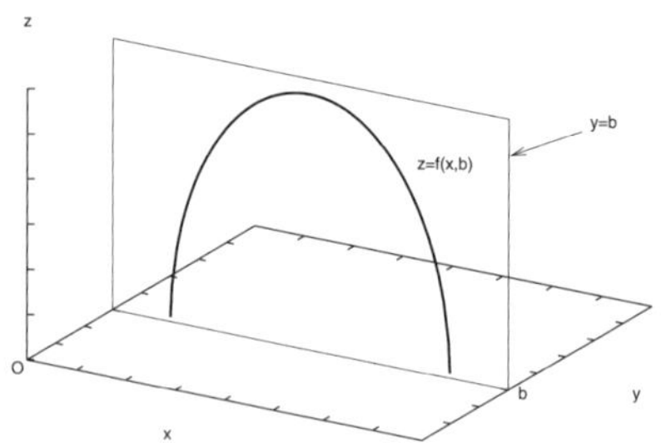

$z=(x,b)$ を得る．

$$\lim_{k\to 0}\frac{f(a,b+k)-f(a,b)}{k}$$

を点 $A(a,b)$ における $f(x,y)$ の y についての偏微分係数 といい，記号 $f_y(a,b)$ で表す．

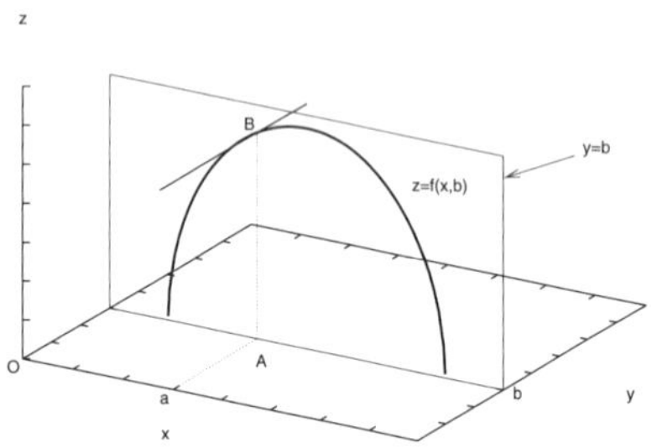

x についての偏微分

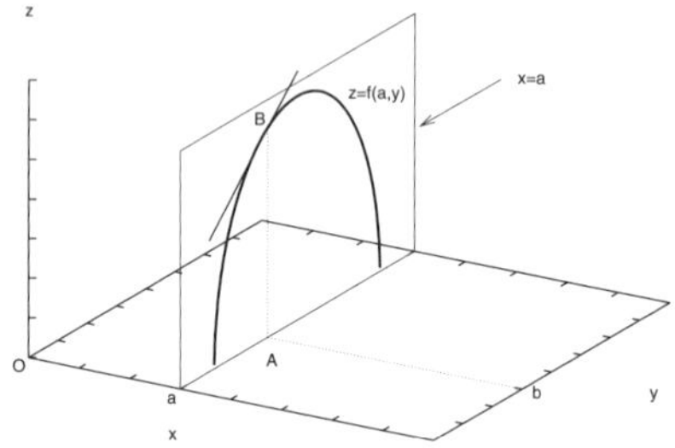

y についての偏微分

偏 導 関 数　点 $A(a,b)$ で偏微分係数 $f_x(a,b)$，$f_y(a,b)$ が存在するとき，$f(x,y)$ は点 $A(a,b)$ で **偏微分可能** であるという．関数 $z=f(x,y)$ が偏微分可能であるような各点 $P(x,y)$ で，$f_x(x,y)$，$f_y(x,y)$ を考えれば，これらはまた2変数 x，y の関数である．これらを $f(x,y)$ の x および y についての **偏導関数** (partial derivative) といい，それぞれ記号

$$f_x(x,y),\quad z_x,\quad \frac{\partial z}{\partial x},\ \frac{\partial f(x,y)}{\partial x}$$
$$f_y(x,y),\quad z_y,\quad \frac{\partial z}{\partial y},\ \frac{\partial f(x,y)}{\partial y}$$

などで表す．偏導関数を求めることを，関数を **偏微分** するという．偏微分するには，注目した変数以外の変数を定数とみなして微分すればよい．

変数 x，y の増分を Δx，Δy とすれば偏導関数は

$$\begin{aligned} f_x(x,y) &= \lim_{\Delta x \to 0} \frac{f(x+\Delta x, y) - f(x,y)}{\Delta x} \\ f_y(x,y) &= \lim_{\Delta y \to 0} \frac{f(x, y+\Delta y) - f(x,y)}{\Delta y} \end{aligned}$$

で定義される．

高次偏導関数　関数 $z = f(x,y)$ の偏導関数 $f_x(x,y)$，$f_y(x,y)$ がさらに偏微分可能ならば，それらの偏導関数を

$$f_{xx}(x,y) = \frac{\partial^2 f}{\partial x^2},\ f_{xy}(x,y) = \frac{\partial^2 f}{\partial y \partial x}$$
$$f_{yx}(x,y) = \frac{\partial^2 f}{\partial x \partial y},\ f_{yy}(x,y) = \frac{\partial^2 f}{\partial y^2}$$

などで表し，**第 2 次偏導関数**という．これらがさらに偏微分可能ならば，第 3 次，$\cdots$，第 n 次偏導関数を考えることができる．これらを **高次偏導関数** という．ところで，第 2 次偏導関数については次の定理が知られている．

定理 3.1 ヤング（Young）の定理

$z = f(x,y)$ について f_{xy}，f_{yx} が存在して連続ならば　$f_{xy} = f_{yx}$

証明　y,k を固定して，x の関数

$$\phi(x) = f(x, y+k) - f(x,y)$$

を考える．平均値の定理より，

$$\begin{aligned} \phi(x+h) - \phi(x) &= h\phi'(x+\theta_1 h) \\ &= h\left\{f_x(x+\theta_1 h, y+k) - f_x(x+\theta_1 h, y)\right\} \\ &= hkf_{xy}(x+\theta_1 h, y+\theta_2 k) \end{aligned}$$

となる $\theta_1(0 < \theta_1 < 1)$ と $\theta_2(0 < \theta_2 < 1)$ が存在する．同様に，x，h を固定して，y の関数 $\psi(y) = f(x+h, y) - f(x,y)$ を考えると，平均値の定理より，

$$\begin{aligned} \psi(y+k) - \psi(y) &= k\psi'(y+\theta_3 k) \\ &= k\left\{f_y(x+h, y+\theta_3 k) - f_y(x, y+\theta_3 k)\right\} \\ &= hkf_{yx}(x+\theta_4 h, y+\theta_3 k) \end{aligned}$$

となる $\theta_3(0 < \theta_3 < 1)$ と $\theta_4(0 < \theta_4 < 1)$ が存在する．ところで，

$$\begin{aligned} \phi(x+h) - \phi(x) &= f(x+h, y+k) - f(x+h, y) - f(x, y+k) + f(x,y) \\ &= \psi(y+k) - \psi(y) \end{aligned}$$

であるから，

$$hkf_{xy}(x+\theta_1 h, y+\theta_2 k) = hkf_{yx}(x+\theta_4 h, y+\theta_3 k).$$

両辺を hk で割って，h，k を0に近づけると，求める等式を得る．

証明終

経済モデルでよく仮定される well-behaved な関数では，常にこの定理は成立する．

合成関数の偏微分

変数 x，y が媒介変数 t の関数

$$x = x(t),\ y = y(t)$$

であるとき，1変数関数の場合と同じように，関数 $z = f(x, y)$ の変数 x，y にこれらを代入すると，t の各値に対して $(x(t), y(t))$ が定まり，さらに

$$z = f(x(t), y(t))$$

の値が定まる．z は t の関数になる．これを **合成関数** という．合成関数を t で偏微分することについて次の定理が成り立つ．**連鎖律**（chain rule）として知られている．

定理 3.2 合成関数の偏微分

$z = f(x, y)$ の偏導関数 f_x，f_y が連続であり，変数 x，y が変数 t の微分可能な関数ならば，$z = f(x(t), y(t))$ は t の微分可能な関数であり，

$$\frac{dz}{dt} = f_x\frac{dx}{dt} + f_y\frac{dy}{dt} = \frac{\partial z}{\partial x}\frac{dx}{dt} + \frac{\partial z}{\partial y}\frac{dy}{dt}$$

3.2　2変数関数の極大・極小

平均値の定理

関数の値の変化と導関数との関係について考えよう．次の **平均値の定理** が成り立つ．

定理 3.3 2変数関数の平均値の定理

関数 $f(x, y)$ が点 $A(a, b)$ の近くで存在して連続ならば

$$f(a+h, b+k) = f(a, b) + hf_x(a+\theta h, b+\theta k) + kf_y(a+\theta h, b+\theta k)$$

を満たす $\theta(0 < \theta < 1)$ が存在する．

証明　点 $A(a, b)$ の近くの点を $P(a+h, b+k)$ とする．a，b，h，k を定数として，座標 x，y が変数 t の1次関数

$$x = a + ht,\ y = b + kt \tag{3.5}$$

で表される点は直線 AP 上にある．

関数 $z=f(x,y)$ に対して

$$g(t)=f(a+ht,b+kt)$$

とおくと，$\dfrac{dx}{dt}=h$，$\dfrac{dy}{dt}=k$ であるから，定理 3.2 により

$$\begin{aligned} g'(t) &= h\frac{\partial f}{\partial x}+k\frac{\partial f}{\partial y} \\ &= hf_x(a+ht,b+kt)+kf_y(a+ht,b+kt) \end{aligned} \tag{3.6}$$

となる．右辺は偏導関数 $f_x(x,y)$，$f_y(x,y)$ に (3.5) を代入したものである．

平均値の定理 2.1 を t の区間 $[0,1]$ で $g(t)$ に適用すると，c の代わりに θ として

$$g(1)=g(0)+g'(\theta) \tag{3.7}$$

が成り立つような $\theta(0<\theta<1)$ が存在する．

$$\begin{aligned} g(0) &= f(a,b) \\ g(1) &= f(a+h,b+k) \\ g'(\theta) &= hf_x(a+\theta h,b+\theta k)+kf_y(a+\theta h,b+\theta k) \end{aligned}$$

であるから，これらを (3.7) に代入して上の定理が導かれる．(3.5) は直線 AP を表すから，この定理が成り立つような点 $(a+\theta h,b+\theta k)$ は線分 AP 上にある．

証明終

テイラーの定理

関数 $f(x,y)$ が n 回連続微分可能であるとき，(3.6) を書き換えると，

$$g'(t)=\left(h\frac{\partial}{\partial x}+k\frac{\partial}{\partial y}\right)f(a+ht,b+kt)$$

となる．f に微分演算 $h\frac{\partial}{\partial x}+k\frac{\partial}{\partial y}$ をおこなう形にまとめてある．さらに，t で微分すると

$$\begin{aligned} g''(t) &= \left(h\frac{\partial}{\partial x}+k\frac{\partial}{\partial y}\right)\left(h\frac{\partial}{\partial x}+k\frac{\partial}{\partial y}\right)f(a+ht,b+kt) \\ &= \left(h\frac{\partial}{\partial x}+k\frac{\partial}{\partial y}\right)^2 f(a+ht,b+kt) \end{aligned}$$

となる．これを繰り返すと，

$$g^{(n)}=\left(h\frac{\partial}{\partial x}+k\frac{\partial}{\partial y}\right)^n f(a+ht,b+kt)$$

が得られる．

さて，テイラーの定理 2.4 を g に適用すると，

$$g(t)=g(0)+tg'(0)+t^2\frac{g''(0)}{2!}+\cdots+t^{n-1}\frac{g(0)^{(n-1)}}{(n-1)!}+t^n\frac{g(\theta t)^{(n)}}{n!} \quad (0\leqq\theta\leqq 1)$$

となる θ が存在する．ここで，$t=1$ とおくと，次の定理が得られる．

定理 3.4 2 変数関数に対するテイラーの定理

関数 $f(x,y)$ が n 回連続微分可能関数であるとき，次の θ が存在する．

$$\begin{aligned} f(a+h,b+k) = f(a,b) &+ \left(h\frac{\partial}{\partial x}+k\frac{\partial}{\partial y}\right)f(a,b)+\frac{1}{2!}\left(h\frac{\partial}{\partial x}+k\frac{\partial}{\partial y}\right)^2 f(a,b) \\ &+ \cdots + \frac{1}{(n-1)!}\left(h\frac{\partial}{\partial x}+k\frac{\partial}{\partial y}\right)^{n-1} f(a,b) \\ &+ \frac{1}{n!}\left(h\frac{\partial}{\partial x}+k\frac{\partial}{\partial y}\right)^n f(a+\theta h,b+\theta k) \quad (0<\theta<1). \end{aligned}$$

全微分

平均値の定理3.3で，点 $A(a,b)$ の代わりに $P(x,y)$ とし，x，y の増分 h，k の代わりに，Δx，Δy と書き，それに対する $z=f(x,y)$ の増分を Δz とすると

$$\begin{aligned} \Delta z &= f(x+\Delta x, y+\Delta y)-f(x,y) \\ &= f_x(x+\theta\Delta x, y+\theta\Delta y)\Delta x + f_y(x+\theta\Delta x, y+\theta\Delta y)\Delta y \end{aligned}$$

となる．ここで

$$\begin{aligned} f_x(x+\theta\Delta x, y+\theta\Delta y) &= f_x(x,y)+\epsilon_1 \\ f_y(x+\theta\Delta x, y+\theta\Delta y) &= f_y(x,y)+\epsilon_2 \end{aligned}$$

とおくと，

$$\Delta z = f_x(x,y)\Delta x + f_y(x,y)\Delta y + \epsilon_1\Delta x + \epsilon_2\Delta y$$

と表される．f_x，f_y が連続であるから，

$$\epsilon_1 \to 0,\ \epsilon_2 \to 0\ ((\Delta x,\Delta y)\to(0,0))$$

である．したがって，$z=f(x,y)$ の増分 Δz に対して近似式

$$\Delta z \fallingdotseq f_x(x,y)\Delta x + f_y(x,y)\Delta y$$

が得られる．この式の右辺を df または dz で表す．

$$df = dz = f_x(x,y)\Delta x + f_y(x,y)\Delta y$$

$f=x$ のとき $f_x=1$，$f_y=0$ であるから $dx=\Delta x$．同様に $f=y$ のとき $dy=\Delta y$ となるから，$z=f(x,y)$ に対して

$$df = f_x(x,y)dx + f_y(x,y)dy = \frac{\partial f}{\partial x}dx + \frac{\partial f}{\partial y}dy$$

が成り立つ．df を関数 $f(x,y)$ の **全微分** という．

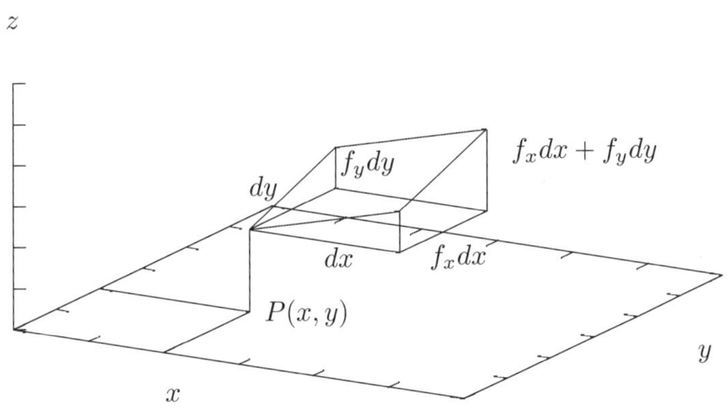

図 3.2 全微分のグラフ

2 変数関数の極大・極小

各変数が独立の場合，互いに他の変数を固定して考え，それぞれの最大値・最小値を求めることができる．関数 $f(x,y)$ が点 $A(a,b)$ の近くの任意の点 $P(x,y)$，$P \neq A$，に対してつねに

$$f(a,b) > f(x,y)$$

であるとき，$f(x,y)$ は点 A で **極大** になるといい，その値 $f(a,b)$ を **極大値** という．つねに

$$f(a,b) < f(x,y)$$

であるとき，$f(x,y)$ は点 A で **極小** になるといい，その値 $f(a,b)$ を **極小値** という．極大値と極小値を合わせて **極値** という．

1 変数関数について定理 2.5 を知っている．この定理の逆は必ずしも成り立たない．2 変数関数についてもこの定理と同様に次の定理が成り立つ．

定理 3.5 極値であるための必要条件

関数 $f(x,y)$ が点 $A(a,b)$ で極値をとり，その点で偏微分可能ならば

$$f_x(a,b) = 0,\ f_y(a,b) = 0$$

証明 $f(x,y)$ が点 $A(a,b)$ で極大になる場合を証明しよう．そのとき $y = b$ と固定して x だけ変化させれば，点 (x,b)，$x \neq a$，に対して

$$f(a,b) > f(x,b)$$

である．これは1変数 x の関数として $f(x,y)$ が $x=a$ で極大になることを示している．ゆえに $f_x(a,b)=0$ である．同様に $f(a,y)$ を考えて，$f_y(a,b)=0$ である．

証明終

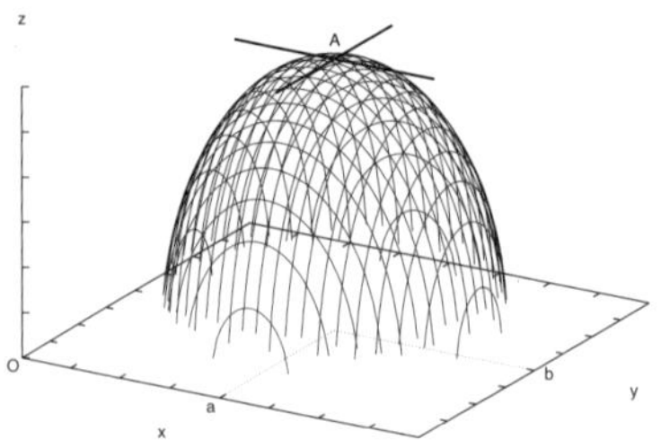

図 3.3　関数の極大

2変数関数について，定理2.6に相当する次の定理が成り立つ．

定理 3.6 2変数関数の極値の判定

関数 $f(x,y)$ の第2次偏導関数が点 $A(a,b)$ の近くで存在して連続であり，

$$f_x(a,b)=0,\ f_y(a,b)=0$$

であるとする．

$$H(x,y)=f_{xx}(x,y)f_{yy}(x,y)-\{f_{xy}(x,y)\}^2$$

とおくとき，

(1)　$H(a,b)>0$ の場合

$$f_{xx}(a,b)<0 \quad\Longrightarrow\quad f(x,y) \text{ は点 } A \text{ で極大になる．}$$
$$f_{xx}(a,b)>0 \quad\Longrightarrow\quad f(x,y) \text{ は点 } A \text{ で極小になる．}$$

(2)　$H(a,b)<0$ の場合，$f(x,y)$ は点 A で極値をとらない．

証明　テイラーの定理と $f_x(a,b)=f_y(a,b)=0$ より，

$$\begin{aligned} f(a+h,b+k) &= f(a,b)+\left(h\frac{\partial}{\partial x}+k\frac{\partial}{\partial y}\right)f(a,b) \\ &\quad +\frac{1}{2!}\left(h\frac{\partial}{\partial x}+k\frac{\partial}{\partial y}\right)^2 f(a+\theta h,b+\theta k) \\ &= f(a,b)+\frac{1}{2!}\left(h\frac{\partial}{\partial x}+k\frac{\partial}{\partial y}\right)^2 f(a+\theta h,b+\theta k) \end{aligned}$$

となる $\theta(0<\theta<1)$ が存在する．h，k が十分小さいとき，

$$H(a+\theta h, b+\theta k)>0.$$

すなわち，$f_{xx}(a,b)<0$ から，判別式を考えて，

$$\begin{aligned}
&\left(h\frac{\partial}{\partial x}+k\frac{\partial}{\partial y}\right)^2 f(a+\theta h, b+\theta k)\\
&\qquad=\{f_{xx}(a+\theta h, b+\theta k)\}\,h^2\\
&\qquad\quad+2\{f_{xy}(a+\theta h, b+\theta k)\}\,hk+\{f_{yy}(a+\theta h, b+\theta k)\}\,k^2<0.
\end{aligned}$$

h，k が十分小ならば，$f(a+h,b+k)<f(a,b)$ が成り立つので，$f(a,b)$ は極大値となる．同様にして，極小値を証明できる．

$H(a,b)=0$ の場合にはこの定理によっては判定できない．このときは別の方法によらなければならない．

陰関数定理

一般に，変数 x と y の間に

$$F(x,y)=0 \tag{3.8}$$

があるとき，これを満たす点 $P(x,y)$ は平面上の曲線を描く．このとき x の 1 つの値に対して y の値がただ 1 つ定まるとは限らないが，曲線のある部分については

$$y=f(x) \tag{3.9}$$

の形に直すことができるものとする．(3.8) が与えられて，y を x の関数と考えられるとき，y を x の **陰関数**（implicit function）という．これに対して (3.9) の形で表される関数を **陽関数** ということがある．

陰関数の例としては，円の方程式 $x^2+y^2=r^2$ $(r>0)$ がある．この方程式を y について解けば，2 つの陽関数

$$y=\sqrt{r^2-x^2},\ y=-\sqrt{r^2-x^2}$$

が定まる．第 1 の関数は円の上半分を示し，第 2 の関数はその下半分を表す．

陰関数 (3.8) から (3.9) が定まるための条件として，次の定理がある．

定理 3.7 陰関数定理

関数 $F(x,y)$ の偏導関数が点 $A(a,b)$ の近くで存在して連続であるとする．点 $A(a,b)$ で

$$F(a,b)=0,\ F_y(a,b)\neq 0$$

ならば，点 A の近くで

$$F(x,f(x))=0 \tag{3.10}$$

であり，$f(a)=b$ であるような関数 $y=f(x)$ が定まる．$f(x)$ は $x=a$ の近くで微分可能であり，その導関数について次の式が成り立つ．

$$\frac{dy}{dx}=-\frac{F_x(x,y)}{F_y(x,y)} \tag{3.11}$$

証明は省略するが，$f(x)$ の微分可能性がわかれば，(3.10) は x について恒等的に成り立つから，両辺を x で微分し合成関数の微分の公式を用いると

$$F_x(x,y)\frac{dx}{dx}+F_y(x,y)\frac{dy}{dx}=F_x(x,y)+F_y(x,y)\frac{dy}{dx}=0$$

である．点 A の近くで $F_y(x,y)\neq 0$ であるから，(3.11) が導かれる．

3.3　条件付極大・極小

2変数関数 $f(x,y)$ の極値については，変数 x，y が互いに独立に変化する場合を考えた．ここでは x，y が方程式

$$g(x,y)=0 \tag{3.12}$$

を満たしながら変化するときに，関数 $z=f(x,y)$ の極値を考えよう．これは点 P が曲線 (3.12) の上を動くとき，関数 $f(P)$ の極値を求める問題である．条件付き極大・極小問題は，**ラグランジュの未定乗数法**（Lagrange's method of indeterminate multiplier）を使うと便利である．

定理 3.8 ラグランジュの未定乗数法

条件 $g(x,y)=0$ のもとに関数 $f(x,y)$ が点 $A(a,b)$ で極値をとり，その点で $g_x(a,b)\neq 0$ または $g_y(a,b)\neq 0$ ならば λ をある定数として，次の式が成り立つ．

$$f_x(a,b)+\lambda g_x(a,b)=0,\quad f_y(a,b)+\lambda g_y(a,b)=0 \tag{3.13}$$

証明　$g_y(a,b)\neq 0$ を仮定すると，陰関数定理により，点 A の近くで (3.12) から y を x の関数として表すことができる．$y=\psi(x)$ とすると

$$b=\psi(a),\quad \psi'(a)=-\frac{g_x(a,b)}{g_y(a,b)}$$

であり，$f(x,y)=f(x,\psi(x))$ は x だけの関数になる．この関数が $x=a$ で極値をとれば，合成関数の偏微分の公式で $t=x$ として

$$\left[\frac{d}{dx}f(x,\psi(x))\right]_{x=a}\ =\ f_x(a,\psi(a))+f_y(a,\psi(a))\psi'(a)$$

$$= f_x(a,b) - \frac{f_y(a,b)}{g_y(a,b)} g_x(a,b) = 0$$

が成り立つ．ここで $\dfrac{f_y(a,b)}{g_y(a,b)} = \lambda$ とおけば，(3.13) が導かれる．$g_x(a,b) \neq 0$ のときは，x を y の関数として，同じ論法をおこなう．

証明終

この定理は極値をとるための必要条件を表すものであって，条件を満たす点で関数が極値をとるかどうかを吟味しなければならない．しかし，(3.13) は x と y について同じ形であり，有効な定理である．

例えば，

$$\max \ f(x,y) \qquad s.t. \ g(x,y) = 0 \tag{3.14}$$

で表される制約条件付き極大化問題は，目的関数 $f(x,y)$ と，制約関数 $g(x,y)$ にラグランジュの未定乗数 λ を乗じたものとを加えて作る **ラグランジュ関数**（Lagrange function）$\mathcal{L}(x,y,\lambda)$ の制約なしの極大化問題へと変換されるのである[1]．

$$\mathcal{L}(x,y,\lambda) = f(x,y) + \lambda g(x,y) \tag{3.15}$$

ラグランジュの乗数法の意味

ラグランジュの乗数法の意味を考えてみよう．2 個の変数の関数 $f(x,y)$ が，$g(x,y) = 0$ の条件のもとで，極値 (a,b) を取るものとする．$g(x,y) = 0$ は陰関数である．この場合，陽関数を $y = y(x)$ とすれば，

$$\frac{dy}{dx} = -\frac{f_x}{f_y}$$

条件 $g(x,y) = 0$ のもとでは，$f(x,y) = f(x, y(x))$ は x の関数である．これが $x = a$ で極値をとるのであるから，

$$\frac{d}{dx} f(x, y(x)) = f_x + f_y y'$$

は，$x = a, y = b$ で 0 である．すなわち

$$f_x(a,b) + f_y(a,b) y'(a) = 0.$$

これから

$$\frac{f_x(a,b)}{g_x(a,b)} = \frac{f_y(a,b)}{g_y(a,b)}$$

が得られることから，この共通比を λ とすれば，求めている関係式が得られる．

---

[1] ここで，$s.t.$ は subject to （以下の条件で）ということを示している．ラグランジュ関数は **ラグランジアン**（Lagrangian）とも呼ばれる．

練習問題

1．正の定数 a，b に対して，正の数 x，y が $ax+by=1$ を満たして変化するとき，指定する方法で，積 xy の最大値を求めよ．

(1) ラグランジュの乗数法を使わずに求めよ．

(2) ラグランジュの乗数法を使って求めよ．

2．ある企業の生産関数が $y=f(k,l)=Ak^{\alpha}l^{\beta}$ であると仮定しよう．k は資本，l は労働である．ここで，$A>1$，$0<\alpha,\beta<1$ である．1階の偏導関数と2階の偏導関数を求めよ．

3．2変数関数 $z=f(x,y)$ のグラフにおいて，定数 c について

$$f(x,y)=c$$

を満足する (x,y) の組は xy 平面の曲線となる．この曲線を $z=c$ の **等高線** という．この等高線は，経済学では重要な意味を持っている．

ある企業の生産関数が $y=f(k,l)=Ak^{\alpha}l^{\beta}$ であると仮定しよう．k は資本，l は労働である．ここで，$A>1$，$0<\alpha,\beta<1$ である．生産関数の等高線は **等量線** と呼ばれるが，この等量線の勾配を求めなさい．また，同じ産出量を維持する場合，k の増加は l の減少を伴うが，k の増加は等量線の勾配にどのような影響を与えるだろうか調べなさい．

補論：ヘッセ行列

ヘッセ行列　　定理 3.2 の極値をとるための 2 階の条件は，**ヘッセ行列**（Hessian matrix）とよばれる 2 階偏微分係数の行列を使うと次のように表される．

$$f_{xx} < 0,\ |H| = \begin{vmatrix} f_{xx} & f_{xy} \\ f_{yx} & f_{yy} \end{vmatrix} = f_{xx}f_{yy} - (f_{xy})^2 > 0 \implies f(x, y) \text{ は点 } A \text{ で極大になる．}$$

$$f_{xx} > 0,\ |H| = \begin{vmatrix} f_{xx} & f_{xy} \\ f_{yx} & f_{yy} \end{vmatrix} = f_{xx}f_{yy} - (f_{xy})^2 > 0 \implies f(x, y) \text{ は点 } A \text{ で極小になる．}$$

幾何学的には，ヘッセ行列が正値定符号（> 0）であることは，関数 f が下方に向かって凸であることを保証し，もしも負値定符号（< 0）であるならば f は下方に向かって凹である．

ところで，条件 $f_{xx} < 0$ はヘッセ行列式の対角要素となっている．行列式の理論から，2 階の十分条件を次のように述べることができる．

定理 3.9 ヘッセ行列と極値の判定

関数 $y = f(x_1, \cdots, x_n)$ が極値をとるための 2 階の条件は，ヘッセ行列

$$H = \begin{bmatrix} f_{11} & \cdots & f_{1n} \\ \vdots & \ddots & \vdots \\ f_{n1} & \cdots & f_{nn} \end{bmatrix}$$

の第 k 次（$k = 1, \cdots, n$）の主座小行列（主対角要素の最初の要素から成る部分行列）が，

(1) $(-1)^k$ と同じ符号を持つならば，$y = f(x_1, \cdots, x_n)$ は極大値をとる．

(2) すべて正であるならば，$y = f(x_1, \cdots, x_n)$ は極小値をとる．

縁付きヘッセ行列　　定理 3.8 のラグランジュ乗数を用いた問題では，ヘッセ行列は次のようになる．

$$H = \begin{bmatrix} \mathcal{L}_{xx} & \mathcal{L}_{xy} & \mathcal{L}_{x\lambda} \\ \mathcal{L}_{yx} & \mathcal{L}_{yy} & \mathcal{L}_{y\lambda} \\ \mathcal{L}_{\lambda x} & \mathcal{L}_{\lambda y} & \mathcal{L}_{\lambda\lambda} \end{bmatrix} = \begin{bmatrix} f_{xx} + \lambda g_{xx} & f_{xy} + \lambda g_{xy} & g_x \\ f_{yx} + \lambda g_{yx} & f_{yy} + \lambda g_{yy} & g_y \\ g_x & g_y & 0 \end{bmatrix}$$

制約式の 1 階偏微分係数によって縁つきの形にできていることから，この型の行列は縁付きヘッセ行列と呼ばれる．

定理 3.10 縁付きヘッセ行列と極値の判定

第 k 次（$k = 2, \cdots, n$）の主座小行列が，

(1) $(-1)^k$ と同じ符号を持つならば，ラグランジュの式は極大値をとる．

(2) すべて負であるならば，ラグランジュの式は極小値をとる．

第 4 章

線形代数の基礎

4.1 経済モデルと連立 1 次方程式

経済学には、さまざまなタイプの経済モデルが登場する．それらの中で最も基本的な経済モデルが **均衡モデル**である．均衡モデルは、経済変数間の関係を表す方程式，経済変数の定義式，経済のある状態を表す条件式などからなる連立方程式体系として経済モデルを構成し，連立方程式の解の存在条件や解の性質を調べ，その解を経済のある種の均衡状態として理解する．

マクロ経済学では「45 度線による国民所得の決定」モデル，$IS-LM$ モデル，総需要・総供給 $(AD-AS)$ モデルなどが連立方程式体系による均衡モデルである．ここでは，$IS-LM$ モデルについて簡単に復習しておこう．

$IS-LM$ モデル

$$\begin{cases} IS \text{ 曲線の方程式} & I(i) = S(Y) \\ LM \text{ 曲線の方程式} & M/p = L(i, Y) \end{cases}$$

生産物市場において需要と供給を等しくさせる利子率 i と実質国内総生産 Y の関係を表すのが IS 曲線：$I(i) = S(Y)$ である．ここで，実質投資 I は利子率 i の減少関数，実質貯蓄 S は実質国内総生産 Y の増加関数である．$I = S$ は生産物市場の需給均衡条件式である．それに対し，貨幣市場で需要と供給を一致させる利子率 i と実質国内総生産 Y の関係を表すのが LM 曲線：$M/p = L(i, Y)$ である．ここで，M は名目貨幣供給，p は一般物価水準であり，M/p は実質貨幣供給を表す．実質貨幣需要 L は利子率 i の減少関数であるとともに，実質国内総生産 Y の増加関数である．$M/p = L(i, Y)$ は貨幣市場における需給均衡条件式である．$IS-LM$ モデルは，生産物市場と貨幣市場で同時に需要と供給を一致させる均衡利子率 i^* と均衡国内総生産 Y^* を決定する．

$IS-LM$ モデルは，2 本の方程式が 2 つの内生変数 (i, Y) を決定する連立方程式モデルである．図 4.1 は，IS 曲線と LM 曲線がともに直線であるとして，両曲線の交点 E で均衡利子率 i^* と均衡国内総生産 Y^* が一意に決まる関係を描いている．

一般に経済モデルの各方程式は線形（1 次式）であるとは限らない．しかし，連立方程式による経済モデルの方法を学ぶとき，経済モデルを線形モデルで構成し，経済モデルの均衡を**連立 1 次方程式の解法**との関係で理解することは重要である．なぜなら，第 1 に，経済モデルを構成する方程式を 1 次式で与えることにより経済変数間の関係を単純化し，そのことによ

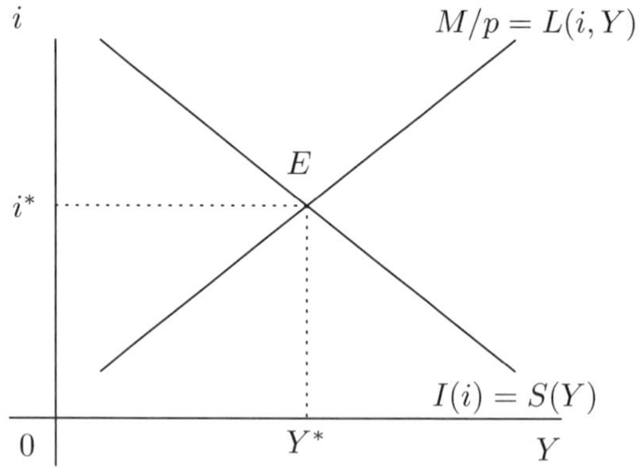

図 **4.1**　$IS - LM$ モデル：線形モデル

り経済の構造や運動の理解を容易にする．第2に，経済モデルを構成する方程式が非線形である一般的ケースでも，経済モデルの与件の変化が内生変数の均衡値にどのような効果を与えるのかを分析する比較静学分析では，非線形の諸関係を均衡点近傍で1次式に近似して分析する方法が用いられるからである．

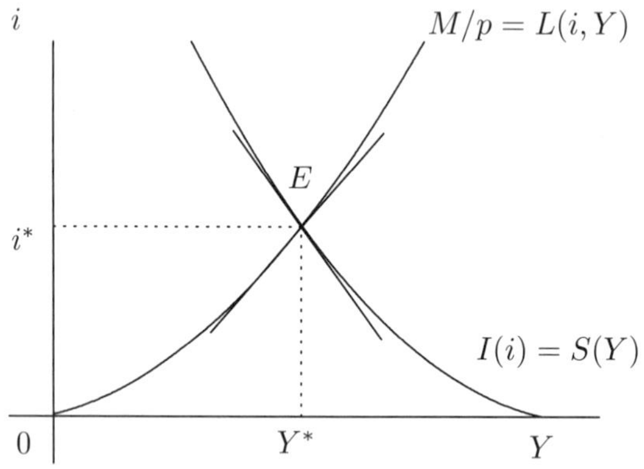

図 **4.2**　$IS - LM$ モデル：非線形モデル

図 4.2 は，$IS - LM$ モデルが非線形の場合を想定して均衡点近傍で線形近似するイメージを描いている．IS 曲線と LM 曲線が非線形であったとしても，均衡点近傍で両関数を線形近似することで，均衡点の近傍で非線形モデルを図 4.1 の線形モデルと同様に扱うことが可能になる．

本章の課題は，連立1次方程式の解法を中心に線形代数の基礎を学ぶことにある．比較静学の方法は第3部第12章で取り上げる．なお，以下では2次または3次の行列・ベクトルを中心に説明するが，ほとんどの内容は4次以上または一般に n 次の行列・ベクトルについてもあてはまる．

4.2 行列とベクトル

複数の数値を長方形状に並べたものを**行列**といい，その一つひとつの数を行列の要素または成分という．例えば，次の行列 $\boldsymbol{A}$ は 3 行 3 列の行列の例である．

$$\boldsymbol{A} = \begin{bmatrix} a_{11} & a_{12} & a_{13} \\ a_{21} & a_{22} & a_{23} \\ a_{31} & a_{32} & a_{33} \end{bmatrix}$$

横の並びを行，縦の並びを列という．行列のサイズを表す行数列数を行列の**次数**という．一般に，行列の第 i 行第 j 列にある要素を表わす場合，下付きの数字を二つ付けて a_{ij} のように書く．このような書き方から，行列 $\boldsymbol{A}$ を次のように書くこともある．

$$\boldsymbol{A} = [a_{ij}]\ (i = 1, 2, 3; j = 1, 2, 3)$$

行列 $\boldsymbol{A}$ の次数は 3 行 3 列で，第 1 行第 3 列の要素は a_{13} である．行数と列数が同じ場合，その次数の**正方行列**という．上の行列 $\boldsymbol{A}$ は 3 次の正方行列ということになる．数値例でもうひとつ行列の例をあげると次の行列 $\boldsymbol{B}$ は 2 次の正方行列で，第 1 行第 2 列の要素は -2 である．

$$\boldsymbol{B} = \begin{bmatrix} 1 & -2 \\ 5 & 8 \end{bmatrix}$$

行列の行と列を入れ替えてできる行列を元の行列の**転置行列**という．本書では例えば，行列 $\boldsymbol{B}$ の転値行列を転置記号 $({}^t)$ を前に付けて ${}^t\boldsymbol{B}$ で表わす．

$${}^t\boldsymbol{B} = \begin{bmatrix} 1 & 5 \\ -2 & 8 \end{bmatrix}$$

特に 1 行 n 列の行列を n 次の**横ベクトル**あるいは行ベクトルという．同様に m 行 1 列の行列を m 次の縦ベクトルまたは列ベクトルという．次の $\boldsymbol{c}$ は 1 行 3 列の行列，したがって 3 次の行ベクトルである．

$$\boldsymbol{c} = \begin{bmatrix} 1 & -3 & 7 \end{bmatrix}$$

他方，$\boldsymbol{d}$ は 2 行 1 列の行列，したがって 2 次の列ベクトルである．

$$\boldsymbol{d} = \begin{bmatrix} d_1 \\ d_2 \end{bmatrix}$$

縦に長い列ベクトルを書くとき，スペースの節約のために本来縦に書くべきところを横に書いて転置記号 $({}^t)$ を付けて表わすことがある．例えば，上の列ベクトル $\boldsymbol{d}$ をこのルールで書くと $\boldsymbol{d}={}^t[d_1\ d_2]$ である．$\boldsymbol{d}$ には転置記号 (t) を付けないことに注意すべきである．

4.3 行列の計算

行列の和

同じ次数の2つの行列に対し，第 i 行第 j 列の要素どうしの和をとることにより新たな行列をつくる．この演算を**行列の和**という．例えば，

$$\boldsymbol{A} = \begin{bmatrix} 2 & 3 \\ -3 & 4 \end{bmatrix}, \quad \boldsymbol{B} = \begin{bmatrix} 1 & -2 \\ 5 & 8 \end{bmatrix}$$

のとき，

$$\boldsymbol{A}+\boldsymbol{B} = \begin{bmatrix} 2 & 3 \\ -3 & 4 \end{bmatrix} + \begin{bmatrix} 1 & -2 \\ 5 & 8 \end{bmatrix} = \begin{bmatrix} 2+1 & 3-2 \\ -3+5 & 4+8 \end{bmatrix} = \begin{bmatrix} 3 & 1 \\ 2 & 12 \end{bmatrix}$$

任意の行列に対し，同じ次数でかつすべての要素がゼロの行列 $\boldsymbol{O}$ を考えることができる．これをその次数のゼロ行列 $\boldsymbol{O}$ という．ゼロ行列は，演算「行列の和」の単位元である．演算「行列の和」の単位元とは，行列 $\boldsymbol{A}$ にある行列を加えて結果がもとの行列 $\boldsymbol{A}$ であるとき，その行列は演算「行列の和」の単位元という．行列 $\boldsymbol{A}$ と同じ次数でそのすべての要素がゼロである行列を，行列 $\boldsymbol{A}$ に足してもその結果は行列 $\boldsymbol{A}$ である．したがって，行列 $\boldsymbol{A}$ と同じ次数のゼロ行列は明らかに演算「行列の和」における行列 $\boldsymbol{A}$ に対する単位元である．また，行列 $\boldsymbol{A}$ にある行列を足して，その結果がゼロ行列 $\boldsymbol{O}$ になるとき，その行列を行列 $\boldsymbol{A}$ に対する逆元という．

「行列の和」の演算則

$\boldsymbol{A}+\boldsymbol{B}=\boldsymbol{B}+\boldsymbol{A}$	（交換則）
$(\boldsymbol{A}+\boldsymbol{B})+\boldsymbol{C}=\boldsymbol{A}+(\boldsymbol{B}+\boldsymbol{C})$	（結合則）
$\boldsymbol{A}+\boldsymbol{O}=\boldsymbol{O}+\boldsymbol{A}=\boldsymbol{A}$	（単位元の存在）
$\boldsymbol{A}+(-\boldsymbol{A})=\boldsymbol{O}$	（逆元の存在）

行列とスカラー（実数）の積

一つの実数 k と任意の次数の行列 $\boldsymbol{A}=[a_{ij}],(i=1,2,\cdots,m;j=1,2,\ldots,n)$ との積は，次のように定義される．

$$k\times\boldsymbol{A}=k\times[a_{ij}]=[k\times a_{ij}],(i=1,2,\cdots,m;j=1,2,\ldots,n)$$

例えば，数値例で示すと次のようになる．

$$2\times\begin{bmatrix} 4 & 1 & 8 \\ 3 & -2 & 5 \\ 6 & 0 & -3 \end{bmatrix} = \begin{bmatrix} 2\times4 & 2\times1 & 2\times8 \\ 2\times3 & 2\times(-2) & 2\times5 \\ 2\times6 & 2\times0 & 2\times(-3) \end{bmatrix} = \begin{bmatrix} 8 & 2 & 16 \\ 6 & -4 & 10 \\ 12 & 0 & -6 \end{bmatrix}$$

「行列のスカラー倍」の演算則

$k(\boldsymbol{A}+\boldsymbol{B})=k\boldsymbol{A}+k\boldsymbol{B}$	（分配則 1）
$(k+l)\boldsymbol{A}=k\boldsymbol{A}+l\boldsymbol{A}$	（分配則 2）
$(kl)\boldsymbol{A}=k(l\boldsymbol{A})$	（結合則）

行列の積

l 行 m 列の行列$\boldsymbol{A}$と m 行 n 列の行列$\boldsymbol{B}$の二つの行列に対し，次のルールで行列の積が定義され，新たな l 行 n 列の行列$\boldsymbol{C}$をつくる．すなわち，第 1 の行列$\boldsymbol{A}= [a_{ij}], (i = 1, 2, \cdots, l; j = 1, 2, \cdots, m)$ の第 i 行と，第 2 の行列$\boldsymbol{B}= [b_{jk}], (j = 1, 2, \cdots, m; k = 1, 2, \cdots, n)$ の第 j 列に対し，

$$c_{ij} = \sum_{k=1}^{m} a_{ik}b_{kj} = a_{i1}b_{1j} + a_{i2}b_{2j} + \cdots + a_{im}b_{mj}$$

をもとめ，それを第 i 行第 j 列の要素とする新たな行列$\boldsymbol{C}$をつくる．例えば，次の行列$\boldsymbol{A}$と行列$\boldsymbol{B}$の積を計算してみよう．

$$\boldsymbol{A} = \begin{bmatrix} 1 & 2 \\ -3 & 2 \\ 3 & 4 \end{bmatrix}, \quad \boldsymbol{B} = \begin{bmatrix} 2 & 5 \\ 1 & 3 \end{bmatrix}$$

まず，行列$\boldsymbol{A}$は 3 行 2 列，行列$\boldsymbol{B}$は 2 行 2 列である．行列$\boldsymbol{A}$の列数と行列$\boldsymbol{B}$の行数が一致しているので行列の積が計算できて，答えの行列$\boldsymbol{C}=\boldsymbol{AB}$は 3 行 2 列になることを確認する．その上で，行列$\boldsymbol{A}$の第 1 行と行列$\boldsymbol{B}$の第 1 列に注目する．そして，順番に要素どうしを掛けあわせてその和を計算する．これが，新たな行列$\boldsymbol{C}$の第 1 行第 1 列の要素 c_{11} となる．

$$c_{11} = 1 \times 2 + 2 \times 1 = 2 + 2 = 4$$

答えとなる行列$\boldsymbol{C}$の 3 行 2 列の要素 c_{32} は，行列$\boldsymbol{A}$の 3 行と行列$\boldsymbol{B}$の 2 列の各要素を掛け合せ合計する．すなわち，

$$c_{32} = 3 \times 5 + 4 \times 3 = 15 + 12 = 27$$

同様に行列$\boldsymbol{C}=\boldsymbol{AB}$のすべての要素を求めると，以下である．

$$\boldsymbol{C} = \begin{bmatrix} 1 \times 2 + 2 \times 1 & 1 \times 5 + 2 \times 3 \\ -3 \times 2 + 2 \times 1 & -3 \times 5 + 2 \times 3 \\ 3 \times 2 + 4 \times 1 & 3 \times 5 + 4 \times 3 \end{bmatrix} = \begin{bmatrix} 4 & 11 \\ -4 & -9 \\ 10 & 27 \end{bmatrix}$$

ここで，注意すべきことは「行列の積」のルールにより，3 行 2 列の行列$\boldsymbol{A}$と 2 行 2 列の行列の積$\boldsymbol{B}$は計算できても,「$\boldsymbol{BA}$」は計算できないということである．もし行列$\boldsymbol{A}$と行列$\boldsymbol{B}$がともに n 行 n 列 (n は 2 以上の整数) の正方行列であれば，積$\boldsymbol{AB}$と積$\boldsymbol{BA}$は計算できるが，一般に「交換則」は成り立たず$\boldsymbol{AB} \neq \boldsymbol{BA}$である．

「行列の積」の演算則

$(\boldsymbol{AB})\boldsymbol{C} = \boldsymbol{A}(\boldsymbol{BC})$　（結合則）

$(\boldsymbol{A} + \boldsymbol{B})\boldsymbol{C} = \boldsymbol{AC} + \boldsymbol{BC}$　（分配則 1）

$\boldsymbol{A}(\boldsymbol{B} + \boldsymbol{C}) = \boldsymbol{AB} + \boldsymbol{AC}$　（分配則 2）

演算「行列の積」において，行列$\boldsymbol{A}$にある行列を掛けてその結果がもとの行列$\boldsymbol{A}$になるとき，その行列は「行列の積」の単位元で，これを**単位行列**という．m 行 n 列の行列$\boldsymbol{A}$に対して後ろから掛ける単位行列は，n 次の正方行列で，対角要素は 1，その他の要素はすべてゼロの行列である．それに対し，この行列$\boldsymbol{A}$に前から掛ける単位行列は，対角要素は 1，その他の要素はすべてゼロの m 次の正方行列である．本書では単位行列を$\boldsymbol{I}_n$（下付の n は次数．次数が自明の場合には n を省略して$\boldsymbol{I}$）で表す．数値例で示すと次のようになる．

$$\boldsymbol{A}\times\boldsymbol{I}_2=\begin{bmatrix}1&2\\-3&2\\3&4\end{bmatrix}\begin{bmatrix}1&0\\0&1\end{bmatrix}=\begin{bmatrix}1\times1+2\times0&1\times0+2\times1\\-3\times1+2\times0&-3\times0+2\times1\\3\times1+4\times0&3\times0+4\times1\end{bmatrix}=\begin{bmatrix}1&2\\-3&2\\3&4\end{bmatrix}=\boldsymbol{A}$$

$$\boldsymbol{I}_3\times\boldsymbol{A}=\begin{bmatrix}1&0&0\\0&1&0\\0&0&1\end{bmatrix}\begin{bmatrix}1&2\\-3&2\\3&4\end{bmatrix}=\begin{bmatrix}1&2\\-3&2\\3&4\end{bmatrix}=\boldsymbol{A}$$

本章末の練習問題1を行ってから先に進むこと。

4.4　連立1次方程式の行列表示

行列の計算ルールを用いて，連立1次方程式を行列表示してみよう．例えば次の2元連立1次方程式を行列表示する．

$$\begin{cases}3x+y=5\\5x-2y=1\end{cases}\tag{4.1}$$

これを行列表示すると次のようになる．

$$\begin{bmatrix}3&1\\5&-2\end{bmatrix}\begin{bmatrix}x\\y\end{bmatrix}=\begin{bmatrix}5\\1\end{bmatrix}$$

行列の和と積の計算ルールに従い，この行列表示がもとの連立1次方程式 (4.1) と一致することを確認することができる．ここで，もとの連立1次方程式 (4.1) の左辺の係数を抜き出した行列を **係数行列** ，未知数 (x, y) からなる縦ベクトルを **未知数ベクトル** ，そして右辺の定数項からなる縦ベクトルを **定数ベクトル** という．

一般に，未知数 n 個の連立1次方程式は，n 次の係数行列$\boldsymbol{A}$，n 次の未知数（列）ベクトル$\boldsymbol{x}$，n 次の定数（列）ベクトル$\boldsymbol{b}$として，次のように表すことができる．

$$\boldsymbol{A}\boldsymbol{x}=\boldsymbol{b}\tag{4.2}$$

ガウスの「掃き出し法」

連立1次方程式の解法のひとつに，ガウスの「掃き出し法」がある．「掃き出し法」は，連立1次方程式の解法のひとつである **消去法**を行列表示したものに他ならない．

例題 4.1 連立 1 次方程の解法「掃き出し法」
次の 2 元連立 1 次方程式を「掃き出し法」により解く．

$$\begin{cases} 3x+y=5 \\ 5x-2y=1 \end{cases} \tag{4.1}$$

解答 (4.1) の 2 元連立 1 次方程式を「掃き出し法」により解いてみよう．なお，比較対照のために，掃き出し法による行列操作の右側に通常の消去法による数式操作を書いておく．

step1 係数行列 $\boldsymbol{A}$ と定数ベクトル $\boldsymbol{b}$ からなる 2 行 3 列の **拡大係数行列** を作る．

$$\left[\begin{array}{cc|c} 3 & 1 & 5 \\ 5 & -2 & 1 \end{array}\right] \qquad \begin{cases} 3x+y &= 5 \\ 5x-2y &= 1 \end{cases}$$

step2 拡大係数行列の 1 行目に $\frac{1}{3}$ を掛ける．(第 1 式の x の項の係数を 1 にする．)

$$\left[\begin{array}{cc|c} 1 & \frac{1}{3} & \frac{5}{3} \\ 5 & -2 & 1 \end{array}\right] \qquad \begin{cases} x+\frac{1}{3}y &= \frac{5}{3} \\ 5x-2y &= 1 \end{cases}$$

step3 1 行目を 5 倍して 2 行目から引く．(第 1 式を用いて第 2 式の x の項を消去する．)

$$\left[\begin{array}{cc|c} 1 & \frac{1}{3} & \frac{5}{3} \\ 0 & -\frac{11}{3} & -\frac{22}{3} \end{array}\right] \qquad \begin{cases} x+\frac{1}{3}y &= \frac{5}{3} \\ -\frac{11}{3}y &= -\frac{22}{3} \end{cases}$$

step4 2 行目を $-\frac{3}{11}$ 倍する．(x の項を消去した第 2 式から y を求める．)

$$\left[\begin{array}{cc|c} 1 & \frac{1}{3} & \frac{5}{3} \\ 0 & 1 & 2 \end{array}\right] \qquad \begin{cases} x+\frac{1}{3}y &= \frac{5}{3} \\ y &= 2 \end{cases}$$

step5 2 行目を $\frac{1}{3}$ 倍して 1 行目から引く．(第 1 式の y の項を消去し x を求める．)

$$\left[\begin{array}{cc|c} 1 & 0 & 1 \\ 0 & 1 & 2 \end{array}\right] \qquad \begin{cases} x &= 1 \\ y &= 2 \end{cases}$$

以上から，2 元連立 1 次方程式 (4.1) の解 $(x=1, y=2)$ が求まる．ガウスの「掃き出し法」は拡大係数行列 $[\boldsymbol{A}|\boldsymbol{b}]$ を，次の 3 つの基本操作を繰り返すことで，$[\boldsymbol{I}|\boldsymbol{x}]$ に変換することにより，答えを求めるものである．

$$[\boldsymbol{A}|\boldsymbol{b}] \longmapsto [\boldsymbol{I}|\boldsymbol{x}]$$

「掃き出し法」の基本操作

基本操作 I ある行を実数倍する．
基本操作 II ある行を実数倍して他の行に加える．
基本操作 III 2 つの行を入れ替える．

係数行列は同じで定数ベクトルが異なる連立1次方程式

例題 4.2　係数行列が同じ 2 元連立 1 次方程式を同時に解く.

$$\begin{cases} 3x + y = 5 \\ 5x - 2y = 1 \end{cases} \qquad \begin{cases} 3x + y = 9 \\ 5x - 2y = 4 \end{cases}$$

解答　2 元連立 1 次方程式 (4.1) と係数は同じで定数項が異なる連立 1 次方程式を考えてみよう.

$$\begin{cases} 3x + y = 9 \\ 5x - 2y = 4 \end{cases} \tag{4.3}$$

この 2 元連立 1 次方程式 (4.3) を掃き出し法により解くことを考えると，係数行列は同じだから，掃き出し法の操作は同じになるはずである．したがって，2 元連立 1 次方程式 (4.1) と (4.3) は次のように同時に解くことができる.

step1　係数行列$\boldsymbol{A}$と定数ベクトル $(\boldsymbol{b}_1, \boldsymbol{b}_2)$ からなる 2 行 4 列の拡大係数行列を作る.

$$\left[\begin{array}{cc|cc} 3 & 1 & 5 & 9 \\ 5 & -2 & 1 & 4 \end{array}\right]$$

step2　拡大係数行列の 1 行目に $\frac{1}{3}$ を掛ける.

$$\left[\begin{array}{cc|cc} 1 & \frac{1}{3} & \frac{5}{3} & 3 \\ 5 & -2 & 1 & 4 \end{array}\right]$$

step3　1 行目を 5 倍して 2 行目から引く.

$$\left[\begin{array}{cc|cc} 1 & \frac{1}{3} & \frac{5}{3} & 3 \\ 0 & -\frac{11}{3} & -\frac{22}{3} & -11 \end{array}\right]$$

step4　2 行目を $-\frac{3}{11}$ 倍する.

$$\left[\begin{array}{cc|cc} 1 & \frac{1}{3} & \frac{5}{3} & 3 \\ 0 & 1 & 2 & 3 \end{array}\right]$$

step5　2 行目を $\frac{1}{3}$ 倍して 1 行目から引く.

$$\left[\begin{array}{cc|cc} 1 & 0 & 1 & 2 \\ 0 & 1 & 2 & 3 \end{array}\right]$$

以上より，2 元連立 1 次方程式 (4.1) の解は $(x = 1, y = 2)$，(4.3) の解は $(x = 2, y = 3)$ であることが分かる．掃き出し法による連立 1 次方程式の解法は，定数項が異なっても係数が同じであれば操作は同じである．この関係は，係数行列$\boldsymbol{A}$と定数ベクトル $\boldsymbol{b}_1$ と $\boldsymbol{b}_2$ に対して，次のように書くことができる.

$$[\boldsymbol{A}|\boldsymbol{b}_1, \boldsymbol{b}_2] \longmapsto [\boldsymbol{I}|\boldsymbol{x}_1, \boldsymbol{x}_2]$$

あるいは，$\boldsymbol{B} = [\boldsymbol{b}_1, \boldsymbol{b}_2], \boldsymbol{X} = [\boldsymbol{x}_1, \boldsymbol{x}_2]$ として，

$$[\boldsymbol{A}|\boldsymbol{B}] \longmapsto [\boldsymbol{I}|\boldsymbol{X}]$$

連立 1 次方程式の行列表示に戻すと，

$$\boldsymbol{A}\boldsymbol{X} = \boldsymbol{B}$$

本章末の練習問題 2 を行ってから先に進むこと。

この関係を用いて，演算「行列の積」の逆元を考えてみよう．演算「実数の積」では，任意の実数 a に対して $a \times 1 = 1 \times a = a$ であるから単位元は 1 である．実数 a にある数を掛けてその結果が単位元 1 になる実数が存在すれば，それを a の逆元といい，この場合 a の逆数である．すなわち，$a \neq 0$ として $a \times a^{-1} = a^{-1} \times a = 1$ であるから，実数 a と逆数 a^{-1} は演算「実数の積」において互いに逆元である．

n 次の正方行列$\boldsymbol{A}$にある行列を掛けてその結果が単位行列$\boldsymbol{I}_n$ になれば，その行列は演算「行列の積」における$\boldsymbol{A}$の逆元である．n 次正方行列$\boldsymbol{A}$の逆元が存在すれば，これを$\boldsymbol{A}^{-1}$ と書いて行列$\boldsymbol{A}$の **逆行列** という．

$$\boldsymbol{A}\boldsymbol{A}^{-1} = \boldsymbol{A}^{-1}\boldsymbol{A} = \boldsymbol{I} \tag{4.4}$$

n 次の正方行列$\boldsymbol{A}$が逆行列を持つとき，$\boldsymbol{A}$は **正則行列** である，という．

さて，逆行列を連立 1 次方程式の解法「掃き出し法」により求めてみよう．同じ係数行列で定数ベクトルが異なる連立 1 次方程式の同時解法は以下であった．

$$[\boldsymbol{A}|\boldsymbol{B}] \longmapsto [\boldsymbol{I}|\boldsymbol{X}]$$

この関係を基にして，連立 1 次方程式の行列表示に戻すと，

$$\boldsymbol{A}\boldsymbol{X} = \boldsymbol{B}$$

これを，逆行列の定義式 (4.4) と見比べると，係数行列$\boldsymbol{A}$に対し$\boldsymbol{B}$=$\boldsymbol{I}$のときの$\boldsymbol{X}$が求まれば，$\boldsymbol{A}\boldsymbol{X}$=$\boldsymbol{I}$であるから$\boldsymbol{X}$は$\boldsymbol{A}$の逆行列$\boldsymbol{X}$=$\boldsymbol{A}^{-1}$ であることが分かる．すなわち，

$$[\boldsymbol{A}|\boldsymbol{I}] \longmapsto [\boldsymbol{I}|\boldsymbol{A}^{-1}]$$

ここで，$\longmapsto$ は「掃き出し法」の基本操作である．この関係を利用して逆行列を求めてみよう．2 元連立 1 次方程式 (4.1) の係数行列の逆行列を求めると次のようになる．

例題 4.3　逆行列を「掃き出し法」により求める．
次の 2 次正方行列の逆行列を求めなさい．

$$\boldsymbol{A} = \begin{bmatrix} 3 & 1 \\ 5 & -2 \end{bmatrix}$$

解答

step1　係数行列$\boldsymbol{A}$と2次の単位行列$\boldsymbol{I}$からなる2行4列の拡大係数行列を作る．

$$\left[\begin{array}{cc|cc} 3 & 1 & 1 & 0 \\ 5 & -2 & 0 & 1 \end{array}\right]$$

step2　拡大係数行列の1行目に$\frac{1}{3}$を掛ける．

$$\left[\begin{array}{cc|cc} 1 & \frac{1}{3} & \frac{1}{3} & 0 \\ 5 & -2 & 0 & 1 \end{array}\right]$$

step3　1行目を5倍して2行目から引く．

$$\left[\begin{array}{cc|cc} 1 & \frac{1}{3} & \frac{1}{3} & 0 \\ 0 & -\frac{11}{3} & -\frac{5}{3} & 1 \end{array}\right]$$

step4　2行目を$-\frac{3}{11}$倍する．

$$\left[\begin{array}{cc|cc} 1 & \frac{1}{3} & \frac{1}{3} & 0 \\ 0 & 1 & \frac{5}{11} & -\frac{3}{11} \end{array}\right]$$

step5　2行目を$\frac{1}{3}$倍して1行目から引く．

$$\left[\begin{array}{cc|cc} 1 & 0 & \frac{2}{11} & \frac{1}{11} \\ 0 & 1 & \frac{5}{11} & -\frac{3}{11} \end{array}\right]$$

これより，$\boldsymbol{A}$の逆行列$\boldsymbol{A}^{-1}$は，

$$\boldsymbol{A}^{-1} = \begin{bmatrix} \frac{2}{11} & \frac{1}{11} \\ \frac{5}{11} & -\frac{3}{11} \end{bmatrix}$$

である．ちなみに，もとの2次正方行列$\boldsymbol{A}$と求めた逆行列$\boldsymbol{A}^{-1}$の積を計算してみよう．

$$\boldsymbol{A}\boldsymbol{A}^{-1} = \begin{bmatrix} 3 & 1 \\ 5 & -2 \end{bmatrix} \begin{bmatrix} \frac{2}{11} & \frac{1}{11} \\ \frac{5}{11} & -\frac{3}{11} \end{bmatrix} = \begin{bmatrix} 3 \times \frac{2}{11} + 1 \times \frac{5}{11} & 3 \times \frac{1}{11} + 1 \times (-\frac{3}{11}) \\ 5 \times \frac{2}{11} + (-2) \times \frac{5}{11} & 5 \times \frac{1}{11} + (-2) \times (-\frac{3}{11}) \end{bmatrix} = \begin{bmatrix} 1 & 0 \\ 0 & 1 \end{bmatrix}$$

$$\boldsymbol{A}^{-1}\boldsymbol{A} = \begin{bmatrix} \frac{2}{11} & \frac{1}{11} \\ \frac{5}{11} & -\frac{3}{11} \end{bmatrix} \begin{bmatrix} 3 & 1 \\ 5 & -2 \end{bmatrix} = \begin{bmatrix} \frac{2}{11} \times 3 + \frac{1}{11} \times 5 & \frac{2}{11} \times 1 + \frac{1}{11} \times (-2) \\ \frac{5}{11} \times 3 + (-\frac{3}{11}) \times 5 & \frac{5}{11} \times 1 + (-\frac{3}{11}) \times (-2) \end{bmatrix} = \begin{bmatrix} 1 & 0 \\ 0 & 1 \end{bmatrix}$$

逆行列による連立1次方程式の解法

n次の正方行列$\boldsymbol{A}$を係数とする連立1次方程式$\boldsymbol{A}\boldsymbol{x} = \boldsymbol{b}$ ($\boldsymbol{b} \neq 0$)は，係数行列$\boldsymbol{A}$が逆行列を持てば，次のようにして解を求めることができる．すなわち，

$$\boldsymbol{A}\boldsymbol{x} = \boldsymbol{b}$$

両辺に $\boldsymbol{A}^{-1}$ を前から掛けると，逆行列および単位行列の定義から，

$$\begin{aligned} \boldsymbol{A}^{-1}\boldsymbol{A}\boldsymbol{x} &= \boldsymbol{A}^{-1}\boldsymbol{b} \\ \boldsymbol{I}\boldsymbol{x} &= \boldsymbol{A}^{-1}\boldsymbol{b} \\ \boldsymbol{x} &= \boldsymbol{A}^{-1}\boldsymbol{b} \end{aligned}$$

こうして，連立 1 次方程式の解は係数行列の逆行列と定数ベクトルの積として求めることができる．

例題 4.4　連立 1 次方程式の解法「逆行列法」
次の連立 1 次方程式を逆行列法により解く．

$$\begin{bmatrix} 3 & 1 \\ 5 & -2 \end{bmatrix}\begin{bmatrix} x \\ y \end{bmatrix} = \begin{bmatrix} 5 \\ 1 \end{bmatrix}$$

解答　例題 4.3 で求めた 2 元連立 1 次方程式 (4.1) の係数行列 $\boldsymbol{A}$ の逆行列 $\boldsymbol{A^{-1}}$ を用いて，(4.1) を逆行列法で解くと次のようになる．

$$\begin{bmatrix} x \\ y \end{bmatrix} = \begin{bmatrix} \frac{2}{11} & \frac{1}{11} \\ \frac{5}{11} & -\frac{3}{11} \end{bmatrix}\begin{bmatrix} 5 \\ 1 \end{bmatrix} = \begin{bmatrix} \frac{2}{11}\times 5 + \frac{1}{11}\times 1 \\ \frac{5}{11}\times 5 + (-\frac{3}{11})\times 1 \end{bmatrix} = \begin{bmatrix} 1 \\ 2 \end{bmatrix}$$

以上より，$\boldsymbol{A}$を係数行列とする連立 1 次方程式が一意の解をもてば$\boldsymbol{A}$に逆行列 $\boldsymbol{A}^{-1}$ が存在する．また，係数行列$\boldsymbol{A}$に逆行列 $\boldsymbol{A}^{-1}$ が存在すれば，$\boldsymbol{A}$を係数とする連立 1 次方程式は一意の解をもつ．

2 元連立 1 次方程式の解の存在条件

一般に，2 元連立 1 次方程式 (4.5) を考える．

$$\begin{cases} a_{11}x_1 + a_{12}x_2 = b_1 \\ a_{21}x_1 + a_{22}x_2 = b_2 \end{cases} \tag{4.5}$$

2 元連立 1 次方程式 (4.5) の両各式を $(x_1 - x_2)$ 平面上にグラフで描くと直線になる．例えば，(4.5) の第 1 式 $a_{11}x_1 + a_{12}x_2 = b_1$ は，この関係をみたす (x_1, x_2) を $(x_1 - x_2)$ 平面上に描くと直線になる．同様に，(4.5) の第 2 式 $a_{21}x_1 + a_{22}x_2 = b_2$ をみたす (x_1, x_2) は，$(x_1 - x_2)$ 平面上のもう一つの直線である．したがって，2 元連立方程式 (4.5) の両式を同時にみたす (x_1, x_2) は，2 つの曲線の交点で示される．図 4.3 の左図は，(4.5) が一意の解を持つケースを描いてある．それに対し，右図は，2 つの直線が平行で交点を持たず (4.5) が解を持たないケースである．(4.5) の解が未定の場合もありうる．(4.5) の 2 直線が重なりあっている場合には，同時に 2 つの式をみたす解は多数あり未定となる．したがって，2 元連立 1 次方程式 (4.5) が一意の解を持つ条件は，(4.5) の 2 直線が平行でないことである．(4.5) 第 1 式の直線の傾きは，第 1

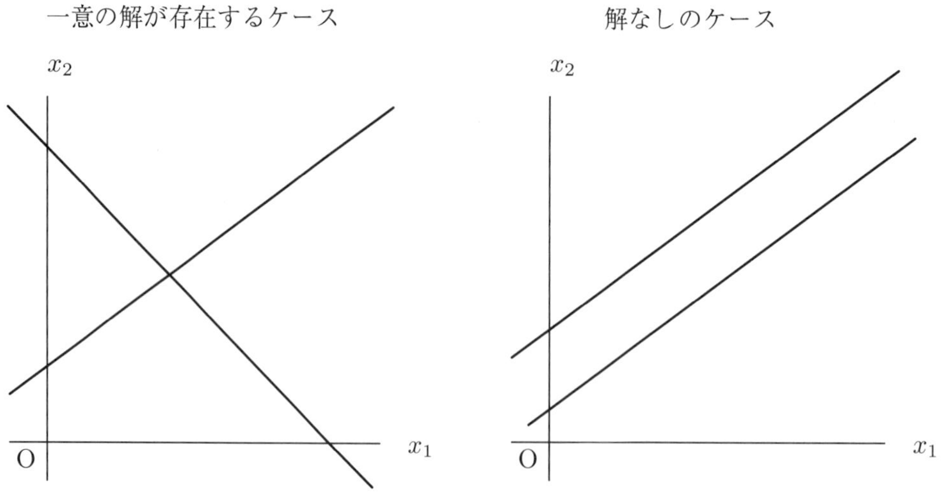

図 4.3　2元1次連立方程式と2直線

式を変形して $x_2 = -\frac{a_{11}}{a_{12}}x_2 + \frac{b_1}{a_{12}}$ より $(-\frac{a_{11}}{a_{12}})$ であり，第2式の直線の傾きは同様に $(-\frac{a_{21}}{a_{22}})$ であるから，(4.5) が一意の解を持つための条件は以下である．

$$-\frac{a_{11}}{a_{12}} \neq -\frac{a_{21}}{a_{22}}$$

したがって，

$$a_{11}a_{22} - a_{12}a_{21} \neq 0 \tag{4.6}$$

2元連立1次方程式 (4.5) が一意の解を持つ場合に一般解を求めると，

$$x_1 = \frac{a_{22}b_1 - a_{12}b_2}{a_{11}a_{22} - a_{12}a_{21}} \tag{4.7}$$

$$x_2 = \frac{a_{11}b_2 - a_{21}b_1}{a_{11}a_{22} - a_{12}a_{21}} \tag{4.8}$$

(4.7),(4.8) から分母 $a_{11}a_{22} - a_{12}a_{21} \neq 0$ でなければならないことがわかる．

本章末の練習問題3を行ってから先に進むこと．

4.5　行列式

2元連立1次方程式 (4.5) の係数行列である2次の正方行列 $\boldsymbol{A}$ に対して，値 $D = a_{11}a_{22} - a_{12}a_{21}$ を $\boldsymbol{A}$ の行列式 (determinant) という．行列式とは正方行列に対し一定の計算ルールで対応させる値あるいはその計算ルールのことである．正方行列 $\boldsymbol{A}$ の行列式を $\det \boldsymbol{A}$ とか $|\boldsymbol{A}|$ で表す．この書き方を用いると，2次の正方行列 $\boldsymbol{A}$ の行列式 $|\boldsymbol{A}|$ は以下である．

$$\begin{vmatrix} a_{11} & a_{12} \\ a_{21} & a_{22} \end{vmatrix} = a_{11}a_{22} - a_{12}a_{21}$$

3 次の正方行列$\boldsymbol{A}$の行列式 $|\boldsymbol{A}|$ は次のようになる．

$$|\boldsymbol{A}| = \begin{vmatrix} a_{11} & a_{12} & a_{13} \\ a_{21} & a_{22} & a_{23} \\ a_{31} & a_{32} & a_{33} \end{vmatrix} = a_{11}a_{22}a_{33} + a_{12}a_{23}a_{31} + a_{13}a_{21}a_{32} \\ -a_{13}a_{22}a_{31} - a_{12}a_{21}a_{33} - a_{11}a_{23}a_{32} \tag{4.9}$$

3 次の正方行列の行列式は，これを係数行列とする次の 3 元連立 1 次方程式 (4.10) の一般解の分母に相当する．

$$\begin{bmatrix} a_{11} & a_{12} & a_{13} \\ a_{21} & a_{22} & a_{23} \\ a_{31} & a_{32} & a_{33} \end{bmatrix} \begin{bmatrix} x_1 \\ x_2 \\ x_3 \end{bmatrix} = \begin{bmatrix} b_1 \\ b_2 \\ b_3 \end{bmatrix} \tag{4.10}$$

3 元連立 1 次方程式 (4.10) が一意の解を持つための必要十分条件は，係数行列の行列式がゼロでないことである．

2 次および 3 次の正方行列の行列式の計算方法として，図 4.4 の **ザウスの方法** が知られている．ザウスの方法は，4 次以上の行列式の計算には利用することはできない．

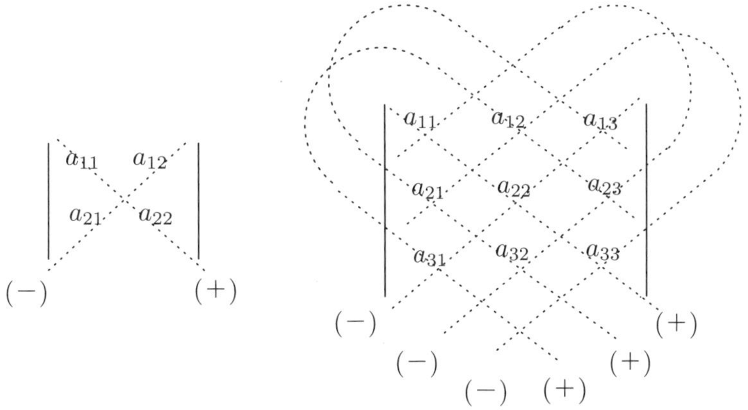

図 4.4 2 次正方行列の行列式（左）と 3 次正方行列の行列式（右）の計算方法

行列式の基本性質

行列式には次の基本性質がある．

行列式の基本性質

基本性質 I　ある行を k 倍すると，行列式は k 倍になる．

基本性質 II　ある行が2つの行ベクトルの和で表される行列の行列式は，他の行は同じでその行が各々の行ベクトルの2つの行列の行列式の和に等しい．

基本性質 III　2つの行を入れ替えると，行列式は符号を変える．

基本性質 IV　ある行を実数倍して他の行に加えても，行列式の値は変わらない．

基本性質 V　2つの行が等しい行列の行列式は0である．

なお，以上の基本性質 I ～ V において,「行」はすべて「列」に置き換えることができる．

次の3次の正方行列 $\boldsymbol{A}$ の数値例で「列」に関して行列式の基本性質を確認しておこう．

$$|\boldsymbol{A}| = \begin{vmatrix} 4 & 1 & 8 \\ 3 & -2 & 5 \\ 6 & 0 & -3 \end{vmatrix} = 4\times(-2)\times(-3)+1\times5\times6+8\times3\times0 \\ -4\times5\times0-1\times3\times(-3)-8\times(-2)\times6 \quad = 159$$

基本性質 I

行列 $\boldsymbol{A}$ の第2列を k 倍すると，

$$\begin{vmatrix} 4 & 1\times k & 8 \\ 3 & -2\times k & 5 \\ 6 & 0\times k & -3 \end{vmatrix} = 4\times(-2)\times k\times(-3)+1\times k\times5\times6+8\times3\times0\times k \\ -4\times5\times0\times k-1\times k\times3\times(-3)-8\times(-2)\times k\times6 \quad = 159k$$

基本性質 II

第1列を次のように2項の和に分けると，

$$\begin{vmatrix} 2+2 & 1 & 8 \\ 1+2 & -2 & 5 \\ 2+4 & 0 & -3 \end{vmatrix} = \begin{vmatrix} 2 & 1 & 8 \\ 1 & -2 & 5 \\ 2 & 0 & -3 \end{vmatrix} + \begin{vmatrix} 2 & 1 & 8 \\ 2 & -2 & 5 \\ 4 & 0 & -3 \end{vmatrix} = 57+102 = 159$$

基本性質 III

第2列と第3列を入れかえると，

$$\begin{vmatrix} 4 & 8 & 1 \\ 3 & 5 & -2 \\ 6 & -3 & 0 \end{vmatrix} = 4\times5\times0+8\times(-2)\times6+1\times3\times(-3) \\ -1\times5\times6-8\times3\times0-4\times(-2)\times(-3) \quad = -159$$

基本性質 IV

第 3 列を 2 倍して第 1 列に加えると，

$$\begin{vmatrix} 4+8\times 2 & 1 & 8 \\ 3+5\times 2 & -2 & 5 \\ 6+(-3)\times 2 & 0 & -3 \end{vmatrix} = \begin{vmatrix} 20 & 1 & 8 \\ 13 & -2 & 5 \\ 0 & 0 & -3 \end{vmatrix} = 120+39=159$$

基本性質V

第 1 列と第 2 列が同じだとすると，

$$\begin{vmatrix} 4 & 4 & 8 \\ 3 & 3 & 5 \\ 6 & 6 & -3 \end{vmatrix} = 4\times 3\times(-3)+4\times 5\times 6+8\times 3\times 6 \\ -8\times 3\times 6-4\times 3\times(-3)-4\times 5\times 6 \quad = 0$$

また，高次の行列式をもとめる場合，行列式の基本性質にくわえて次の行列式の公式が用いられる．

行列式の公式

第 1 列の第 1 要素をのぞいて他の要素がすべて 0 である行列の行列式について，

$$\begin{vmatrix} a_{11} & a_{12} & a_{13} & \cdots & a_{1n} \\ 0 & a_{22} & a_{23} & \cdots & a_{2n} \\ 0 & a_{32} & a_{33} & \cdots & a_{3n} \\ \vdots & \vdots & \vdots & \ddots & \vdots \\ 0 & a_{n2} & a_{n3} & \cdots & a_{nn} \end{vmatrix} = a_{11} \begin{vmatrix} a_{22} & a_{23} & \cdots & a_{2n} \\ a_{32} & a_{33} & \cdots & a_{3n} \\ \vdots & \vdots & \ddots & \vdots \\ a_{n2} & a_{n3} & \cdots & a_{nn} \end{vmatrix}$$

公式の証明は省略．

例題 4.5　上三角行列の行列式

次の上三角行列の行列式を求める．

$$\begin{vmatrix} 4 & 1 & 8 \\ 0 & -2 & 5 \\ 0 & 0 & -3 \end{vmatrix}$$

対角要素から下の要素がすべて 0 の行列を上三角行列という．

解答　「行列式の公式」より、

$$\begin{vmatrix} 4 & 1 & 8 \\ 0 & -2 & 5 \\ 0 & 0 & -3 \end{vmatrix} = 4 \begin{vmatrix} -2 & 5 \\ 0 & -3 \end{vmatrix} = 4\times(-2)\times(-3)=24$$

行列式の余因子展開

3次の正方行列$\boldsymbol{A}$を考える．

$$\boldsymbol{A} = \begin{bmatrix} a_{11} & a_{12} & a_{13} \\ a_{21} & a_{22} & a_{23} \\ a_{31} & a_{32} & a_{33} \end{bmatrix}$$

このとき，この3次の正方行列$\boldsymbol{A}$から第i行第j列$(i = 1, 2, 3; j = 1, 2, 3)$を取り除いてできる2行2列の行列を$\boldsymbol{A}_{ij}$と書くとする．例えば，第1行第1列を取り除いた2次の正方行列$\boldsymbol{A}_{11}$は次のようになる．

$$\begin{bmatrix} a_{11} & a_{12} & a_{13} \\ a_{21} & a_{22} & a_{23} \\ a_{31} & a_{32} & a_{33} \end{bmatrix}$$

すなわち，a_{11}に注目し，もとの行列$\boldsymbol{A}$の第1行と第1列を取り除いた2次の行列を取り出す．

$$\boldsymbol{A}_{11} = \begin{bmatrix} a_{22} & a_{23} \\ a_{32} & a_{33} \end{bmatrix}$$

3次の正方行列$\boldsymbol{A}$から作った2次の正方行列$\boldsymbol{A}_{ij}$の行列式に，符号条件$(-1)^{i+j}$をつけたものをもとの行列$\boldsymbol{A}$の**余因子**$\tilde{a}_{ij}$という．例えば，余因子$\tilde{a}_{11}$は，3次の正方行列の第1行第1列を取り除いた2次の正方行列の行列式$|\boldsymbol{A}_{11}|$に符号条件$(-1)^{1+1} = 1$をつけて次のようになる．

$$\tilde{a}_{11} = (-1)^{1+1}|\boldsymbol{A}_{11}| = (-1)^2 \begin{vmatrix} a_{22} & a_{23} \\ a_{32} & a_{33} \end{vmatrix} = a_{22}a_{33} - a_{23}a_{32} \tag{4.11}$$

同様に，余因子$\tilde{a}_{21}$と$\tilde{a}_{31}$は次のようになる．

$$\tilde{a}_{21} = (-1)^{2+1}|\boldsymbol{A}_{21}| = (-1)^3 \begin{vmatrix} a_{12} & a_{13} \\ a_{32} & a_{33} \end{vmatrix} = -(a_{12}a_{33} - a_{13}a_{32}) \tag{4.12}$$

$$\tilde{a}_{31} = (-1)^{3+1}|\boldsymbol{A}_{31}| = (-1)^4 \begin{vmatrix} a_{12} & a_{13} \\ a_{22} & a_{23} \end{vmatrix} = a_{12}a_{23} - a_{13}a_{22} \tag{4.13}$$

3次の正方行列の行列式(4.9)を見てみよう．そうすると，(4.11)〜(4.13)の余因子を用いて次のように書くことができることがわかる．

$$\begin{aligned} |\boldsymbol{A}| = \begin{vmatrix} a_{11} & a_{12} & a_{13} \\ a_{21} & a_{22} & a_{23} \\ a_{31} & a_{32} & a_{33} \end{vmatrix} &= a_{11}a_{22}a_{33} + a_{12}a_{23}a_{31} + a_{13}a_{21}a_{32} \\ &\quad - a_{13}a_{22}a_{31} - a_{12}a_{21}a_{33} - a_{11}a_{23}a_{32} \\ &= a_{11}(a_{22}a_{33} - a_{23}a_{32}) - a_{21}(a_{12}a_{33} - a_{13}a_{32}) + a_{31}(a_{12}a_{23} - a_{13}a_{22}) \\ &= a_{11}\tilde{a}_{11} + a_{21}\tilde{a}_{21} + a_{31}\tilde{a}_{31} \end{aligned}$$

このことは，3 次の正方行列$\boldsymbol{A}$の行列式 $|\boldsymbol{A}|$ は，第 1 列の各要素 a_{i1} とその余因子 $\tilde{a}_{i1}$ の積 $a_{i1}\tilde{a}_{i1}$ の和 $\sum_{i=1}^{3} a_{i1}\tilde{a}_{i1}$ によって表すことができることを意味している．同様に，もとの行列の第 2 列の各要素とその余因子を用いて表すこともできる．

$$|\boldsymbol{A}| = \begin{vmatrix} a_{11} & a_{12} & a_{13} \\ a_{21} & a_{22} & a_{23} \\ a_{31} & a_{32} & a_{33} \end{vmatrix} = a_{11}a_{22}a_{33} + a_{12}a_{23}a_{31} + a_{13}a_{21}a_{32} \\ -a_{13}a_{22}a_{31} - a_{12}a_{21}a_{33} - a_{11}a_{23}a_{32}$$

$$= -a_{12}(a_{21}a_{33} - a_{23}a_{31}) + a_{22}(a_{11}a_{33} - a_{13}a_{31}) - a_{32}(a_{11}a_{23} - a_{13}a_{21})$$

$$= a_{12}\tilde{a}_{12} + a_{22}\tilde{a}_{22} + a_{32}\tilde{a}_{32}$$

一般に，n 次の正方行列$\boldsymbol{A}$のある第 j 列（または第 i 行）に注目して，その要素と余因子の積の和によって行列式を表すことを，第 j 列（または第 i 行）に関する **余因子展開** という．

$$\text{第 } j \text{ 列に関する余因子展開} \qquad |\boldsymbol{A}| = \sum_{i=1}^{n} a_{ij}\tilde{a}_{ij} \ ; \ j = 1 \cdots n$$

$$\text{第 } i \text{ 行に関する余因子展開} \qquad |\boldsymbol{A}| = \sum_{j=1}^{n} a_{ij}\tilde{a}_{ij} \ ; \ i = 1 \cdots n$$

本章末の練習問題 6 を行ってから先に進むこと．

4.6 余因子行列と逆行列

余因子行列

正方行列$\boldsymbol{A}$= $[a_{ij}]$ に対しその余因子を次のように並べてできる行列を **余因子行列** という．

$$\text{余因子行列} \quad \tilde{\boldsymbol{A}} = [\tilde{a}_{ji}]$$

ここで i と j が入れ替わっていることに注意すべきである．3 次の正方行列$\boldsymbol{A}$の余因子行列$\tilde{\boldsymbol{A}}$は次のようになる．

$$\boldsymbol{A} = \begin{bmatrix} a_{11} & a_{12} & a_{13} \\ a_{21} & a_{22} & a_{23} \\ a_{31} & a_{32} & a_{33} \end{bmatrix}, \quad \tilde{\boldsymbol{A}} = \begin{bmatrix} \tilde{a}_{11} & \tilde{a}_{21} & \tilde{a}_{31} \\ \tilde{a}_{12} & \tilde{a}_{22} & \tilde{a}_{32} \\ \tilde{a}_{13} & \tilde{a}_{23} & \tilde{a}_{33} \end{bmatrix} = \begin{bmatrix} |\boldsymbol{A}_{11}| & -|\boldsymbol{A}_{21}| & |\boldsymbol{A}_{31}| \\ -|\boldsymbol{A}_{12}| & |\boldsymbol{A}_{22}| & -|\boldsymbol{A}_{32}| \\ |\boldsymbol{A}_{13}| & -|\boldsymbol{A}_{23}| & |\boldsymbol{A}_{33}| \end{bmatrix}$$

次に，この 2 つの行列の積$\boldsymbol{C}$=$\boldsymbol{A}\tilde{\boldsymbol{A}}$を考える．

$$\begin{bmatrix} c_{11} & c_{12} & c_{13} \\ c_{21} & c_{22} & c_{23} \\ c_{31} & c_{32} & c_{33} \end{bmatrix} = \begin{bmatrix} a_{11} & a_{12} & a_{13} \\ a_{21} & a_{22} & a_{23} \\ a_{31} & a_{32} & a_{33} \end{bmatrix} \begin{bmatrix} \tilde{a}_{11} & \tilde{a}_{21} & \tilde{a}_{31} \\ \tilde{a}_{12} & \tilde{a}_{22} & \tilde{a}_{32} \\ \tilde{a}_{13} & \tilde{a}_{23} & \tilde{a}_{33} \end{bmatrix} \tag{4.14}$$

まず，対角要素 c_{ii} $(i = 1, 2, 3)$ を (4.14) から実際に計算すると，

$$c_{11} = a_{11}\tilde{a}_{11} + a_{12}\tilde{a}_{12} + a_{13}\tilde{a}_{13}$$
$$c_{22} = a_{21}\tilde{a}_{21} + a_{22}\tilde{a}_{22} + a_{23}\tilde{a}_{23}$$
$$c_{33} = a_{31}\tilde{a}_{31} + a_{32}\tilde{a}_{32} + a_{33}\tilde{a}_{33}$$

である．これらは行列 A の行列式の各行に関する余因子展開そのものであり，

$$c_{11} = c_{22} = c_{33} = |\mathrm{A}|$$

であることは明らかである．

次に，c_{ij} $(i, j = 1, 2, 3$ ただし $i \neq j)$ を調べてみよう．例えば c_{12} は，

$$c_{12} = a_{11}\tilde{a}_{21} + a_{12}\tilde{a}_{22} + a_{13}\tilde{a}_{23} \tag{4.15}$$

であるが，これは次の行列の行列式の 1 行目の余因子展開に等しい．すなわち，

$$\begin{vmatrix} a_{11} & a_{12} & a_{13} \\ a_{11} & a_{12} & a_{13} \\ a_{31} & a_{32} & a_{33} \end{vmatrix} = a_{11}\begin{vmatrix} a_{12} & a_{13} \\ a_{32} & a_{33} \end{vmatrix} - a_{12}\begin{vmatrix} a_{11} & a_{13} \\ a_{31} & a_{33} \end{vmatrix} + a_{13}\begin{vmatrix} a_{11} & a_{12} \\ a_{31} & a_{32} \end{vmatrix}$$

$$= a_{11}\tilde{a}_{21} + a_{12}\tilde{a}_{22} + a_{13}\tilde{a}_{23} = c_{12}$$

この行列式は，第 1 行と第 2 行が同じなので「行列式の性質V」により 0 である．すなわち，

$$c_{12} = 0$$

もうひとつ c_{23} を見ておこう．

$$c_{23} = a_{21}\tilde{a}_{31} + a_{22}\tilde{a}_{32} + a_{23}\tilde{a}_{33} \tag{4.16}$$

であるが，(4.16) は次の行列の行列式の 2 行目の余因子展開に等しい．すなわち，

$$\begin{vmatrix} a_{11} & a_{12} & a_{13} \\ a_{21} & a_{22} & a_{23} \\ a_{21} & a_{22} & a_{23} \end{vmatrix} = -a_{21}\begin{vmatrix} a_{12} & a_{13} \\ a_{22} & a_{23} \end{vmatrix} + a_{22}\begin{vmatrix} a_{11} & a_{13} \\ a_{21} & a_{23} \end{vmatrix} - a_{23}\begin{vmatrix} a_{11} & a_{12} \\ a_{21} & a_{22} \end{vmatrix}$$

$$= a_{21}\tilde{a}_{31} + a_{22}\tilde{a}_{32} + a_{23}\tilde{a}_{33} = c_{23}$$

この行列式は，第 2 行と第 3 行が同じなので「行列式の性質V」により 0 である．すなわち，

$$c_{23} = 0$$

同様にして c_{ij} $(i, j = 1, 2, 3$ ただし $i \neq j)$ を調べると，

$$c_{ij} = 0 \quad (i, j = 1, 2, 3 \text{ ただし } i \neq j)$$

であることが分かる．以上をまとめると，

$$\begin{bmatrix} c_{11} & c_{12} & c_{13} \\ c_{21} & c_{22} & c_{23} \\ c_{31} & c_{32} & c_{33} \end{bmatrix} = \begin{bmatrix} |\boldsymbol{A}| & 0 & 0 \\ 0 & |\boldsymbol{A}| & 0 \\ 0 & 0 & |\boldsymbol{A}| \end{bmatrix} = |\boldsymbol{A}| \begin{bmatrix} 1 & 0 & 0 \\ 0 & 1 & 0 \\ 0 & 0 & 1 \end{bmatrix}$$

したがって，

$$\boldsymbol{A}\tilde{\boldsymbol{A}} = |\boldsymbol{A}|\boldsymbol{I}$$

$|\boldsymbol{A}| \neq 0$ であれば，両辺を $|\boldsymbol{A}|$ で割って，

$$\boldsymbol{A}\left(\frac{1}{|\boldsymbol{A}|}\tilde{\boldsymbol{A}}\right) = \boldsymbol{I}$$

が成り立つ．以上から，逆行列の定義より $\boldsymbol{A}\boldsymbol{A}^{-1} = \boldsymbol{I}$ であるので，正方行列$\boldsymbol{A}$の逆行列 $\boldsymbol{A}^{-1}$ は $|\boldsymbol{A}| \neq 0$ のとき存在し，

$$\boldsymbol{A}^{-1} = \frac{1}{|\boldsymbol{A}|}\tilde{\boldsymbol{A}} \tag{4.17}$$

であることが分かる．

例題 4.6　逆行列

次の行列の逆行列を求める．

(1).

$$\begin{bmatrix} 3 & 1 \\ 5 & -2 \end{bmatrix}$$

(2).

$$\begin{bmatrix} 4 & 1 & 8 \\ 3 & -2 & 5 \\ 6 & 0 & -3 \end{bmatrix}$$

解答

(1). 次の 2 次の正方行列$\boldsymbol{A}$の逆行列を求める．

$$\boldsymbol{A} = \begin{bmatrix} 3 & 1 \\ 5 & -2 \end{bmatrix}$$

まず，行列式は定義により，

$$\text{行列式：}\quad |\boldsymbol{A}| = 3 \times (-2) - 1 \times 5 = -11$$

である．次に，余因子行列を求めるために $[|\boldsymbol{A}_{ij}|]; (i, j = 1, 2)$ を作っておくと，

$$\begin{bmatrix} |\boldsymbol{A}_{11}| & |\boldsymbol{A}_{12}| \\ |\boldsymbol{A}_{21}| & |\boldsymbol{A}_{22}| \end{bmatrix} = \begin{bmatrix} -2 & 5 \\ 1 & 3 \end{bmatrix}$$

であるから，余因子行列$\tilde{\boldsymbol{A}}$は次のようになる．

$$\text{余因子行列：}\quad \tilde{\boldsymbol{A}} = \begin{bmatrix} -2 & -1 \\ -5 & 3 \end{bmatrix}$$

したがって，逆行列 $\boldsymbol{A}^{-1}$ は，

$$\boldsymbol{A}^{-1} = \left(-\frac{1}{11}\right)\begin{bmatrix} -2 & -1 \\ -5 & 3 \end{bmatrix} = \begin{bmatrix} \frac{2}{11} & \frac{1}{11} \\ \frac{5}{11} & -\frac{3}{11} \end{bmatrix}$$

(2). 次の 3 次の正方行列$\boldsymbol{A}$の逆行列を求める．

$$\boldsymbol{A} = \begin{bmatrix} 4 & 1 & 8 \\ 3 & -2 & 5 \\ 6 & 0 & -3 \end{bmatrix}$$

行列式と余因子行列を求める．最初に，行列式を求める．

$$\text{行列式：}\quad |\boldsymbol{A}| = 159$$

次に，余因子行列を求めるために，$[|\boldsymbol{A}_{ij}|]; (i, j = 1, 2, 3)$ を求めておくと，

$$\begin{bmatrix} |\boldsymbol{A}_{11}| & |\boldsymbol{A}_{12}| & |\boldsymbol{A}_{13}| \\ |\boldsymbol{A}_{21}| & |\boldsymbol{A}_{22}| & |\boldsymbol{A}_{23}| \\ |\boldsymbol{A}_{31}| & |\boldsymbol{A}_{32}| & |\boldsymbol{A}_{33}| \end{bmatrix} = \begin{bmatrix} 6 & -39 & 12 \\ -3 & -60 & -6 \\ 21 & -4 & -11 \end{bmatrix}$$

これより余因子行列$\tilde{\boldsymbol{A}}$は，

$$\text{余因子行列：}\quad \tilde{\boldsymbol{A}} = \begin{bmatrix} |\boldsymbol{A}_{11}| & -|\boldsymbol{A}_{21}| & |\boldsymbol{A}_{31}| \\ -|\boldsymbol{A}_{12}| & |\boldsymbol{A}_{22}| & -|\boldsymbol{A}_{32}| \\ |\boldsymbol{A}_{13}| & -|\boldsymbol{A}_{23}| & |\boldsymbol{A}_{33}| \end{bmatrix} = \begin{bmatrix} 6 & 3 & 21 \\ 39 & -60 & 4 \\ 12 & 6 & -11 \end{bmatrix}$$

である．したがって，行列式 $|\boldsymbol{A}|$ と余因子行列$\tilde{\boldsymbol{A}}$から逆行列 $\boldsymbol{A}^{-1}$ は次のようになる．

$$\boldsymbol{A}^{-1} = \frac{1}{159}\begin{bmatrix} 6 & 3 & 21 \\ 39 & -60 & 4 \\ 12 & 6 & -11 \end{bmatrix} = \begin{bmatrix} \frac{2}{53} & \frac{1}{53} & \frac{7}{53} \\ \frac{13}{53} & -\frac{20}{53} & \frac{4}{159} \\ \frac{4}{53} & \frac{2}{53} & -\frac{11}{159} \end{bmatrix}$$

本章末の練習問題 7 を行ってから先に進むこと．

4.7　クラーメルの公式

連立 1 次方程式の解法のひとつに **クラーメルの公式** がある．

「クラーメルの公式」

連立 1 次方程式 $\boldsymbol{Ax} = \boldsymbol{b}$の解は，$|\boldsymbol{A}| \neq 0$ のとき，

$$\text{列番号→}\quad 1 \quad 2 \quad \cdots \quad i \quad \cdots \quad n$$

$$x_i = \frac{\begin{vmatrix} \boldsymbol{a}_1 & \boldsymbol{a}_2 & \cdots & \boldsymbol{b} & \cdots & \boldsymbol{a}_n \end{vmatrix}}{\begin{vmatrix} \boldsymbol{a}_1 & \boldsymbol{a}_2 & \cdots & \boldsymbol{a}_i & \cdots & \boldsymbol{a}_n \end{vmatrix}} \quad (i = 1, 2, \cdots, n)$$

ここで，$\boldsymbol{a}_i$ は係数行列$\boldsymbol{A}$の i 番目の縦ベクトル，$\boldsymbol{b}$ は定数ベクトルである．

「クラーメルの公式」の分子は，係数行列の第 i 列を定数ベクトル$\boldsymbol{b}$で置き換えた行列の行列式

である.

$$\begin{array}{cccccc} \text{列番号}\rightarrow & 1 & 2 & \cdots & i & \cdots & n \\ & \left| \boldsymbol{a}_1 \right. & \boldsymbol{a}_2 & \cdots & \boldsymbol{b} & \cdots & \left. \boldsymbol{a}_n \right| \end{array}$$

「クラーメルの公式」の分母は，係数行列$\boldsymbol{A}$の行列式である.

$$|\boldsymbol{A}| = \left| \begin{array}{cccccc} \boldsymbol{a}_1 & \boldsymbol{a}_2 & \cdots & \boldsymbol{a}_i & \cdots & \boldsymbol{a}_n \end{array} \right|$$

「クラーメルの公式」の証明

証明　連立1次方程式 $\boldsymbol{Ax} = \boldsymbol{b}$から，

$$\boldsymbol{b} = \boldsymbol{Ax} = x_1\boldsymbol{a_1} + x_2\boldsymbol{a_2} + \cdots + x_i\boldsymbol{a_i} + \cdots + x_n\boldsymbol{a_n}$$

「クラーメルの公式」の分子の $\boldsymbol{b}$ に上式を代入し,「行列式の基本性質」を考慮すると，

列番号↓

$$\begin{array}{cccccc} 1 & 2 & \cdots & i & \cdots & n \end{array}$$

$$\left| \begin{array}{cccccc} \boldsymbol{a}_1 & \boldsymbol{a}_2 & \cdots & \boldsymbol{b} & \cdots & \boldsymbol{a}_n \end{array} \right| = \left| \begin{array}{cccccc} \boldsymbol{a}_1 & \boldsymbol{a}_2 & \cdots & (x_1\boldsymbol{a_1} + \cdots + x_i\boldsymbol{a_i} + \cdots + x_n\boldsymbol{a_n}) & \cdots & \boldsymbol{a}_n \end{array} \right|$$

$$= \sum_{k=1}^{n} |\boldsymbol{a}_1\ \boldsymbol{a}_2\ \cdots\ x_k\boldsymbol{a}_k\ \cdots\ \boldsymbol{a}_n| \qquad \text{(行列式の基本性質II)}$$

$$= \sum_{k=1}^{n} x_k|\boldsymbol{a}_1\ \boldsymbol{a}_2\ \cdots\ \boldsymbol{a}_k\ \cdots\ \boldsymbol{a}_n| \qquad \text{(行列式の基本性質I)}$$

$$= x_i|\boldsymbol{a}_1\ \boldsymbol{a}_2\ \cdots\ \boldsymbol{a}_i\ \cdots\ \boldsymbol{a}_n| \qquad \text{(行列式の基本性質V)}$$

したがって，両辺を $|A| = |\boldsymbol{a}_1\ \boldsymbol{a}_2\ \cdots\ \boldsymbol{a}_i\ \cdots\ \boldsymbol{a}_n| \neq 0$ で割って，

$$x_i = \frac{\left| \begin{array}{cccccc} \boldsymbol{a}_1 & \boldsymbol{a}_2 & \cdots & \boldsymbol{b} & \cdots & \boldsymbol{a}_n \end{array} \right|}{\left| \begin{array}{cccccc} \boldsymbol{a}_1 & \boldsymbol{a}_2 & \cdots & \boldsymbol{a}_i & \cdots & \boldsymbol{a}_n \end{array} \right|} \quad (i = 1, 2, \cdots, n)$$

証明終

例題 4.7　クラーメルの公式で連立 1 次方程式を解く.

クラーメルの公式を用いて次の連立 1 次方程式を解く.

(1).

$$\begin{cases} 3x + y = 5 \\ 5x - 2y = 1 \end{cases}$$

(2).

$$\begin{cases} 4x_1 + \ \ x_2 + 8x_3 = 18 \\ 3x_1 - 2x_2 + 5x_3 = 16 \\ 6x_1 \qquad\ \ - 3x_3 = -15 \end{cases}$$

解答

(1). 次の連立1次方程式 (4.1) をクラーメルの公式で解くと次のようになる．

$$\begin{cases} 3x + y = 5 \\ 5x - 2y = 1 \end{cases}$$

連立方程式 (4.1) の第1未知数 x は，係数行列の第1列を定数ベクトルで置き換えた行列の行列式を係数行列の行列式で割ることにより求めることができる．

$$x = \frac{\begin{vmatrix} 5 & 1 \\ 1 & -2 \end{vmatrix}}{\begin{vmatrix} 3 & 1 \\ 5 & -2 \end{vmatrix}} = \frac{5 \times (-2) - 1 \times 1}{3 \times (-2) - 1 \times 5} = \frac{-11}{-11} = 1$$

連立方程式 (4.1) の第2未知数 y の値は，係数行列の第2列を定数ベクトルで置き換えた行列の行列式を係数行列の行列式で割ることにより求めることができる．

$$y = \frac{\begin{vmatrix} 3 & 5 \\ 5 & 1 \end{vmatrix}}{\begin{vmatrix} 3 & 1 \\ 5 & -2 \end{vmatrix}} = \frac{3 \times 1 - 5 \times 5}{3 \times (-2) - 1 \times 5} = \frac{-22}{-11} = 2$$

(2). 次の3元連立1次方程式をクラーメルの公式を用いて解く．

$$\begin{cases} 4x_1 + x_2 + 8x_3 = 18 \\ 3x_1 - 2x_2 + 5x_3 = 16 \\ 6x_1 - 3x_3 = -15 \end{cases}$$

$$|\boldsymbol{A}| = \begin{vmatrix} 4 & 1 & 8 \\ 3 & -2 & 5 \\ 6 & 0 & -3 \end{vmatrix} = 4 \times (-2) \times (-3) + 1 \times 5 \times 6 - 8 \times (-2) \times 6 - 1 \times 3 \times (-3) = 159$$

$$x_1 = \frac{1}{159} \begin{vmatrix} 18 & 1 & 8 \\ 16 & -2 & 5 \\ -15 & 0 & -3 \end{vmatrix} = \frac{-159}{159} = -1$$

$$x_2 = \frac{1}{159} \begin{vmatrix} 4 & 18 & 8 \\ 3 & 16 & 5 \\ 6 & -15 & -3 \end{vmatrix} = \frac{-318}{159} = -2$$

$$x_3 = \frac{1}{159} \begin{vmatrix} 4 & 1 & 18 \\ 3 & -2 & 16 \\ -15 & 0 & -15 \end{vmatrix} = \frac{477}{159} = 3$$

本章末の練習問題をおこなうこと．

練習問題

1．次の行列計算をおこないなさい．

行列の和

(1).

$$\begin{bmatrix} -2 & 6 \\ 3 & 1 \end{bmatrix} + \begin{bmatrix} 4 & -1 \\ -2 & 5 \end{bmatrix}$$

(2).

$$\begin{bmatrix} 1 & -5 \\ -3 & 4 \end{bmatrix} + \begin{bmatrix} -1 & 3 \\ 5 & 2 \end{bmatrix}$$

(3).

$$\begin{bmatrix} 5 & 1 & -2 \\ -6 & 3 & -9 \\ 8 & 4 & -7 \end{bmatrix} + \begin{bmatrix} -1 & 2 & -3 \\ 6 & 8 & 4 \\ 5 & -9 & 7 \end{bmatrix}$$

2．次の行列計算をおこないなさい．

行列の積

(1).

$$\begin{bmatrix} -2 & 6 \\ 3 & 1 \end{bmatrix} \times \begin{bmatrix} 4 & -1 \\ -2 & 5 \end{bmatrix}$$

(2).

$$\begin{bmatrix} -2 & 6 \\ 3 & 1 \end{bmatrix} \times \begin{bmatrix} 3 \\ 2 \end{bmatrix}$$

(3).

$$\begin{bmatrix} 1 & 2 & -3 \\ -2 & 3 & -1 \\ 3 & -1 & 3 \end{bmatrix} \times \begin{bmatrix} 4 \\ 5 \\ 6 \end{bmatrix}$$

3．次の行列計算をおこないなさい．

分配則

(1). $(\boldsymbol{A}+\boldsymbol{B})\boldsymbol{C} = \boldsymbol{AC}+\boldsymbol{BC}$ を次のケースで確認しなさい．

$$\boldsymbol{A} = \begin{bmatrix} 1 & 2 \\ 3 & 4 \end{bmatrix}, \quad \boldsymbol{B} = \begin{bmatrix} 3 & -1 \\ -2 & 3 \end{bmatrix}, \quad \boldsymbol{C} = \begin{bmatrix} 2 & 5 \\ 7 & 8 \end{bmatrix}$$

4．次の連立1次方程式を「掃き出し法」により解きなさい．

(1).

$$\begin{cases} 3x+5y=58 \\ 2x-y=4 \end{cases}$$

(2).

$$\begin{cases} 5x+y=13 \\ 2x+5y=19 \end{cases}$$

(3).

$$\begin{cases} x-y+z=5 \\ 2x+y-3z=1 \\ 3x+2y+z=19 \end{cases}$$

5．「練習問題4」の(1)の2元連立方程式の係数行列（2行2列の正方行列）の逆行列を「掃き出し法」により求め，この連立方程式を「逆行列法」により解きなさい．

$$\begin{cases} 3x+5y=58 \\ 2x-y=4 \end{cases}$$

6．次の行列の行列式を計算しなさい．

(1).

$$\begin{bmatrix} 3 & 5 \\ 2 & -1 \end{bmatrix}$$

(2).

$$\begin{bmatrix} 1 & -1 & 5 \\ 2 & 1 & -3 \\ 3 & 2 & 1 \end{bmatrix}$$

(3).

$$\begin{bmatrix} 1 & -1 & 5 & 0 \\ 0 & 2 & 1 & -7 \\ -4 & 2 & 0 & 1 \\ 0 & 6 & -1 & -3 \end{bmatrix}$$

7．次の行列の逆行列を，行列式と余因子行列から求めなさい．

(1)

$$\begin{bmatrix} 3 & -1 \\ 1 & 5 \end{bmatrix}$$

(2)

$$\begin{bmatrix} 2 & 7 \\ 5 & 6 \end{bmatrix}$$

(3)

$$\begin{bmatrix} 2 & 7 & -5 \\ 5 & -6 & 1 \\ 1 & -3 & 2 \end{bmatrix}$$

8．次の連立方程式を「クラーメルの公式」を用いて解きなさい．

(1)

$$\begin{cases} 3x - y = -17 \\ x + 5y = 21 \end{cases}$$

(2)

$$\begin{cases} 2x + 7y = -11 \\ 5x + 6y = 7 \end{cases}$$

(3)

$$\begin{cases} 2x + 7y - 5z = 1 \\ 5x - 6y + z = -4 \\ x - 3y + 2z = 1 \end{cases}$$

第 5 章

固有値問題と行列の対角化

マクロ経済学は，国民経済の GDP や雇用水準の決定を論じるマクロ均衡理論と，GDP の成長や景気変動を論じるマクロ動学理論から構成される．マクロ動学理論の主要な数学的方法は定差方程式と微分方程式である．初級・中級レベルのマクロ経済動学の学習では，線形定差方程式および線形微分方程式を理解することが重要である．「第Ⅲ部　マクロ経済学の数学的方法」第 13 章と第 14 章でそれぞれ線形定差方程式および線形微分方程式とマクロ経済動学への応用を取り上げるが，本章はその為の準備として，正方行列の **固有値問題**， **対角化** および **累乗計算** を学ぶ．

5.1　固有値問題

任意の n 次正方行列 $\boldsymbol{A}$ に対し，

$$\boldsymbol{A}\boldsymbol{x} = \lambda\boldsymbol{x} \tag{5.1}$$

をみたす数 λ と n 次の縦ベクトル $\boldsymbol{x}$ が存在するかどうかを調べる．

例題 5.1　固有値問題

次の 2 次正方行列について (5.1) が成り立つかどうかを調べる．

$$\boldsymbol{A} = \begin{bmatrix} 3 & 2 \\ 1 & 2 \end{bmatrix}$$

解答　$\boldsymbol{x}={}^t(x_1, x_2)$ とおくと，(5.1) より，

$$\begin{bmatrix} 3 & 2 \\ 1 & 2 \end{bmatrix}\begin{bmatrix} x_1 \\ x_2 \end{bmatrix} = \lambda\begin{bmatrix} x_1 \\ x_2 \end{bmatrix}$$

この式を展開すると，

$$\begin{cases} 3x_1 + 2x_2 = \lambda x_1 \\ \ \ x_1 + 2x_2 = \lambda x_2 \end{cases} \tag{5.2}$$

$x_1 = x_2 = 0$ は (5.2) の解であることは自明であるが，自明でない解 $(x_1 \neq 0, x_2 \neq 0)$ を持つとすると，次の関係が成り立たなければならない．

$$\begin{cases} (\lambda-3)x_1 = 2x_2 \\ x_1 = (\lambda-2)x_2 \end{cases} \tag{5.3}$$

これより $x_1 \neq 0, x_2 \neq 0$ を考慮して，

$$\frac{(\lambda-3)}{1} = \frac{2}{(\lambda-2)}$$

したがって λ で整理すると次の 2 次方程式になる．

$$\lambda^2 - 5\lambda + 4 = 0 \tag{5.4}$$

これを λ について解くと，

$$\lambda_1 = 1, \lambda_2 = 4$$

$\lambda_1 = 1$ の時には (5.3) より $x_1 = -x_2$，$\lambda_2 = 4$ の時には (5.3) より $x_1 = 2x_2$ となる．すなわち，(5.2) をみたす ${}^t(x_1, x_2)$ が一意に決まるのではなく，$\lambda_1 = 1$ の時には $x_1 = -x_2$，$\lambda_2 = 4$ の時には $x_1 = 2x_2$ をみたす実数の組み合わせが解となる．この関係は次のように書くことができる．

$\lambda = 1$ の時には，　${}^t(x_1, x_2) = k \cdot {}^t(-1, 1)$　ここで k は任意の実数

$\lambda = 4$ の時には，　${}^t(x_1, x_2) = k \cdot {}^t(2, 1)$　ここで k は任意の実数

例題 5.1 は (5.2) を $\boldsymbol{x} = {}^t(x_1, x_2)$ に関する連立方程式として，解が未定の場合にのみ (5.2) をみたす自明でない ${}^t(x_1, x_2)$ と λ が存在することを明らかにしている．これを (5.1) について一般化すると，(5.1) は自明でない解をもつが，一意には定まらないということになる．したがって，(5.1) を次のように変形したとき，

$$[\lambda \boldsymbol{I} - \boldsymbol{A}]\boldsymbol{x} = \boldsymbol{O}$$

の係数行列 $[\lambda \boldsymbol{I} - \boldsymbol{A}]$ の行列式はゼロでなければならないということになる．すなわち，

$$|\lambda \boldsymbol{I} - \boldsymbol{A}| = 0 \tag{5.5}$$

(5.5) は，n 次正方行列 $\boldsymbol{A}$ に対して λ に関する n 次方程式になる．**例題 5.1** における (5.5) は，

$$\begin{vmatrix} \lambda-3 & -2 \\ -1 & \lambda-2 \end{vmatrix} = (\lambda-3)(\lambda-2) - 2 = \lambda^2 - 5\lambda + 4 = 0$$

であり，これは 2 次方程式 (5.4) に一致する．

一般に (5.1) に対して (5.5) を **固有方程式**，(5.5) から求まる λ を **固有値**，固有値 λ に対応する $\boldsymbol{x}$ を**固有ベクトル** という．

例題 5.2　2 次正方行列の固有値と固有ベクトル

次の 2 次正方行列について固有値と固有ベクトルを求める．

$$\boldsymbol{A} = \begin{bmatrix} 1 & -2 \\ 2 & -3 \end{bmatrix}$$

解答 2 次正方行列 $\boldsymbol{A}$ に対し $\boldsymbol{x}={}^t(x_1, x_2)$ として，固有値問題の基本式 $\boldsymbol{Ax} = \lambda\boldsymbol{x}$ をつくり，展開しておく．

$$\begin{cases} x_1 - 2x_2 = \lambda x_1 \\ 2x_1 - 3x_2 = \lambda x_2 \end{cases} \tag{5.6}$$

次に，固有方程式 $|\lambda\boldsymbol{I} - \boldsymbol{A}| = 0$ を立てる．

$$\begin{vmatrix} \lambda - 1 & 2 \\ -2 & \lambda + 3 \end{vmatrix} = (\lambda - 1)(\lambda + 3) + 4 = \lambda^2 + 2\lambda + 1 = 0$$

固有方程式を解くと，例題 5.2 の 2 次正方行列の固有値は重根で $\lambda = -1$ となる．固有値 $\lambda = -1$ に対応する固有ベクトルは，$\lambda = -1$ を (5.6) に代入して $x_1 = x_2$ より，

$$\boldsymbol{x} = {}^t(x_1, x_2) = k \cdot {}^t(1, 1) \quad \text{ここで } k \text{ は任意の実数}$$

となる．

例題 5.3　3 次正方行列の固有値・固有ベクトル

次の 3 次正方行列について固有値と固有ベクトルを求める．

$$\boldsymbol{A} = \begin{bmatrix} 1 & -2 & 1 \\ 3 & 2 & 1 \\ 1 & 5 & -1 \end{bmatrix}$$

解答 3 次正方行列 $\boldsymbol{A}$ に対し $\boldsymbol{x}={}^t(x_1, x_2, x_3)$ として，固有値問題の基本式 $\boldsymbol{Ax} = \lambda\boldsymbol{x}$ をつくり，展開しておく．

$$\begin{cases} x_1 - 2x_2 + x_3 = \lambda x_1 \\ 3x_1 + 2x_2 + x_3 = \lambda x_2 \\ x_1 + 5x_2 - x_3 = \lambda x_3 \end{cases} \tag{5.7}$$

次に，固有方程式 $|\lambda\boldsymbol{I} - \boldsymbol{A}| = 0$ を立てる．

$$\begin{vmatrix} \lambda - 1 & 2 & -1 \\ -3 & \lambda - 2 & -1 \\ -1 & -5 & \lambda + 1 \end{vmatrix} = (\lambda - 1)(\lambda - 2)(\lambda + 1) - 15 + 2 - (\lambda - 2) - 5(\lambda - 1) + 6(\lambda + 1) = 0$$

これを λ について整理し解くと次のようになる．

$$\lambda^3 - 2\lambda^2 - \lambda + 2 = (\lambda - 1)(\lambda + 1)(\lambda - 2) = 0$$

$$\lambda_1 = -1, \quad \lambda_2 = 1, \quad \lambda_3 = 2$$

$\lambda_1 = -1$ を (5.7) に代入すると，

$$\begin{cases} x_1 - 2x_2 + x_3 = -x_1 \\ 3x_1 + 2x_2 + x_3 = -x_2 \\ x_1 + 5x_2 - x_3 = -x_3 \end{cases}$$

係数が最も大きい $x_2 = 1$ とおいて,

$$\begin{cases} -2x_1 + x_3 = 2 \\ 3x_1 + x_3 = -3 \\ x_1 = -5 \end{cases}$$

これを x_3 について解いて $x_3 = 12$ となる．したがって，k を任意の実数として $\lambda_1 = -1$ に対応する固有ベクトルは,

$$\boldsymbol{x} = {}^t(x_1, x_2, x_3) = k \cdot {}^t(-5, 1, 12) \quad \text{ここで } k \text{ は任意の実数}$$

同様に $\lambda_2 = 1$ を (5.7) に代入して，$\lambda_2 = 1$ に対応する固有ベクトルを求めると,

$$\boldsymbol{x} = {}^t(x_1, x_2, x_3) = k \cdot {}^t(-1, 1, 2) \quad \text{ここで } k \text{ は任意の実数}$$

同様にして $\lambda_3 = 2$ に対応する固有ベクトルは,

$$\boldsymbol{x} = {}^t(x_1, x_2, x_3) = k \cdot {}^t(-1, 2, 3) \quad \text{ここで } k \text{ は任意の実数}$$

本章末の練習問題1を行ってから先に進むこと．

5.2　正方行列の対角化と累乗計算

ジョルダンの標準形

n 次正方行列 $\boldsymbol{A}$ が n 個の固有値 λ_i とそれに対応する固有ベクトル $\boldsymbol{x}_i = {}^t(x_{1i}, x_{2i}, \cdots, x_{ni})$, $i = 1, \cdots, n$ を持つとする．すなわち,

$$\boldsymbol{A}\boldsymbol{x}_i = \lambda_i \boldsymbol{x}_i, \qquad i = 1, \cdots, n \tag{5.8}$$

n 個の固有ベクトルを横に並べて，次の n 次正方行列をつくる．

$$\boldsymbol{X} = \left[\boldsymbol{x}_1, \boldsymbol{x}_2, \cdots, \boldsymbol{x}_n\right] \tag{5.9}$$

(5.8) と (5.9) より,

$$\boldsymbol{A}\boldsymbol{X} = \left[\lambda_1 \boldsymbol{x}_1, \lambda_2 \boldsymbol{x}_2, \cdots, \lambda_n \boldsymbol{x}_n\right] = \boldsymbol{X}\boldsymbol{\Lambda} \tag{5.10}$$

ただし,

$$\boldsymbol{\Lambda} = \begin{bmatrix} \lambda_1 & 0 & \cdots & 0 \\ 0 & \lambda_2 & \cdots & 0 \\ \vdots & \vdots & \ddots & \vdots \\ 0 & 0 & \cdots & \lambda_n \end{bmatrix}$$

次に，固有ベクトルを横に並べてできる $\boldsymbol{X}$ が逆行列 $\boldsymbol{X}^{-1}$ を持てば，(5.9) の両辺に逆行列 $\boldsymbol{X}^{-1}$ を左から掛けて,

$$\boldsymbol{X}^{-1}\boldsymbol{A}\boldsymbol{X} = \boldsymbol{X}^{-1}\boldsymbol{X}\boldsymbol{\Lambda} = \boldsymbol{\Lambda} \tag{5.11}$$

(5.11) を，n 次正方行列 $\boldsymbol{A}$ の **対角化** という．この関係を用いると，n 次正方行列 $\boldsymbol{A}$ の k 乗を次のように計算することができる．(5.11) の両辺を k 乗すると，

$$\left(\boldsymbol{X}^{-1}\boldsymbol{A}\boldsymbol{X}\right)^k = \left(\boldsymbol{\Lambda}\right)^k \tag{5.12}$$

(5.12) の左辺は，

$$\left(\boldsymbol{X}^{-1}\boldsymbol{A}\boldsymbol{X}\right)^k = \overbrace{(\boldsymbol{X}^{-1}\boldsymbol{A}\underbrace{\boldsymbol{X})(\boldsymbol{X}^{-1}}_{\boldsymbol{I}}\boldsymbol{A}\underbrace{\boldsymbol{X})(\boldsymbol{X}^{-1}}_{\boldsymbol{I}}\boldsymbol{A}\boldsymbol{X})\cdots(\boldsymbol{X}^{-1}\boldsymbol{A}\boldsymbol{X})}^{k\ \text{個}} = \boldsymbol{X}^{-1}\boldsymbol{A}^k\boldsymbol{X} \tag{5.13}$$

(5.12) の右辺は，

$$\boldsymbol{\Lambda}^k = \begin{bmatrix} \lambda_1^k & 0 & \cdots & 0 \\ 0 & \lambda_2^k & \cdots & 0 \\ \vdots & \vdots & \ddots & \vdots \\ 0 & 0 & \cdots & \lambda_n^k \end{bmatrix} \tag{5.14}$$

(5.13)，(5.14) より，

$$\boldsymbol{X}^{-1}\boldsymbol{A}^k\boldsymbol{X} = \boldsymbol{\Lambda}^k \tag{5.15}$$

そこで，(5.15) の左から $\boldsymbol{X}$ を，右から $\boldsymbol{X}^{-1}$ を掛けることにより，$\boldsymbol{A}^k$ を次のように計算することができる．

$$\boldsymbol{X}\boldsymbol{X}^{-1}\boldsymbol{A}^k\boldsymbol{X}\boldsymbol{X}^{-1} = \boldsymbol{A}^k = \boldsymbol{X}\boldsymbol{\Lambda}^k\boldsymbol{X}^{-1} \tag{5.16}$$

例題 5.4　2 次正方行列の累乗計算（固有値が 2 つのケース）

次の 2 次正方行列が 2 つの固有値をもつとき，その k 乗を計算する．

$$\boldsymbol{A} = \begin{bmatrix} a_{11} & a_{12} \\ a_{21} & a_{22} \end{bmatrix}$$

解答　2 次正方行列 $\boldsymbol{A}$ とその固有値 (λ_1, λ_2) に対する固有ベクトルを，

$$\boldsymbol{A} = \begin{bmatrix} a_{11} & a_{12} \\ a_{21} & a_{22} \end{bmatrix}, \quad \boldsymbol{x}_1 = \begin{bmatrix} x_{11} \\ x_{21} \end{bmatrix}, \quad \boldsymbol{x}_2 = \begin{bmatrix} x_{12} \\ x_{22} \end{bmatrix}$$

とすると，2 次正方行列 $\boldsymbol{A}$ の 2 つの固有値と固有ベクトルの関係から，

$$\begin{bmatrix} a_{11} & a_{12} \\ a_{21} & a_{22} \end{bmatrix}\begin{bmatrix} x_{11} \\ x_{21} \end{bmatrix} = \lambda_1 \begin{bmatrix} x_{11} \\ x_{21} \end{bmatrix}$$

$$\begin{bmatrix} a_{11} & a_{12} \\ a_{21} & a_{22} \end{bmatrix} \begin{bmatrix} x_{12} \\ x_{22} \end{bmatrix} = \lambda_2 \begin{bmatrix} x_{12} \\ x_{22} \end{bmatrix}$$

この関係は，固有ベクトルを並べた2次正方行列を $\boldsymbol{X} = [\boldsymbol{x_1}, \boldsymbol{x_2}]$ として次のように表すことができる．

$$\begin{bmatrix} a_{11} & a_{12} \\ a_{21} & a_{22} \end{bmatrix} \begin{bmatrix} x_{11} & x_{12} \\ x_{21} & x_{22} \end{bmatrix} = \begin{bmatrix} \lambda_1 x_{11} & \lambda_2 x_{12} \\ \lambda_1 x_{21} & \lambda_2 x_{22} \end{bmatrix} = \begin{bmatrix} x_{11} & x_{12} \\ x_{21} & x_{22} \end{bmatrix} \begin{bmatrix} \lambda_1 & 0 \\ 0 & \lambda_2 \end{bmatrix} \tag{5.17}$$

$\boldsymbol{X} = [\boldsymbol{x_1}, \boldsymbol{x_2}]$ が逆行列 $\boldsymbol{X^{-1}}$ を持つとすると $(x_{11}x_{22} - x_{12}x_{21} \neq 0)$,

$$\boldsymbol{X^{-1}} = \frac{1}{x_{11}x_{22} - x_{12}x_{21}} \begin{bmatrix} x_{22} & -x_{12} \\ -x_{21} & x_{11} \end{bmatrix}$$

である．(5.17) の両辺に左から $\boldsymbol{X}$ の逆行列 $\boldsymbol{X^{-1}}$ をかけると，2次正方行列 $\boldsymbol{A}$ を対角化することができる．

$$\frac{1}{x_{11}x_{22} - x_{12}x_{21}} \begin{bmatrix} x_{22} & -x_{12} \\ -x_{21} & x_{11} \end{bmatrix} \begin{bmatrix} a_{11} & a_{12} \\ a_{21} & a_{22} \end{bmatrix} \begin{bmatrix} x_{11} & x_{12} \\ x_{21} & x_{22} \end{bmatrix} = \begin{bmatrix} \lambda_1 & 0 \\ 0 & \lambda_2 \end{bmatrix}$$

この関係から，2次正方行列 $\boldsymbol{A}$ の k 乗は次のようになる．

$$\begin{bmatrix} a_{11} & a_{12} \\ a_{21} & a_{22} \end{bmatrix}^k = \begin{bmatrix} x_{11} & x_{12} \\ x_{21} & x_{22} \end{bmatrix} \begin{bmatrix} \lambda_1^k & 0 \\ 0 & \lambda_2^k \end{bmatrix} \begin{bmatrix} \frac{x_{22}}{x_{11}x_{22}-x_{12}x_{21}} & \frac{-x_{12}}{x_{11}x_{22}-x_{12}x_{21}} \\ \frac{-x_{21}}{x_{11}x_{22}-x_{12}x_{21}} & \frac{x_{11}}{x_{11}x_{22}-x_{12}x_{21}} \end{bmatrix}$$

$$= \frac{1}{x_{11}x_{22} - x_{12}x_{21}} \begin{bmatrix} x_{11}\,x_{22}\,{\lambda_1}^k - x_{12}\,x_{21}\,{\lambda_2}^k & -x_{11}\,x_{12}\,{\lambda_1}^k + x_{11}\,x_{12}\,{\lambda_2}^k \\ x_{21}\,x_{22}\,{\lambda_1}^k - x_{21}\,x_{22}\,{\lambda_2}^k & -x_{12}\,x_{21}\,{\lambda_1}^k + x_{11}\,x_{22}\,{\lambda_2}^k \end{bmatrix}$$

例題 5.5　2次正方行列の累乗計算（固有値が **1** つのケース）

次の2次正方行列が1つの固有値をもつとき，その k 乗を計算する．

$$\boldsymbol{A} = \begin{bmatrix} a_{11} & a_{12} \\ a_{21} & a_{22} \end{bmatrix}$$

解答　2次正方行列 $\boldsymbol{A}$ が1つの固有値 λ しかもたない場合には，$\boldsymbol{A}$ の k 乗の計算に例題 5.4 の方法を用いることはできない．

そこで，一組の固有値 (λ) と固有ベクトル $\boldsymbol{x_1} = {}^t(x_{11}, x_{21})$ から，次の関係を満たす新たなベクトル $\boldsymbol{x_2} = {}^t(x_{12}, x_{22})$ を作る．

$$\begin{bmatrix} a_{11} & a_{12} \\ a_{21} & a_{22} \end{bmatrix} \begin{bmatrix} x_{12} \\ x_{22} \end{bmatrix} = \begin{bmatrix} x_{11} \\ x_{21} \end{bmatrix} + \lambda \begin{bmatrix} x_{12} \\ x_{22} \end{bmatrix}$$

すなわち，

$$\boldsymbol{A x_2} = \boldsymbol{x_1} + \lambda \boldsymbol{x_2} \tag{5.18}$$

また，

$$\boldsymbol{A}\boldsymbol{x_1} = \lambda \boldsymbol{x_1} \tag{5.19}$$

である．そこで $\boldsymbol{X} = (\boldsymbol{x_1}, \boldsymbol{x_2})$ とおくと，

$$\begin{aligned} \boldsymbol{A}\boldsymbol{X} &= \boldsymbol{A}(\boldsymbol{x_1}, \boldsymbol{x_2}) \\ &= (\lambda\boldsymbol{x_1}, \boldsymbol{x_1} + \lambda\boldsymbol{x_2}) \\ &= (\boldsymbol{x_1}, \boldsymbol{x_2}) \begin{bmatrix} \lambda & 1 \\ 0 & \lambda \end{bmatrix} \end{aligned}$$

したがって，$\boldsymbol{X}$ が逆行列 $\boldsymbol{X}^{-1}$ をもてば，

$$\boldsymbol{X}^{-1}\boldsymbol{A}\boldsymbol{X} = \begin{bmatrix} \lambda & 1 \\ 0 & \lambda \end{bmatrix} \tag{5.20}$$

(5.20) を用いると，両辺の 2 乗は次のように示すことができる．

$$(\boldsymbol{X}^{-1}\boldsymbol{A}\boldsymbol{X})(\boldsymbol{X}^{-1}\boldsymbol{A}\boldsymbol{X}) = \boldsymbol{X}^{-1}\boldsymbol{A}^2\boldsymbol{X} = \begin{bmatrix} \lambda & 1 \\ 0 & \lambda \end{bmatrix}\begin{bmatrix} \lambda & 1 \\ 0 & \lambda \end{bmatrix} = \begin{bmatrix} \lambda^2 & 2\lambda \\ 0 & \lambda^2 \end{bmatrix}$$

以下，同様にして (5.19) の両辺の k 乗は次のようになる．

$$\overbrace{(\boldsymbol{X}^{-1}\boldsymbol{A}\boldsymbol{X})\cdots(\boldsymbol{X}^{-1}\boldsymbol{A}\boldsymbol{X})}^{k\,回} = \boldsymbol{X}^{-1}\boldsymbol{A}^k\boldsymbol{X} = \begin{bmatrix} \lambda^k & k\lambda^{k-1} \\ 0 & \lambda^k \end{bmatrix} \tag{5.21}$$

それゆえ，固有値を 1 つしか持たない 2 次正方行列 $\boldsymbol{A}$ の k 乗は次のようにして求めることができる．

$$\boldsymbol{A}^k = \boldsymbol{X}\begin{bmatrix} \lambda^k & k\lambda^{k-1} \\ 0 & \lambda^k \end{bmatrix}\boldsymbol{X}^{-1} \tag{5.22}$$

例題 5.6　2 次正方行列の対角化と累乗の数値計算

次の 3 つの正方行列は**例題 5.1**〜**例題 5.3** で求めたようにそれぞれ固有値・固有ベクトルを持つ．この 3 つの正方行列の対角化を行い，その結果をもとに正方行列の k 乗を計算しなさい．

(1).
$$\begin{bmatrix} 3 & 2 \\ 1 & 2 \end{bmatrix}$$

(2).
$$\begin{bmatrix} 1 & -2 \\ 2 & -3 \end{bmatrix}$$

(3).
$$\begin{bmatrix} 1 & -2 & 1 \\ 3 & 2 & 1 \\ 1 & 5 & -1 \end{bmatrix}$$

解答

(1). 例題 5.1 で求めたように，問題の 2 次正方行列の固有値と固有ベクトルは以下であった．

$$固有値\ \lambda_1 = 1 \quad \rightarrow \quad 固有ベクトル\ \boldsymbol{x_1} = {}^t(-1, 1)$$

$$\text{固有値 } \lambda_2 = 4 \quad \rightarrow \quad \text{固有ベクトル } \boldsymbol{x_1} =^t (2, 1)$$

固有ベクトルから作る2次正方行列 $\boldsymbol{X}$ は，

$$\boldsymbol{X} = \begin{bmatrix} -1 & 2 \\ 1 & 1 \end{bmatrix}$$

であるので，$\boldsymbol{X}$ の逆行列 $\boldsymbol{X}^{-1}$ は次のようになる．

$$\boldsymbol{X}^{-1} = -\frac{1}{3}\begin{bmatrix} 1 & -2 \\ -1 & -1 \end{bmatrix} = \frac{1}{3}\begin{bmatrix} -1 & 2 \\ 1 & 1 \end{bmatrix}$$

したがって，2次正方行列 $\boldsymbol{A}$ の対角化は，

$$\boldsymbol{X}^{-1}\boldsymbol{A}\boldsymbol{X} = \frac{1}{3}\begin{bmatrix} -1 & 2 \\ 1 & 1 \end{bmatrix}\begin{bmatrix} 3 & 2 \\ 1 & 2 \end{bmatrix}\begin{bmatrix} -1 & 2 \\ 1 & 1 \end{bmatrix} = \begin{bmatrix} 1 & 0 \\ 0 & 4 \end{bmatrix}$$

次に，2次正方行列 $\boldsymbol{A}$ の累乗を計算すると，(5.15) より，

$$\frac{1}{3}\begin{bmatrix} -1 & 2 \\ 1 & 1 \end{bmatrix}\begin{bmatrix} 3 & 2 \\ 1 & 2 \end{bmatrix}^k\begin{bmatrix} -1 & 2 \\ 1 & 1 \end{bmatrix} = \begin{bmatrix} 1^k & 0 \\ 0 & 4^k \end{bmatrix}$$

したがって，

$$\begin{bmatrix} 3 & 2 \\ 1 & 2 \end{bmatrix}^k = \begin{bmatrix} -1 & 2 \\ 1 & 1 \end{bmatrix}\begin{bmatrix} 1^k & 0 \\ 0 & 4^k \end{bmatrix}\begin{bmatrix} -\frac{1}{3} & \frac{2}{3} \\ \frac{1}{3} & \frac{1}{3} \end{bmatrix} = \frac{1}{3}\begin{bmatrix} 1 + 2^{1+2k} & -2 + 2^{1+2k} \\ -1 + 4^k & 2 + 4^k \end{bmatrix}$$

(2). 例題5.2で求めたように，この2次正方行列はただ1組の固有値と固有ベクトルをもつ．

$$\text{固有値 } \lambda_1 = -1 \quad \rightarrow \quad \text{固有ベクトル } \boldsymbol{x_1} =^t (1, 1)$$

1組の固有値・固有ベクトルをもつケースであるから，例題5.5の2次正方行列の対角化の方法を用いる．そこで，あらたな列ベクトルを $\boldsymbol{x_2} =^t (x_{12}, x_{22})$ として，(5.18) を充たす $\boldsymbol{x_2}$ を求める．

$$\begin{bmatrix} 1 & -2 \\ 2 & -3 \end{bmatrix}\begin{bmatrix} x_{12} \\ x_{22} \end{bmatrix} = \begin{bmatrix} 1 \\ 1 \end{bmatrix} + (-1) \times \begin{bmatrix} x_{12} \\ x_{22} \end{bmatrix}$$

上式を展開して，

$$x_{12} - 2x_{22} = 1 - x_{12}$$
$$2x_{12} - 3x_{22} = 1 - x_{22}$$

これらは共に，$x_{12} = \frac{1}{2} + x_{22}$ であるから，(5.18) を充たす $\boldsymbol{x_2}$ のひとつは，

$$\boldsymbol{x_2} =^t (1, \frac{1}{2})$$

である．したがって，固有ベクトル $\boldsymbol{x_1}$ と新たに作成した $\boldsymbol{x_2}$ からなる 2 次正方行列 $\boldsymbol{X} =^t (\boldsymbol{x_1}, \boldsymbol{x_2})$ は次のようになる．

$$\boldsymbol{X} = \begin{bmatrix} 1 & 1 \\ 1 & \frac{1}{2} \end{bmatrix}$$

$\boldsymbol{X}$ の逆行列 $\boldsymbol{X^{-1}}$ を求めておく．

$$\boldsymbol{X^{-1}} = -2 \times \begin{bmatrix} \frac{1}{2} & -1 \\ -1 & 1 \end{bmatrix} = \begin{bmatrix} -1 & 2 \\ 2 & -2 \end{bmatrix}$$

以上から，次の関係を導くことができる．

$$\boldsymbol{X^{-1}AX} = \begin{bmatrix} -1 & 2 \\ 2 & -2 \end{bmatrix} \begin{bmatrix} 1 & -2 \\ 2 & -3 \end{bmatrix} \begin{bmatrix} 1 & 1 \\ 1 & \frac{1}{2} \end{bmatrix} = \begin{bmatrix} -1 & 1 \\ 0 & -1 \end{bmatrix}$$

上式の両辺の k 累乗を計算すると (5.20) より，

$$\boldsymbol{X^{-1}A^kX} = \begin{bmatrix} (-1)^k & k(-1)^{k-1} \\ 0 & (-1)^k \end{bmatrix}$$

したがって，2 次正方行列 $\boldsymbol{A}$ の累乗は次のようになる．

$$\boldsymbol{A^k} = \begin{bmatrix} 1 & 1 \\ 1 & \frac{1}{2} \end{bmatrix} \begin{bmatrix} (-1)^k & k(-1)^{k-1} \\ 0 & (-1)^k \end{bmatrix} \begin{bmatrix} -1 & 2 \\ 2 & -2 \end{bmatrix} = \begin{bmatrix} (-1)^k(1-2k) & 2k(-1)^k \\ -2(-1)^k k & (-1)^k(1+2k) \end{bmatrix}$$

(3). 例題 5.3 で求めたように，問題の 3 次正方行列の固有値と固有ベクトルは以下であった．

$$\text{固有値 } \lambda_1 = -1 \rightarrow \quad \text{固有ベクトル } \boldsymbol{x_1} =^t (-5, 1, 12)$$

$$\text{固有値 } \lambda_2 = 1 \quad \rightarrow \quad \text{固有ベクトル } \boldsymbol{x_1} =^t (-1, 1, 2)$$

$$\text{固有値 } \lambda_3 = 2 \quad \rightarrow \quad \text{固有ベクトル } \boldsymbol{x_1} =^t (-1, 2, 3)$$

固有ベクトルから作る 3 次正方行列 $\boldsymbol{X}$ は，

$$\boldsymbol{X} = \begin{bmatrix} -5 & -1 & -1 \\ 1 & 1 & 2 \\ 12 & 2 & 3 \end{bmatrix}$$

であるので，$\boldsymbol{X}$ の逆行列 $\boldsymbol{X}^{-1}$ は次のようになる．

$$\boldsymbol{X}^{-1} = -\frac{1}{6} \begin{bmatrix} -1 & 1 & -1 \\ 21 & -3 & 9 \\ -10 & -2 & -4 \end{bmatrix} = \frac{1}{6} \begin{bmatrix} 1 & -1 & 1 \\ -21 & 3 & -9 \\ 10 & 2 & 4 \end{bmatrix}$$

したがって，3 次正方行列 $\boldsymbol{A}$ の対角化は，

$$\boldsymbol{X}^{-1}\boldsymbol{A}\boldsymbol{X} = \frac{1}{6}\begin{bmatrix} 1 & -1 & 1 \\ -21 & 3 & 9 \\ 10 & 2 & 4 \end{bmatrix}\begin{bmatrix} 1 & -2 & 1 \\ 3 & 2 & 1 \\ 1 & 5 & -1 \end{bmatrix}\begin{bmatrix} -5 & -1 & -1 \\ 1 & 1 & 2 \\ 12 & 2 & 3 \end{bmatrix} = \begin{bmatrix} -1 & 0 & 0 \\ 0 & 1 & 0 \\ 0 & 0 & 2 \end{bmatrix}$$

次に，3 次正方行列 $\boldsymbol{A}$ の累乗を計算すると，(5.15) より，

$$\frac{1}{6}\begin{bmatrix} 1 & -1 & 1 \\ -21 & 3 & 9 \\ 10 & 2 & 4 \end{bmatrix}\begin{bmatrix} 1 & -2 & 1 \\ 3 & 2 & 1 \\ 1 & 5 & -1 \end{bmatrix}^k\begin{bmatrix} -5 & -1 & -1 \\ 1 & 1 & 2 \\ 12 & 2 & 3 \end{bmatrix} = \begin{bmatrix} (-1)^k & 0 & 0 \\ 0 & 1^k & 0 \\ 0 & 0 & 2^k \end{bmatrix}$$

したがって，

$$\begin{bmatrix} 1 & -2 & 1 \\ 3 & 2 & 1 \\ 1 & 5 & -1 \end{bmatrix}^k = \frac{1}{6}\begin{bmatrix} -5 & -1 & -1 \\ 1 & 1 & 2 \\ 12 & 2 & 3 \end{bmatrix}\begin{bmatrix} (-1)^k & 0 & 0 \\ 0 & 1^k & 0 \\ 0 & 0 & 2^k \end{bmatrix}\begin{bmatrix} 1 & -1 & 1 \\ -21 & 3 & 9 \\ 10 & 2 & 4 \end{bmatrix}$$

$$= \begin{bmatrix} \frac{7}{2} - \frac{5\,(-1)^k}{6} - \frac{5\times 2^k}{3} & -\frac{1}{2} + \frac{5\,(-1)^k}{6} - \frac{2^k}{3} & \frac{3}{2} - \frac{5\,(-1)^k}{6} - \frac{2^{1+k}}{3} \\ -\frac{7}{2} + \frac{(-1)^k}{6} + \frac{5\times 2^{1+k}}{3} & \frac{1}{2} - \frac{(-1)^k}{6} + \frac{2^{1+k}}{3} & -\frac{3}{2} + \frac{(-1)^k}{6} + \frac{2^{2+k}}{3} \\ -7 + 2\,(-1)^k + 5\times 2^k & 1 - 2\,(-1)^k + 2^k & -3 + 2\,(-1)^k + 2^{1+k} \end{bmatrix}$$

本章末の練習問題を行うこと．

練習問題

1．次の行列の固有値・固有ベクトルを求めなさい．

（1）

$$\begin{bmatrix} 1 & 4 \\ 1 & -2 \end{bmatrix}$$

（2）

$$\begin{bmatrix} \frac{1}{2} & 0 \\ -1 & \frac{1}{3} \end{bmatrix}$$

（3）

$$\begin{bmatrix} 1 & -2 & -3 \\ 1 & 3 & 1 \\ 0 & -2 & -2 \end{bmatrix}$$

2．練習問題 1 でもとめた固有値・固有ベクトルをもとに，次の行列の対角化と k 乗の計算をおこないなさい．

（1）

$$\begin{bmatrix} 1 & 4 \\ 1 & -2 \end{bmatrix}$$

（2）

$$\begin{bmatrix} \frac{1}{2} & 0 \\ -1 & \frac{1}{3} \end{bmatrix}$$

（3）

$$\begin{bmatrix} 1 & -2 & -3 \\ 1 & 3 & 1 \\ 0 & -2 & -2 \end{bmatrix}$$

第II部

ミクロ経済学の数学的方法

経済学は「希少な資源を用いて，どの財貨を生産し，誰に分配するかの研究」と定義されることがある．この定義によれば，資源が希少であり，選択が必要とされる状態は何でも経済学の研究対象になる．経済主体の最適選択を厳密に分析するためには，数学的最適化への理解が不可欠である．利用可能な資源や財の相対的な希少性がみられる場合は，とくに制約条件付き最適化問題の取り扱いを学ばなければならない．ミクロ経済学の基本構造を次のようにチャートで示すことができる．

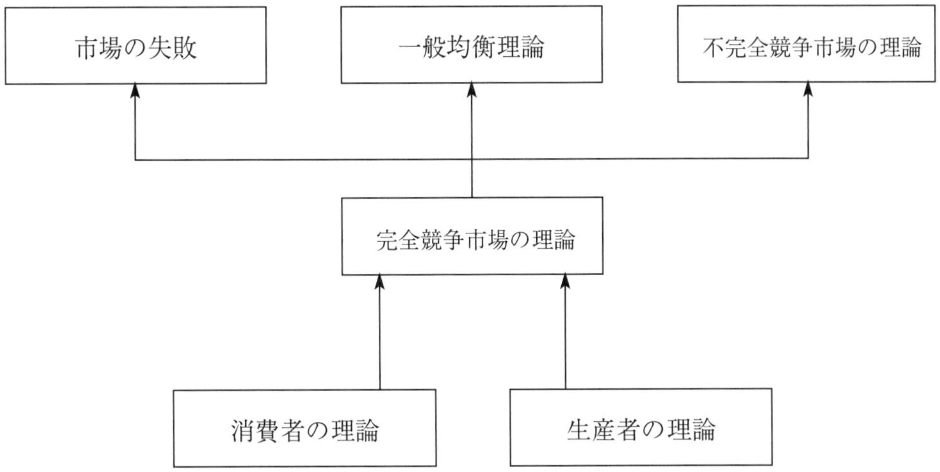

完全競争市場を支える消費者と生産者は，競争を通じて，最適化行動をとる．不完全競争では，競争が複雑になることで行動にバリエーションが生じる．市場の失敗では，目的関数の設定に工夫が必要となる．一般均衡理論では，パレート最適という基準が，個々の経済主体の最適化行動に制約を課すようになる．

第6章

消費者行動の理論

本章では，消費者がどのように財の需要量を決定するか，そしてどのようにして需要曲線が得られるかについて分析する．消費者は諸々の制約の下で欲望を最大限満たすように行動するが，消費者の理論には経済学の数学的分析に共通する考え方と分析方法が示されている．

6.1 消費者の行動

消費者は各財のいろいろな組み合わせに対して **選好**（preference）を持っている．経済学では，消費選択が論理整合的になされるように，選好に関して，**完全性**，**反射性**，**推移性**などの仮定が満たされていると想定する．この仮定のもとで，消費者は各財に対して完全な順序づけをもつことになる．その際，互いに無差別な財の組み合わせを結んだ軌跡が**無差別曲線**（indifference curve）である．

選　好		無差別曲線		効用関数
完全性・反射性・推移律	⟶	互いに交わらない		
単調性	⟶	右下がり	⟷	限界効用が正
		厚さを持たない		
強い意味の凸性	⟶	原点に対して凸 （限界代替率逓減の法則）	⟷	強い意味の準凹性 （限界効用逓減の法則）

表 6.1 消費者選好と無差別曲線

消費者は財を消費することによって欲望を充足させるが，このとき獲得できる満足度の大きさを **効用**（utility）という水準で表す．効用は財の消費量の関数として表すことができる．

効用関数

選好が完全，反射的，推移的，連続，かつ強く単調であるとする．このとき，この選好を表す連続な効用関数が存在する．

選択の問題は，最小で2財の選択から見出すことができるため，効用関数は2変数関数が仮定されることが多い．$u = u(x, y)$ のグラフを効用曲面という．片方の変数を固定すると，1変数に関する効用の変化を知ることができる．財の消費量が1単位増加したときに得られる，効

用の増分のことを **限界効用**（marginal utility）という．限界効用は消費量の増加にともなって低下する（**限界効用逓減の法則**）．

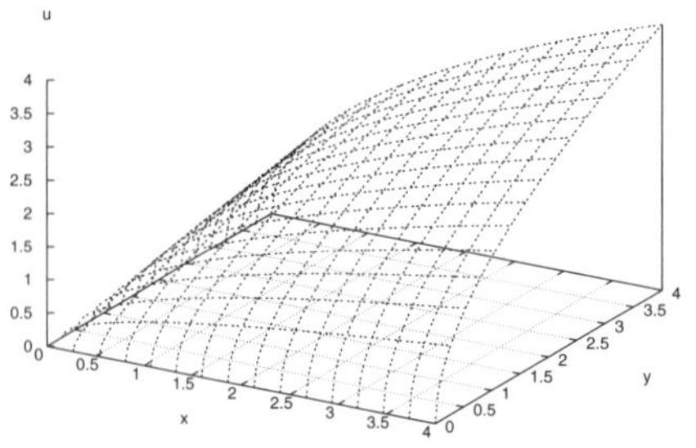

図 **6.1**　$u = \sqrt{x \cdot y}$ の効用曲面

効用水準が一定に維持されるようなすべての財の数量の組み合わせの軌跡を無差別曲線という．グラフでは，効用関数の等高線である．選好関係の凸性から，無差別曲線は原点に対して凸である．無差別曲線の接線の傾きを **限界代替率**（marginal rate of substitution）と呼ぶが，限界代替率は逓減する．無差別曲線が強凸関数であるためには，効用関数が強準凹関数である必要がある（補論を参照のこと）．

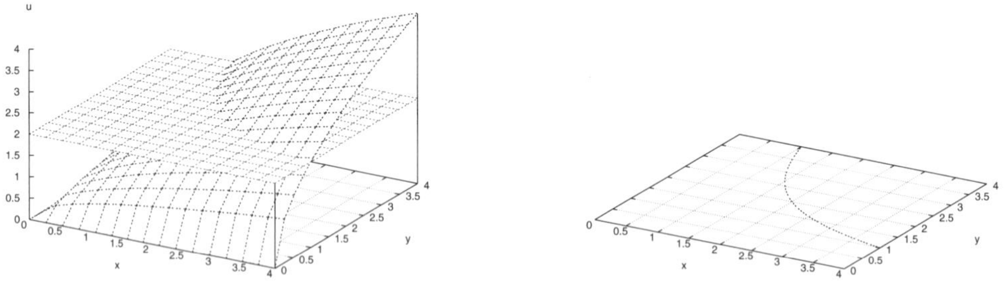

図 **6.2**　無差別曲線の導出

消費者理論の基本構造を図 6.3 のように示すことができる．所得と財の価格が**予算制約**を定める．また，**選好関係**または**効用関数**には，消費者の主観的な嗜好 (好み) が反映されている．

最適消費点

消費者は **効用最大化** を目的としている．もしも財の購入に際して何の制約もなければ，効

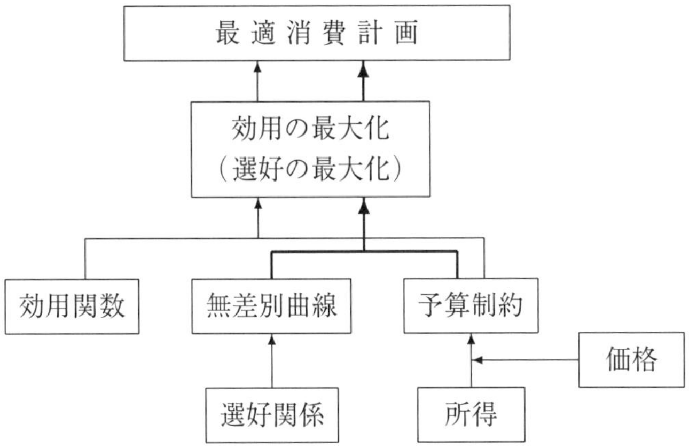

図 6.3 消費者理論の構造

用を最大にすることは簡単である．しかし，消費者は一定の予算の制約の下で財の購入をおこなわなければならない．与えられた価格の下でどのように財の需要量を決定するかを分析する．

例題 6.1

X 財と Y 財を消費するある個人の効用関数が，$U = X \cdot Y$〔U：効用水準，X：X 財の消費量，Y：Y 財の消費量〕で示されるとする．個人の所得は 200 であり，個人はすべての所得を 2 財の消費のために支出し，当初，X 財と Y 財の価格はともに 20 であったとする．

ここで，X 財の価格が 18 に，Y 財の価格が 8 に変化したときに，この個人の効用水準を価格変化前と同じにするためには，所得をいくら減少させればよいか．

1 40　**2** 50　**3** 60　**4** 70　**5** 80

平成 8 年度国家 I 種

解説 消費者の選択問題は本質的には制約条件付きの最大化問題であり，ラグランジュの未定乗数法を用いて解くことが可能である．

解答 X 財の価格を P_X，Y 財の価格を P_Y，所得を M とする．当初の効用水準を求めるには，まず，次のような制約付き最大化問題を解けばよい．

$$\begin{aligned} \max \quad & U = X \cdot Y \\ s.t. \quad & P_X X + P_Y Y = M \end{aligned}$$

この制約付き最大化問題を解くために，ラグランジュ関数を作る．

$$\mathcal{L} = X \cdot Y + \lambda(M - P_X X - P_Y Y)$$

最大化のための1階の条件を導くと，

$$\begin{aligned}\frac{\partial \mathcal{L}}{\partial X} &= Y - \lambda P_X = 0\\ \frac{\partial \mathcal{L}}{\partial Y} &= X - \lambda P_Y = 0\\ \frac{\partial \mathcal{L}}{\partial \lambda} &= M - P_X X - P_Y Y = 0\end{aligned}$$

となる．最大化のための2階条件がすべて満たされているならば，これらの条件式を整理して，未知数 X，Y，λ について解くことができる[1]．

最初の2つの方程式から

$$\lambda = \frac{Y}{P_X} = \frac{X}{P_Y}$$

となる．Y について X で解くと，$Y = \frac{P_X X}{P_Y}$ となる．これを予算制約式に代入すると，

$$P_X X + P_Y \left(\frac{P_X X}{P_Y}\right) = M$$

すなわち，

$$2P_X X = M$$

となる．これから，

$$\begin{aligned}X &= \frac{M}{2P_X}\\ Y &= \frac{M}{2P_Y}\\ \lambda &= \frac{M}{2P_X P_Y}\end{aligned}$$

が得られる．最初の2式が2財に対するマーシャルの需要関数である．このとき，関数 XY は最大値 $\dfrac{M^2}{4P_X P_Y}$ をとる．ここで，$P_X = P_Y = 20$，$M = 200$ であるならば，$X = Y = 5$ となり，$U = XY = 25$ となる．

一方，$P_X = 18$，$P_Y = 8$ であるならば，$X = \dfrac{M}{36}$，$Y = \dfrac{M}{16}$ となる．よって，効用水準が価格変化前と同じになるような M を求めると，

$$U = XY = \frac{M}{36} \times \frac{M}{16} = 25$$

より，$M = 120$ を得る．したがって，$200 - 120 = 80$ だけ所得を減少させればよい．**5** が正答である．

需要関数　財に対する需要量 (x_1^*, x_2^*) は，予算線と無差別曲線の接点から決まるので，予算線と無差別曲線の形状と位置に依存している．財の価格 (p_1, p_2) や消費者の持つ所得 M が変化すれば，無差別曲線の形状や位置は変化しないが，予算線の傾きや位置が変化するの

[1] 2階の条件は，縁付きヘッセ行列を使うと，次のように調べられる．

$$\begin{vmatrix} 0 & 1 & -P_X \\ 1 & 0 & -P_Y \\ -P_X & -P_Y & 0 \end{vmatrix} = 0 - 1 \cdot \begin{vmatrix} 0 & -P_X \\ -P_Y & 0 \end{vmatrix} - P_X \cdot \begin{vmatrix} 1 & -P_X \\ 0 & -P_Y \end{vmatrix} = 2P_X P_Y > 0$$

で，無差別曲線と予算線の接点が変化し，したがって財に対する需要量が変化する．このように，需要量は，財の価格と所得に依存していることが分かる．そこで，そのような対応関係を $x_i^* = f_i(p_1, p_2, M)$, $i = 1, 2$ と表すことにして，これを第 i 財に対する需要関数と呼ぶ．

6.2 与件の変化

価格は固定しておき，所得 M だけを増加させれば，予算線は外側へ平行移動する．この予算線の変化に応じた無差別曲線との接点の変化の軌跡を，**所得消費曲線** と呼ぶ．所得の増加に対して，需要が増加する財を **正常財**（normal goods）または上級財，逆に需要が減少する財を **劣等財**（inferior goods）または下級財と呼ぶ．所得の変化率に対する需要量の変化率を **需要の所得弾力性**（income elasticity of demand） といい，

$$\epsilon(M) = \frac{\frac{\Delta X}{X}}{\frac{\Delta M}{M}}$$

と表されるが，ΔM を 0 に近づけていった極限を考えると

$$\epsilon(M) = \frac{\partial X}{\partial M} \cdot \frac{M}{X}$$

が弾力性である．正常財は $\frac{\partial X}{\partial M} > 0$ であり，$\epsilon(M) > 0$ となる．劣等財は $\frac{\partial X}{\partial M} < 0$ であり，$\epsilon(M) < 0$ となる．また，$1 > \epsilon(M) > 0$ の場合，財は必需品（necessities）であり，$\epsilon(M) > 1$ の場合，財は奢侈品（luxury goods）である．

価格だけが変化した場合，予算線はどちらかの切片を固定したままで動く．これらの予算線と無差別曲線との接点の軌跡を，**価格消費曲線** と呼ぶ．X 財価格 P_X の下落に対して X 財への需要が増加するとき，X 財への需要曲線は右下がりとなる．需要曲線が右下がりの時に，需要法則が成立するという．価格の変化率に対する需要量の変化率を **需要の価格弾力性**（price elasticity of demand）といい，

$$\epsilon(P_X) = -\frac{\frac{\Delta X}{X}}{\frac{\Delta P_X}{P_X}}$$

と表されるが，ΔP_X を 0 に近づけていった極限を考えると

$$\epsilon(P_X) = -\frac{\partial X}{\partial P_X} \cdot \frac{P_M}{X}$$

が弾力性である．先頭にマイナスの符号を付けるのは弾力性の値が正となるようにするためである．弾力性の値に応じて，$0 \leq \epsilon(P_X) < 1$ の場合を非弾力的（inelastic）であるといい，$\epsilon(P_X) > 1$ の場合を弾力的（elastic）であるという．

X 財の価格 P_X の下落は，価格比を変化させると同時に，持っている所得 M の実質購買力も変化させている．これらの 2 つの変化のもたらす効果を別々に分けて考えてみる．図 6.4 にあるように，X 財価格の下落前の予算線と無差別曲線の接点を A，下落後の予算線と無差別曲線の接点を B，点 A を通る無差別曲線が第 1 財価格の下落後の予算線を平行移動した点線と接する点を C とおく．A から B への「価格効果」による変化を，A から C への「代替効果」による変化と，C から B への「所得効果」による変化に分ける考え方を，**スルツキー分解**（Slutsky decomposition）という．

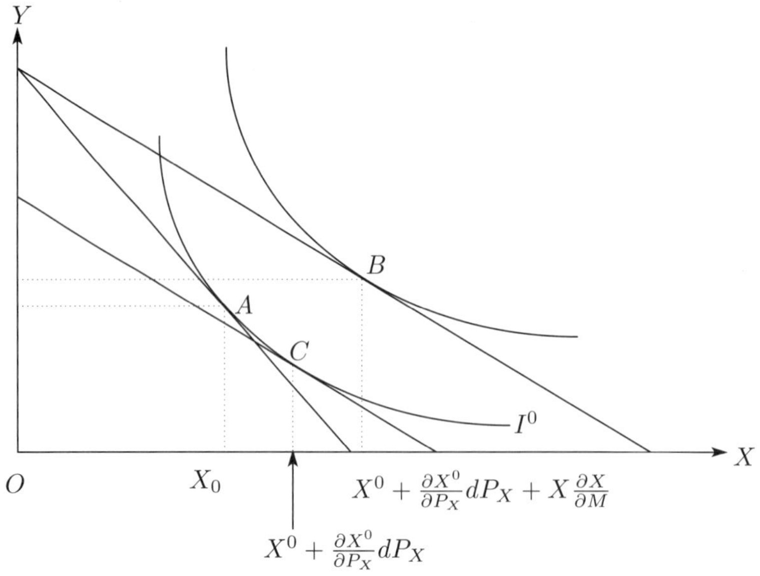

図 6.4　代替効果と所得効果

点 C には，次のような意味がある．効用水準を点 A を通る無差別曲線 I^0 に固定しておいて，この無差別曲線上の点しか選べないとする．このとき,「与えられた効用水準を実現するときの支出の最小化」という観点から見れば，価格比が $\frac{P_X}{P_Y}$ であれば点 A が最適で，価格比が $\frac{P'_X}{P_Y}$ であれば点 C が最適であることが分かる．したがって，X 財の価格が下落すれば，それに伴い所得の実質購買力が増加するが，それを点 A を通る無差別曲線上の点しか選べないように減少させる．所得の実質購買力が変化しなくて，価格比の変化（$\frac{P_X}{P_Y}$ から $\frac{P'_X}{P_Y}$ へ）だけが生じたとすれば，点 A から点 C へという代替効果の変化のみが起きたはずである．

財が 2 種類の場合には無差別曲線が原点に対して凸であれば，X 財価格の下落は X 財に対する需要を増加させる．X 財の価格が下落すれば，所得の実質購買力を引き上げる．所得の増加に対して，正常財であれば需要が増加し，劣等財であれば需要は減少する．たとえ X 財が劣等財であっても，代替効果が所得効果を凌駕する場合には，X 財価格の下落は X 財に対する需要を増加させる．しかし X 財の劣等の度合いが強く，所得効果が代替効果を凌駕すれば，X 財価格の下落は X 財に対する需要を減少させる．この場合に，X 財を **ギッフェン財**（Giffen goods）と呼ぶ．

例題 6.2

すべての所得を X 財と Y 財の購入に支出し効用最大化を図るある個人の効用関数が，

$$U = X(Y+5) \qquad 〔U：効用水準, X：X 財の消費量, Y：Y 財の消費量〕$$

で示されている．このとき X 財はどのような財であるか．

1 ぜいたく品である．

2 必需品である．

3 下級財である．

4 個人の所得水準に依存して，ぜいたく品にも必需品にもなりうる．

5 個人の所得水準に依存して，上級財にも下級財にもなりうる．

平成 12 年度地方上級

解答 X 財の価格を P_X，Y 財の価格を P_Y，所得を M とする．まず，次のような最大化問題を解き，効用を最大にする X 財の消費量を求める．

$$\begin{aligned} \max \qquad & U = X(Y+5) \\ s.t. \qquad & P_X X + P_Y Y = M \end{aligned}$$

この制約付き最大化問題を解くために，ラグランジュ関数を作る．

$$\mathcal{L} = X \cdot Y + \lambda(M - P_X X - P_Y Y)$$

最大化のための 1 階の条件を導くと，

$$\begin{aligned} \frac{\partial \mathcal{L}}{\partial X} &= Y + 5 - \lambda P_X = 0 \\ \frac{\partial \mathcal{L}}{\partial Y} &= X - \lambda P_Y = 0 \\ \frac{\partial \mathcal{L}}{\partial \lambda} &= M - P_X X - P_Y Y = 0 \end{aligned}$$

となる．最大化のための 2 階条件がすべて満たされているならば，これらの条件式を整理して，未知数 X，Y，λ について解くことができる．

最初の 2 つの方程式から

$$\lambda = \frac{Y+5}{P_X} = \frac{X}{P_Y}$$

となる．Y について X で解くと，$Y = \frac{P_X X}{P_Y} - 5$ となる．これを予算制約式に代入すると，

$$P_X X + P_Y \left(\frac{P_X X}{P_Y} - 5 \right) = M$$

すなわち，

$$2P_X X = M + 5P_Y$$

となる．これから，

$$X = \frac{M}{2P_X} + \frac{5P_Y}{2P_X}$$

が得られる．

この式から，右辺の所得 M が増加すると左辺の X も増加することがわかるので，X 財は上級財である．上級財にはぜいたく品と必需品があるが，それを見分けるために需要の所得弾力性 ϵ を見ていく．

$$\epsilon(M) = \frac{\partial X}{\partial M} \cdot \frac{M}{X}$$

ここで，所得弾力性と M との関係を見るために，X の最適値を代入する．

$$\epsilon(M) = \frac{1}{2P_X} \cdot \frac{M}{\frac{M}{2P_X} + \frac{5P_Y}{2P_X}} = \frac{M}{M + 5P_Y}$$

この式から分母の方が分子より大きく，X 財の需要の所得弾力性 $\epsilon(M)$ は 1 より小さいことがわかる．したがって，X 財は必需品である．

以上から，**2** が正答である．

6.3　消費者理論の応用

消費者の理論を応用して，いくつかの経済行動を分析できる．

労働供給の理論

合理的な個人は，効用が最大となるように，所得 M と余暇時間の配分を決定する．

例題 6.3

ある個人は労働 L を供給し，得た賃金のすべてを x 財の購入に支出し，個人の効用関数は，

$$u = x(24 - L) \quad (\text{ただし}, 0 \leqq L \leqq 24)$$

〔u：効用水準，x：x 財の消費量，L：労働供給量〕

で示されるとする．x 財の税抜き価格が 200，賃金率が 515 であるとき，個人の x 財の消費量はいくらか．ただし，x 財の購入には 3% の消費税が賦課されるものとする．

1　10　　**2**　20　　**3**　30　**4**　40　**5**　50

平成 8 年度地方上級

解説　x 財購入のための支出額は労働からの所得と等しい．

解答　X 財の税込みの価格は，$200 \times 1.03 = 206$ であるから，所得制約式は，

$$206x - 515L = 0$$

したがって，次のような制約付き最大化問題を解けばよい．

$$\max \quad u = x(24 - L)$$
$$s.t. \quad 206x - 515L = 0$$

この制約付き最大化問題を解くために，ラグランジュ関数を作る．

$$\mathcal{L} = x(24 - L) + \lambda(0 - 206x + 515L)$$

最大化のための 1 階の条件を導くと，

$$\begin{aligned}\frac{\partial \mathcal{L}}{\partial x} &= 24 - L - 206\lambda = 0 \\ \frac{\partial \mathcal{L}}{\partial L} &= -x + 515\lambda = 0 \\ \frac{\partial \mathcal{L}}{\partial \lambda} &= 0 - 206x + 515L = 0\end{aligned}$$

となる．最大化のための 2 階条件がすべて満たされているならば，これらの条件式を整理して，未知数 x，L，λ について解くことができる．

最初の 2 つの方程式から

$$\lambda = \frac{24 - L}{206} = \frac{x}{515}$$

となる．L について x で解くと，$L = 24 - \frac{206}{515}x$ となる．これを予算制約式に代入すると，

$$-206x + 515\left(24 - \frac{206}{515}x\right) = 0$$

となる．これから，

$$\begin{aligned}x &= 30 \\ L &= 12 \\ \lambda &= \frac{6}{103}\end{aligned}$$

よって，正答は **3** である．

練習問題

1．ある財に対する需要曲線が以下の式で与えられている．

$$Q = \frac{1}{P} + 2$$

P が2のときの，需要の価格弾力性（絶対値）はいくらか．ただし，P はこの財の価格を，Q は需要量を表す．

1　0.2　　**2**　0.4　　**3**　0.6　　**4**　0.8　　**5**　1

平成10年度国家II種

2．ある個人は第1期において得た100万円の所得を2期間にわたって全部支出する．個人の効用関数は，

$$u = C_1C_2 \qquad 〔u：効用水準, C_i：第 i 期の支出額 (i = 1, 2)〕$$

で示され，個人の第1期における貯蓄には5%の利子がつくものとする．

個人は効用最大化を図るものとすると，個人の第1期の貯蓄額はいくらか．ただし，個人の第1期の所得と第2期の利子収入には10%の所得税が賦課されるものとする．

1　40万円　　**2**　45万円　　**3**　50万円　**4**　55万円　**5**　60万円

平成7年度地方上級

補論：関数の凹性と凸性

関数の最大値や最小値を厳密に求める場合には，定義域の端点と，定義域の内部にあるいくつかの極大点や極小点を比較する必要がある．経済学の最大化問題（最小化問題）では，極大値（local maximum）（極小値（local minimum））が，定義内のすべてに対して最大値（global maximum）（最小値（global minimum））であることが多いが，厳密には次のような条件を調べる必要がある．

凹性（concavity）

関数 $f(x)$ が，任意の 2 点 x と x' と任意の $t(0 \leqq t \leqq 1)$ に対して

$$tf(x) + (1-t)f(x') \leqq f(tx + (1-t)x')$$

を満たすとき，関数 $f(x)$ は凹関数という．

上述の式が，任意の $t(0 < t < 1)$ に対して厳密な不等号 $(<)$ で成立するとき，関数 f を「強い意味での凹関数」という．

2 回微分可能な関数 f が凹関数であるための必要十分条件はヘッセ行列が半負値定符号であることであり，強い意味での凹関数であるための必要十分条件はヘッセ行列が負値定符号であることである．これらの条件のもとで，極大化の 1 階条件を満たす点は最大点となる．

制約条件付きの最大化問題，またしたがって縁付きヘッセ行列は，準凹性と関係が深い．

準凹性（quasi-concavity）

$f(x)' \geqq f(x)$ を満たす任意の 2 点 x と x' と任意の $t(0 \leqq t \leqq 1)$ に対して

$$f(tx' + (1-t)x) \geqq f(x)$$

を満たすとき，関数 $f(x)$ は準凹関数という．

上述の式が，任意の $t(0 < t < 1)$ に対して厳密な不等号 $(>)$ で成立するとき，関数 f を「強い意味での準凹関数」という．

極小点が最小点であるためには，関数の凸性（convexity）を考えるが，上述の議論は凸性へ変換できるので省略する．

第 7 章

生産者の理論

本章では，生産者である企業がどのように行動するのかを分析する．企業は，土地，労働，資本等の生産要素用である資源を用いて，財およびサービスを生産し，それを市場で販売し，利潤を獲得する．本章では，生産者である企業が与えられた価格の下でどのように行動するのかを分析する．

7.1 生産関数

企業は，労働や原材料などの投入物（input）を使って産出物（output）を生産する．生産要素の投入量と産出量との技術的関係を示した関数を **生産関数**（production function）という．その際，生産要素は無限に可分割で，同質財が生産される．生産物の産出量を y，要素投入量を $x_1, x_2, \ldots, x_n$ とすると生産関数は次のように表せる．

生産要素 $\longrightarrow$ ［生 産］ $\longrightarrow$ 財・サービス

$x_1, x_2, \ldots, x_n$　　f　　y

$$\Downarrow$$

$$y = f(x_1, x_2, \ldots, x_n)$$

図 7.1　生産活動の関数表現

生産関数は，効用関数と同じような性質を持っている．x_i を 1 単位増加した場合の生産量 y の増加量 $\frac{\partial y}{\partial x_i}$ は **限界生産力**（marginal production）あるいは **限界生産物**（marginal product）とよばれる．x_i を増加させた場合は，生産量は増加するが，増加する分量はしだいに減少していく（**限界生産力逓減の法則**）．

$$\frac{\partial f}{\partial x_i} > 0, \ \frac{\partial^2 f}{\partial {x_i}^2} < 0$$

生産関数の等高線を **等量曲線**（isoquant）というが，無差別曲線と同じような性質をもつ．

等量曲線

等量曲線は，ある生産量を生産可能な生産要素の組合せの軌跡である．

例題 7.1

次の生産関数の中で，労働・資本ともに限界生産力逓減で，規模に関しては収穫逓増のものはどれか．ただし，Y は生産量，A は技術，K は資本，L は労働を表している．

1　$Y = AK^{0.5}L^{0.5}$　**2**　$Y = AK^{0.6}L^{0.3}$　**3**　$Y = AK^{0.7}L^{0.3}$

4　$Y = AK^{0.9}L^{0.2}$　**5**　$Y = AK^{1.1}L^{0.2}$

平成 12 年度地方上級

解説　すべての投入物を増やしたときを規模の拡大という．

解答　生産関数を $Y = AK^aL^b$ とする．資本 K に関して微分する．

$$\text{1 階の微分}\quad \frac{\partial Y}{\partial K} = aK^{a-1}L^b$$

$$\text{2 階の微分}\quad \frac{\partial^2 Y}{\partial K^2} = \frac{\partial\left(aK^{a-1}L^b\right)}{\partial K} = (a-1)aK^{a-1-1}L^b = a(a-1)K^{a-2}L^b$$

$\frac{\partial Y}{\partial K}$ が資本 K の限界生産力である．2 階の微分 $\frac{\partial^2 Y}{\partial K^2}$ が負の場合に限界生産力が逓減するが，これは $0 < a < 1$ のときである．2 階の微分 $\frac{\partial^2 Y}{\partial K^2}$ が正の場合に限界生産力が逓増するが，これは $a > 1$ のときである．したがって，資本の限界生産力が逓減するのは **1**〜**4** である．

同様にして，労働 L の限界生産力 $\frac{\partial Y}{\partial L}$ は，$0 < b < 1$ のときに逓減し，$b > 1$ のときに逓増する．**1**〜**4** はいずれも労働の限界生産力が逓減する．

生産要素をそれぞれ λ 倍してみよう．

$$A(\lambda K)^a(\lambda L)^b = A\lambda^aK^a\lambda^bK^b = \lambda^{a+b}AK^aL^b = \lambda^{a+b}Y$$

最初の生産量 $Y = AK^aL^b$ が，λ^{a+b} 倍されることがわかる．

$a + b < 1$ ならば，$A(\lambda K)^a(\lambda L)^b < \lambda Y$ となり，**規模に関して収穫逓減**と呼ばれる．

$a + b = 1$ ならば，$A(\lambda K)^a(\lambda L)^b = \lambda Y$ となり，**規模に関して収穫一定**と呼ばれる．

$a + b > 1$ ならば，$A(\lambda K)^a(\lambda L)^b > \lambda Y$ となり，**規模に関して収穫逓増**と呼ばれる．

1〜**4** の内，規模に関して収穫逓増のものは，**4** である．

7.2　生産関数と利潤の最大化

企業は，その生産物を市場で販売し，**利潤** を獲得する．利潤は，収入と費用との差である．経済学では，企業はこの利潤を最大化することを目標にしていると考えている．

市場では，他の企業との競争関係を考える必要がある．このときの問題は，(1) 自分の行動が市場に影響を与えるか与えないか，(2) もしも与えるならばどのような影響かという点である．自分の行動が市場に影響を与えないような主体を **価格受容者**（price taker）と呼ぶ．

標準的な市場として，**完全競争**（perfect competition）を想定しよう．個々の企業は価格受容者として行動する．生産物の価格を p，要素価格を $w_1, w_2, \ldots, w_n$ とすると **利潤関数**（profit function）は次のように表せる．

$$\begin{aligned}\pi &= py - (w_1x_1 + w_2x_2 + \cdots + w_nx_n)\\ &= pf(x_1, x_2, \ldots, x_n) - (w_1x_1 + w_2x_2 + \cdots + w_nx_n)\end{aligned}$$

価格受容者にとって，価格は市場全体で決定された所与の値として扱われる．説明を簡単にするために，いま，資本と労働を投入して産出物を生産する生産者を想定しよう．労働 L と資本 K による産出量 y の生産関数は $y=f(L,K)$ と表せる．総費用関数は，労働賃金 w と資本利子 r（K の一単位当たりの価格で，金利と減価償却費の和）により，$C=wL+rK$ となる．企業が直面する利潤最大化問題は

$$\pi = pf(L,K) - wL - rK$$

である．

最大化のための 1 階の条件を導くと，

$$\begin{aligned} \frac{\partial \pi}{\partial L} &= p\frac{\partial f}{\partial L} - w = 0 \\ \frac{\partial \pi}{\partial K} &= p\frac{\partial f}{\partial K} - r = 0 \end{aligned}$$

ゆえに，

$$p\frac{\partial f}{\partial L} = w \tag{7.1}$$

$$p\frac{\partial f}{\partial K} = r \tag{7.2}$$

となる．すなわち，生産要素の**限界価値生産物**が要素価格に等しい．(7.2) を (7.1) で割ると，次の条件を導出することができる．

$$\frac{p\frac{\partial f}{\partial K}}{p\frac{\partial f}{\partial L}} = \frac{\frac{\partial f}{\partial K}}{\frac{\partial f}{\partial L}} = \frac{r}{w} \tag{7.3}$$

限界生産力の比は，**技術的限界代替率**（marginal rate of substitution）と呼ばれる．(7.3) は限界代替率が要素価格比に等しいという条件である．

要素需要　(7.1) と (7.2) の条件は，生産要素の限界価値生産物が当該生産要素の価格と等しくなるように生産要素を需要することを意味している．生産物価格 p は一定であるから，要素価格が上昇すると限界生産力を増加させるために生産要素の投入を減少させる．このため要素需要量は要素価格に関して右下がりとなるのである．

7.3 生産方法の決定

前節では，利潤最大化問題そのものを直接扱うことによって，競争市場における企業の利潤最大化行動を分析した．しかし，このような直接的なアプローチをとらなくても，この問題を考察できる．ある与えられた産出水準を生産する費用をいかにして最小にするかという問題を調べみよう．

費用最小化問題

生産要素が 2 種類以上ある場合，費用最小化の問題は，生産要素の代替の問題である．例えば L を多く雇用して K をあまり使わなくても，逆に L の雇用を少なくして K を増やすこと

でも，同じ量を生産できるからである．財の価格を p として，次のような制約付き最小化問題を考えよう．

$$\begin{aligned} \min \quad & wL + rK \\ s.t. \quad & f(L,K) = y^0 \end{aligned}$$

この制約付き最小化問題を解くために，ラグランジュ関数を作る．

$$\mathcal{L} = wL + rK + \lambda\left(y^0 - f(L,K)\right)$$

最大化のための1階の条件を導くと，

$$\begin{aligned} \frac{\partial \mathcal{L}}{\partial L} &= w - \lambda \frac{\partial f}{\partial L} = 0 \\ \frac{\partial \mathcal{L}}{\partial K} &= r - \lambda \frac{\partial f}{\partial K} = 0 \\ \frac{\partial \mathcal{L}}{\partial \lambda} &= f(L,K) - y^0 = 0 \end{aligned}$$

となる．最小化のための2階条件がすべて満たされているならば，これらの条件式を整理して，未知数 L，K，λ について解くことができるが，とくに初めの2本の式から次の条件を導出することができる．

$$\frac{r}{w} = \frac{\frac{\partial f}{\partial K}}{\frac{\partial f}{\partial L}}$$

すなわち，費用最小化の条件は，要素価格の比が限界生産力の比（技術的限界代替率）と等しいことである．さらにこの関係を書き換えて,「各インプットの限界生産力をその価格で割った値がすべて等しい」と表すこともできる．この関係を**加重限界生産力均等の法則**という．

$$\frac{\frac{\partial f}{\partial L}}{w} = \frac{\frac{\partial f}{\partial K}}{r}$$

費用最小化問題の解は，w, r, y によって決まる．そこでこの解を

$$c(w,r,y)$$

と書くことにしよう．この関数は **費用関数**（cost function）として知られるが，費用関数を使うことで企業の理論を容易に議論できることになる．

費用関数

費用関数は，所与の産出水準を生産する最小費用である．

例題 7.2

ある企業の生産関数が,

$$y = L^{\frac{1}{2}}K^{\frac{1}{2}} \qquad \text{〔}y\text{：生産量},\ L\text{：労働投入量},\ K\text{：資本投入量〕}$$

で与えられているとする．また，賃金率を w，資本のレンタルコストを r とする．

このとき，この企業の限界費用関数（MC）および平均費用関数（AC）の組合せとして正しいのはどれか．

1 $MC = 2r^{\frac{1}{2}}w^{\frac{1}{2}}$ $AC = 2r^{\frac{1}{2}}w^{\frac{1}{2}}$

2 $MC = 2r^{\frac{1}{2}}w^{\frac{1}{2}}$ $AC = yr^{\frac{1}{2}}w^{-\frac{1}{2}}$

3 $MC = r^{\frac{1}{2}}w^{\frac{1}{2}}$ $AC = r^{\frac{1}{2}}w^{\frac{1}{2}}$

4 $MC = 2yr^{\frac{1}{2}}w^{\frac{1}{2}}$ $AC = yr^{\frac{1}{2}}w^{-\frac{1}{2}}$

5 $MC = 2yr^{\frac{1}{2}}w^{\frac{1}{2}}$ $AC = 2r^{\frac{1}{2}}w^{\frac{1}{2}}$

平成 13 年度国家 I 種

解説 費用最小化問題から長期費用関数が導出されることに注目する．

解答 一定の生産量 Y^* に対する費用最小化問題は

$$\begin{aligned} \min \quad & wL + rK \\ s.t. \quad & L^{\frac{1}{2}}K^{\frac{1}{2}} = y^* \end{aligned}$$

ということになる．それゆえに，ラグランジュ関数は

$$\mathcal{L} = wL + rK + \lambda\left(y^* - L^{\frac{1}{2}}K^{\frac{1}{2}}\right)$$

となる．この解は次の 3 つの方程式によって決定される．

$$\begin{aligned} \frac{\partial \mathcal{L}}{\partial L} &= w - \frac{1}{2}\lambda L^{-\frac{1}{2}}K^{\frac{1}{2}} = 0 \\ \frac{\partial \mathcal{L}}{\partial K} &= r - \frac{1}{2}\lambda L^{\frac{1}{2}}K^{-\frac{1}{2}} = 0 \\ \frac{\partial \mathcal{L}}{\partial \lambda} &= L^{\frac{1}{2}}K^{\frac{1}{2}} - y^* = 0 \end{aligned}$$

2 階の条件がすべて満たされているならば，これらの条件式を整理して，未知数 L，K，λ について解くことができる．最初の 2 つの方程式から，

$$\frac{1}{2}\lambda = wL^{\frac{1}{2}}K^{-\frac{1}{2}} = rL^{-\frac{1}{2}}K^{\frac{1}{2}}$$

を得る．それゆえに，$K = \frac{w}{r}L$ となる．これを最後の方程式に代入すると，

$$L^{\frac{1}{2}}\left(\frac{w}{r}L\right)^{\frac{1}{2}} = \left(\frac{w}{r}\right)^{\frac{1}{2}}L = y^*$$

となるから，結局 L と K は次のようになる．

$$\begin{aligned} L &= \left(\frac{r}{w}\right)^{\frac{1}{2}}y^* \\ K &= \frac{w}{r}\left(\frac{r}{w}\right)^{\frac{1}{2}}Y^* = \left(\frac{w}{r}\right)^{\frac{1}{2}}y^* \end{aligned}$$

以上のことから，y^* 単位を生産する最小費用は

$$w\left(\frac{r}{w}\right)^{\frac{1}{2}} y^* + r\left(\frac{w}{r}\right)^{\frac{1}{2}} y^* = 2r^{\frac{1}{2}} w^{\frac{1}{2}} y^*$$

である．かくして，企業の総費用関数は

$$TC = 2r^{\frac{1}{2}} w^{\frac{1}{2}} y$$

となる．これから，限界費用は

$$MC = \frac{dTC}{dy} = 2r^{\frac{1}{2}} w^{\frac{1}{2}}$$

であり，平均費用関数は

$$AC = \frac{TC}{y} = 2r^{\frac{1}{2}} w^{\frac{1}{2}}$$

である．よって，正解は選択肢 **1** となる．

7.4　産出量の決定

生産方法の決定に次ぐ問題は，市場価格との関連での産出量の決定である．企業が製品を生産して市場に供給するのは，生産・販売活動の結果として **利潤** を実現できるからである．企業の利潤は製品の販売額から生産と販売にあたって必要な総費用を差し引いて求められる．

生産関数から導出された費用関数 $c(y)$ を用いれば，利潤関数を次のように定義できる．

$$\pi(y) = py - c(y)$$

利潤関数の接線の傾きがゼロになり，かつその前後で接線の傾きがプラスからマイナスへ変化する場合にはその点で利潤が極大になる．この点は利潤関数の導関数から求めることができる．

$$\begin{aligned} \frac{d\pi}{dy} &= p - \frac{dc(y)}{dy} = 0 \\ \frac{d^2\pi}{dy^2} &= \frac{d^2c(y)}{dy^2} < 0 \end{aligned}$$

利潤最大化の 1 階の条件と 2 階の条件は，生産者が限界費用が右上がりの部分で市場価格と一致するような産出量水準を選択することを示している．

短期の産出量決定

短期において $K = \overline{K}$ を固定的生産要素とすると，$r\overline{K}$ は生産水準にかかわらずかかる費用となり，これを**固定費用** (fixed cost) と呼ぶ．他方，可変的生産要素による費用 wL は**可変費用** (variable cost) と呼ばれる．かくして，**総費用** (total cost)$c = wL + r\overline{K}$ は，可変費用と固定費用の和と等しくなる．この総費用と生産量 y との関係を表すのが，**短期費用関数** (short-run cost function)$c = c(y)$ であり，それを図にしたのが短期費用曲線である．費用曲線を導出する方法は以下のように示される．

例題 7.3

X 財を生産するある企業の費用関数が，

$$c = x^3 - 6x^2 + 15x + 30 \qquad 〔c:総費用, x:x 財の生産量〕$$

で示されるとする．企業の短期操業停止価格はいくらか．ただし，短期操業停止価格とは，企業が短期において生産量を $x = 0$ とするような x 財価格の最大値を意味する．

1 3 **2** 6 **3** 10 **4** 15 **5** 30

平成 10 年度地方上級

解答 費用関数から固定費用 30 を控除すると可変費用 vc は，

$$vc = x^3 - 6x^2 + 15x \tag{7.4}$$

となる．これより平均可変費用 avc を求めると，

$$avc = \frac{vc}{x} = x^2 - 6x + 15 \tag{7.5}$$

である．企業は $P \geqq avc$〔P：生産物の価格〕である限り，利潤が負であっても生産を続けた方がよい．また，利潤を最大化している企業は $P = mc$（限界費用）を満たしているので，$P = mc = avc$ が短期操業停止価格の条件となる．mc と avc は，avc を最小にする点で交わっているので，そのときの価格を求めればよい．(7.5) を最小にするのは

$$\frac{d\,avc}{dx} = 2x - 6 = 2(x-3) = 0$$

より，$x = 3$ のときであり，そのとき avc の値は 6 である．よって，正答は **2** である．

練習問題

1．ある企業は労働と資本から Y 財を生産し，その生産関数が次のように表されるとする．

$Y = 4L^{\frac{1}{2}}K^{\frac{1}{2}}$　　$(L \geqq 0, K \geqq 0)$　〔Y：y 財の生産量, L：労働投入量, K：労働投入量〕

また，賃金率が 10，資本のレンタル率が 20 であるとする．このときの企業の長期の費用関数（TC）はどれか．

1　$TC = \frac{5}{2}\sqrt{2}Y^2 + 2\sqrt{2}Y$
2　$TC = \frac{5}{2}Y^2 + \sqrt{2}Y$
3　$TC = \sqrt{2}Y^2 + 2Y$
4　$TC = 5\sqrt{2}Y$
5　$TC = \sqrt{2}Y$

平成 **14** 年度国家 **I** 種

2．完全競争市場において，ある企業の総収入曲線と総費用曲線が次のように表されるとする．

総収入　　$TR = 15x$
総費用　　$TC = 20 + 10x - 2x^2 + \dfrac{1}{3}x^3$　　（x：生産量）

このとき，この企業の操業停止点における生産量はいくらか．

1　1.5　　**2**　2　　**3**　2.5　　**4**　3　　**5**　5

平成 **15** 年度国家 **II** 種

第 8 章

不完全競争の理論

第6章，第7章では，**完全競争** の下における経済主体の行動を検討してきた．完全競争は，(1) 財の同質性，(2) 多数主体，(3) 完全情報，(4) 自由参入および自由退出の条件で特徴付けられる．しかしながら，現実の経済はこれらの条件を必ずしも満たしていない．条件が満たされない場合には，不完全競争の諸問題が発生する．

完全競争の条件		条件の緩和
(1) 財の同質性	⟶	製品差別化，独占的競争
(2) 多数主体	⟶	独占，複占，寡占
(3) 完全情報	⟶	情報の諸問題
(4) 自由参入・自由退出	⟶	参入阻止価格

表 8.1　完全競争の条件

完全競争のもっとも重要な特徴は，各経済主体が価格に影響を及ぼさないことである．したがって，まず，(2) の緩和である独占，複占，寡占の理論を理解しなければならない．市場を構成する主体の数によって，市場構造を分類することができる．

供給者 需要者	1 人	2 人	少数	多数
1 人	双方独占	—	—	需要独占
2 人	—	双方複占	—	需要複占
少数	—	—	双方寡占	需要寡占
多数	供給独占	供給複占	供給寡占	完全競争

表 8.2　市場構造の基本分類

単独のもしくは少数の供給者や需要者が同じ市場を占有しているために，各々が価格支配力を持っているのが，不完全競争の特徴である．また，供給者や需要者の競争関係，相互依存関係にはさまざまな形態があるため，不完全競争を統一的に説明できる理論はできあがっておらず，諸理論の特徴を整理して理解する必要がある．

8.1　独占企業

ただ1つの企業によってある産業のすべての供給が行われている状態を，**独占** (monopoly) という．独占者には競争相手がいないから，産業の需要曲線がそのまま独占者の需要曲線となる．独占者はこの需要曲線の下で利潤を最大にするように供給量および価格を自由に決定できる．

例題 8.1

ある製品の需要は，

$$D = -P + 20 \qquad 〔D：需要量, p：価格〕$$

で示される．今，この市場が，費用関数

$$Y = X^2 - 4X + 6 \qquad 〔Y：総費用, X：生産量〕$$

を持つ企業によって独占的に製品が供給されているとすると，この市場においては，完全競争市場に比べてどのくらいの死重的損失（dead weight loss）が発生するか．

1　4　　**2**　6　　**3**　8　　**4**　10　　**5**　12

平成9年度地方上級

解答　独占の場合，利潤関数は，

$$\pi(X) = (20 - X)X - (X^2 - 4X + 6)$$

である．利潤最大化の条件は，1変数関数 $\pi(x)$ に関して，$\frac{d\pi}{dx} = 0$ と $\frac{d^2\pi}{dx^2} < 0$ が成立することである．

$$\frac{d\pi}{dx} = 20 - 2X - 2X + 4 = 24 - 4X = 0$$
$$\frac{d^2\pi}{dx^2} = -4 < 0$$

したがって，$X = 6$ が極大値である．このとき，均衡価格は $P = 20 - 6 = 14$ である．

一方，完全競争均衡は，独占者がプライス・テイカーとして行動することを意味するから，

$$\pi(X) = PX - (X^2 - 4X + 6)$$

を利潤関数とする．利潤最大化の条件は，

$$\frac{d\pi}{dx} = P - 2X + 4 = 0$$
$$\frac{d^2\pi}{dx^2} = -2 < 0$$

である．均衡値を求めるには，次の連立方程式を解けばよい．

$$P - 2X + 4 = 0$$
$$P + X - 20 = 0$$

これを解いた $P=12$, $X=8$ が完全競争均衡における均衡価格と均衡供給量である.

死重的損失は，図の斜線部分である．底辺が $14-(2\times 6-4)=6$ で，高さが $8-6=2$ の三角形の面積を求めるのであるから，$6\times 2\times \frac{1}{2}=6$ がその面積となる．したがって，正しい答えは **2** である.

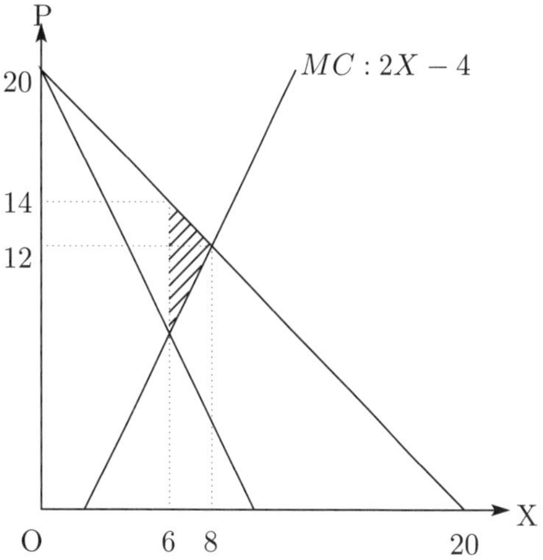

独占者は必ずしもその財を均一な価格で販売する必要はない．異なる価格で生産物を販売することによって利潤を増加できる場合がある．そうした状態を **価格差別化**（price discrimination）があるという.

例題 8.2

ある財の市場が，次のような需要関数を持つ二つの市場に分断されているとする.

市場 1 ： $P_1=3-Q_1$

市場 2 ： $P_2=6-2Q_2$ （P：価格, Q：数量）

この財を供給する独占企業 A の費用関数を

$$C=3+(Q_1+Q_2)$$

とした場合に，この財について次の 3 通りの価格設定のケースを考える.

① 利潤を最大化するようにそれぞれの市場で価格を A が設定

② 両市場における価格を均一化するとの政府の規制下で，利潤を最大化するような均一価格を A が設定

③ A が赤字を計上しないという制約の下，消費者余剰を最大化させる均一価格を政府が設定.

このとき，価格設定に関する次の記述のうち，妥当なのはどれか.

1 ①のケースでは，A は市場 2 において市場 1 の倍以上の価格を設定する.

2 ①のケースでは，市場 1 の価格は限界費用を下回る.

3 ②のケースでは，市場 2 における価格は，①のケースに比べて高く設定される.

4 ③のケースでは，価格は限界費用と等しく設定される.

5 ①のケースで市場 1 において A が設定する価格と，③において政府が設定する価格が等しくなる.

平成 15 年度国家 I 種

解答 ①のケースは価格差別化である．この場合，利潤関数は,

$$\pi(Q_1,Q_2)=(3-Q_1)Q_1+(6-2Q_2)Q_2-(3+Q_1+Q_2)$$

である．2変数関数 $\pi(Q_1, Q_2)$ において，第1次偏導関数は次のようになる．

$$\begin{aligned}\frac{\partial\pi}{\partial Q_1} &= 3-2Q_1-1=2-2Q_1\\ \frac{\partial\pi}{\partial Q_2} &= 6-4Q_2-1=5-4Q_2\end{aligned}$$

$\frac{\partial\pi}{\partial Q_1}=0$，$\frac{\partial\pi}{\partial Q_2}=0$ とおいて，Q_1，Q_2 について解くと次の解を得る．

$$(Q_1, Q_2)=\left(1, \frac{5}{4}\right)$$

第2次導関数は，

$$\frac{\partial^2\pi}{\partial {Q_1}^2}=-2,\ \frac{\partial^2\pi}{\partial Q_2\partial Q_1}=0,\ \frac{\partial^2\pi}{\partial {Q_2}^2}=-4$$

である．$\frac{\partial^2\pi}{\partial {Q_1}^2}$ が負で，$\frac{\partial^2\pi}{\partial {Q_1}^2}\frac{\partial^2\pi}{\partial {Q_2}^2}-\left(\frac{\partial^2\pi}{\partial Q_2\partial Q_1}\right)^2=8-0=8$ で，正であることがわかる．このことから，$(Q_1, Q_2)=(1, \frac{5}{4})$ が利潤を極大にする生産量である．このとき，市場1では $P_1=3-1=2$，市場2では $P_2=6-2\times\frac{5}{4}=\frac{7}{2}$ の価格がそれぞれ設定される．

②のケースでは，利潤関数は，

$$\begin{aligned}\pi(P) &= P(Q_1+Q_2)-(3+Q_1+Q_2)\\ &= P\left(3-P+3-\frac{1}{2}P\right)-\left(3+3-P+3-\frac{1}{2}P\right)\\ &= P\left(6-\frac{3}{2}P\right)-\left(9-\frac{3}{2}P\right)\end{aligned}$$

である．1変数関数 $\pi(P)$ において，第1次偏導関数は次のようになる．

$$\frac{d\pi}{dP}=6-3P+\frac{3}{2}=\frac{15}{2}-3P$$

$\frac{d\pi}{dP}=0$ とおいて，P について解くと次の解を得る．

$$P=\frac{15}{2}\times\frac{1}{3}=\frac{5}{2}$$

第2次導関数は，

$$\frac{d^2\pi}{dP^2}=-3<0$$

であるから，$P=\frac{5}{2}$ が利潤を極大にする価格である．

③のケースは，工夫がいる．消費者余剰は価格が低いほどに大きくなるから，Aが赤字を計上しないという一番低い価格を探す．利潤関数

$$\pi(P)=P\left(6-\frac{3}{2}P\right)-\left(9-\frac{3}{2}P\right)$$

で，$\pi=0$ となる価格を探す．因数分解すると，

$$-\frac{3}{2}(P-2)(P-3)=0$$

となるから，$P=2$ と $P=3$ がその価格となるが，低い方の $P=2$ が求める価格である．

以上から，**5** が正しい答えとなる．

8.2　独占的競争

密接な代替関係にある財を多数の生産者が生産していて，独占的な要因と競争的な要因が混在しているような市場が現実の経済ではよく見られる．これを **独占的競争**（monopolistic competition）という．

独占的競争			
製品差別化	→	独占力	$MR = MC$
新規参入	→	利潤ゼロ	$P = AC$

表 8.3　独占的競争の特徴

例題 8.3

ある財を生産する産業全体の需要曲線が，

$$D = 60 - \frac{1}{4}P \qquad (D: \text{需要量}, P: \text{価格})$$

で示され，また，その産業の各企業の費用曲線が，

$$C = 2X_i^2 + 32 \qquad (X_i: \text{第}\ i\ \text{企業の生産量})$$

で示されるとする．

自由な参入により競争均衡が成り立つときの産業全体の生産量を A とし，また，この産業が 1 つの企業に独占されているときの利潤極大の生産量を B とするとき，A と B の比率はいくらか．

1　3 : 1　　**2**　5 : 1　　**3**　14 : 5　　**4**　15 : 2　　**5**　16 : 3

平成 7 年度国家 I 種

解説　競争の下では，$P = MC = AC$ の時に長期均衡となる．

解答　まず，競争均衡の場合を考える．このときの利潤を π^C とすると，

$$\pi^C = PX_i - 2X_i^2 - 32$$

である．利潤最大化は以下の条件から求まる．

$$\frac{d\pi^C}{dX_i} = P - 4X_i = 0 \tag{8.1}$$

さらに，長期均衡においては，企業の平均費用は価格に等しくなる．

$$P = 2X_i + \frac{32}{X_i} \tag{8.2}$$

ここで，各企業の費用関数は同一であるから，均衡における各企業の生産量は等しくなる．したがって，長期均衡において生産活動をする企業数を n とすると，産業全体の産出量は $X = nX_i$ となる．このときの，市場価格は，需要関数より

$$P = 240 - 4nX_i \tag{8.3}$$

となる．(8.1)，(8.2)，(8.3) より，連立方程式

$$\begin{aligned} 240 - 4nX_i &= 4X_i \\ 240 - 4nX_i &= 2X_i + \frac{32}{X_i} \end{aligned}$$

が得られる．これを解いて，

$$X_i = 4$$

$$n = 14$$

ゆえに

$$X = 14 \times 4 = 56$$

次に独占企業の場合を考える．この独占企業の利潤を π^M とすると，

$$\pi^M = (240 - 4X)X - 2X^2 - 32$$

である．利潤最大化の産出量は以下の条件から求まる．

$$\frac{d\pi^M}{dX} = 240 - 8X - 4X = 0$$

よって，企業の生産量は

$$X = 20$$

となる．したがって，

$$A : B = 56 : 20 = 14 : 5$$

となる．正答は**3**である．

8.3　寡占

同じ財 X を生産する企業1，企業2からなる複占市場において，X の逆需要関数が $P = P(x_1 + x_2)$ で示されるとしよう．また，総費用関数は企業1，企業2ともに，$C(x_i)$, $i = 1, 2$ で示されるとする．このとき，企業1の利潤関数は次のようになる．

$$\pi_1(x_1, x_2) = x_1 P(x_1 + x_2) - C(x_1)$$

π_1 が x_1 に関して極値をとるときには，次のような条件が成立しなければならない．

$$\frac{\partial \pi_1}{\partial x_1} = P(x_1 + x_2) + \frac{\partial P}{\partial x_1} + \frac{\partial P}{\partial x_2}\frac{\partial x_2}{\partial x_1} - C'(x_1) = 0$$

同様にして，企業2では，

$$\frac{\partial \pi_2}{\partial x_2} = P(x_1 + x_2) + \frac{\partial P}{\partial x_2} + \frac{\partial P}{\partial x_1}\frac{\partial x_1}{\partial x_2} - C'(x_2) = 0$$

が成立しなければならない．複占均衡は，$\frac{\partial \pi_1}{\partial x_1} = 0$ と $\frac{\partial \pi_2}{\partial x_2} = 0$ が同時に成立している場合に得られる．$\frac{\partial x_2}{\partial x_1}$, $\frac{\partial x_1}{\partial x_2}$ の項は相互依存関係に関する仮定より，さまざまな組合せが想定され

る．ここで，クールノー均衡は，各企業が相手の産出量を所与とみなしているとき，すなわち $\frac{\partial x_2}{\partial x_1} = \frac{\partial x_1}{\partial x_2} = 0$ のときの複占均衡である．

クールノー複占（Cournot duopoly）

各生産者が相手の産出量を所与とみなして利潤最大化を行う複占．

例題 8.4

市場が企業 A と企業 B の複占の状態にあり，需要量が D，価格が P である財の需要曲線が $D = 50 - P$ で与えられている．両企業の利潤を最大化するためのクールノーの均衡点における価格と両企業の生産量の組合わせとして，正しいのどれか．ただし，企業 A の限界費用は 10，企業 B の限界費用は 12 とする．

	価格	生産量の合計
1	24	26
2	25	25
3	26	24
4	27	23
5	28	22

平成 15 年度東京都 I 類

解答　企業 A の生産量を X_A，企業 B の生産量を X_B とする．企業 A の総費用を $C_A(X_A)$ で表わすと，仮定される需要曲線の下で，企業 A の利潤関数は

$$\pi_A = (50 - X_A - X_B)X_A - C_A(X_A)$$

である．利潤最大化のための 1 階の条件は，

$$\begin{aligned}\frac{d\pi_A}{dX_A} &= 50 - 2X_A - X_B - X_A\frac{\partial X_B}{\partial X_A} - C'_A(X_A)\\ &= 50 - 2X_A - X_B - X_A\frac{\partial X_B}{\partial X_A} - 10 = 0\end{aligned}$$

となる．したがって，企業 A の反応関数は，

$$X_A(X_B) = \frac{40 - X_B}{2 + \frac{\partial X_B}{\partial X_A}} \tag{8.4}$$

である．同様にして，企業 B の反応関数は，

$$X_B(X_A) = \frac{38 - X_A}{2 + \frac{\partial X_A}{\partial X_B}} \tag{8.5}$$

となる．クールノーの仮定では，$\frac{\partial X_B}{\partial X_A} = \frac{\partial X_A}{\partial X_B} = 0$ であるので，これを (8.4) と (8.5) に代入すれば，

$$X_A(X_B) = \frac{40 - X_B}{2} \tag{8.6}$$

$$X_B(X_A) = \frac{38 - X_A}{2} \tag{8.7}$$

の反応関数を得ることができる．(8.6) と (8.7) を加えて，均衡の生産量について解けば，

$$\begin{aligned} X_A + X_B &= \frac{40 - X_B}{2} + \frac{38 - X_A}{2} \\ &= \frac{78 - (X_A + X_B)}{2} \end{aligned}$$

となる．$(X_A + X_B)$ に関して解けば，$X_A + X_B = 26$．このとき価格は $P = 50 - 26 = 24$ となる．したがって，正答は **1** である．

練習問題

1．ある財の市場の需要曲線が，

$$p = 120 - d \qquad 〔d：需要量, p：価格〕$$

で示され，この財はある企業によって独占的に供給されるものとする．企業の限界費用曲線が，

$$mc = 2x \qquad 〔mc：限界費用, x：生産量〕$$

で示されるとすると，この独占企業によって引き起こされる経済余剰の損失はいくらか．

1 50　**2** 80　**3** 100　**4** 120　**5** 150

平成 10 年度地方上級

2．総費用曲線が $TC = 2Q + 10$（TC：総費用，Q：生産量）であり，需要関数 $P = 22 - Q$（P：価格）に直面している企業がある．今，この企業が，(a) 最大利潤価格設定，(b) 平均費用価格設定，(c) 限界費用価格設定，が行った場合，獲得される利潤は，それぞれいくらになるか．

	(a)	(b)	(c)
1	0	−10	−20
2	50	0	−10
3	90	0	−10
4	30	10	0
5	−10	−30	0

平成 10 年度地方中級

3．独占企業が市場を二つに分割して，同一財に対して市場ごとに異なった価格を付ける戦略を採る場合を考える．この差別価格戦略に関して，各市場の需要関数と総費用関数がそれぞれ次のように表されるとする．

需要関数　$P_1 = 5 - \frac{1}{2}x_1 \qquad P_2 = 3 - \frac{1}{2}x_2$

総費用関数　$C = \frac{2}{3} + x_1 + x_2$

（$P_i(i = 1, 2)$：i 市場における価格，$x_i(i = 1, 2)$：i 市場における数量）

このとき，各市場において利潤最大化をもたらす価格はそれぞれいくらになるか．

	P_1	P_2
1	1	4
2	2	3
3	3	2
4	4	3
5	5	1

平成 15 年度国家 II 種

第 9 章

市場機構と最適資源配分

9.1　厚生経済学の基本命題

市場メカニズムのもとで最適状態が実現することは，次の定理に簡潔に述べられている．

厚生経済学の第一定理

完全競争均衡における資源配分は，パレート効率的である．

ここで，**パレート効率性**とは，他の経済主体の配分を不利にすることなしにはどの経済主体の配分も改善することのできない状態をいう．

パレート最適な財の配分

例題 9.1

2 人の主体 (A, B) と 2 財 (X, Y) から構成される純粋交換経済を考えよう．この経済の総初期保有量は

$$X_A + X_B = \overline{X}$$
$$Y_A + Y_B = \overline{Y}$$

である．各主体の効用関数が次のように与えられているとき，パレート最適な配分の条件を示しなさい．

$$U_A = U_A(X_A, Y_A)$$
$$U_B = U_B(X_B, Y_B)$$

解説　いま，ある実行可能配分 $({X_A}^0, {Y_A}^0, {X_B}^0, {Y_B}^0)$ があり，そのときの個人 A と個人 B の効用水準をそれぞれ ${U_A}^0$，${U_B}^0$ とする．このとき，個人 B の効用を ${U_B}^0$ の水準から低下させることなく，個人 A の効用を最大にするような配分があれば，それが**パレート最適**な配分となる．

解答　次のような制約付き最大化問題を解けばよい．

$$\max \quad U_A(X_A, Y_A)$$
$$s.t. \quad U_B(X_B, Y_B) = {U_B}^0$$
$$X_A + X_B = \overline{X}$$
$$Y_A + Y_B = \overline{Y}$$

この制約付き最大化問題を解くために，ラグランジュ関数を作る．

$$\mathcal{L} = U_A(X_A, Y_A) \quad + \quad \lambda_1\left(U_B^0 - U_B(X_B, Y_B)\right) \qquad (9.1)$$
$$\quad + \quad \lambda_2(\overline{X} - X_A - X_B) + \lambda_3(\overline{Y} - Y_A - Y_B)$$

最大化のための 1 階の条件を導くと，

$$\frac{\partial \mathcal{L}}{\partial X_A} = \frac{\partial U_A}{\partial X_A} - \lambda_2 = 0 \qquad (9.2)$$

$$\frac{\partial \mathcal{L}}{\partial Y_A} = \frac{\partial U_A}{\partial Y_A} - \lambda_3 = 0 \qquad (9.3)$$

$$\frac{\partial \mathcal{L}}{\partial X_B} = -\lambda_1 \frac{\partial U_B}{\partial X_B} - \lambda_2 = 0 \qquad (9.4)$$

$$\frac{\partial \mathcal{L}}{\partial Y_B} = -\lambda_2 \frac{\partial U_B}{\partial Y_B} - \lambda_3 = 0 \qquad (9.5)$$

となる．最大化のための 2 階の条件がすべて満たされているならば，(9.2)，(9.3)，(9.4)，(9.5) を，$\frac{\lambda_2}{\lambda_3}$ について整理することによって，

$$\frac{\dfrac{\partial U_A}{\partial X_A}}{\dfrac{\partial U_A}{\partial Y_A}} = \frac{\dfrac{\partial U_B}{\partial X_B}}{\dfrac{\partial U_B}{\partial Y_B}}$$

を得る．これは，純粋交換経済において，ある配分がパレート最適配分となるための必要十分条件であり，各主体の限界代替率が互いに等しくなければならないことを意味している．

9.2　生産の効率性

次に生産活動を含んだ生産経済について考えるようにしよう．生産経済では資源配分の効率性がパレートの基準になる．

生産のパレート最適条件

生産要素間の技術的限界代替率が等しい．

さらに，消費も生産も含む経済全体では，パレート効率性は次の条件で特徴づけられる．

全体のパレート最適条件

限界変形率と限界代替率が等しい．

一定の生産投入要素を最も効率的に利用したときの 2 つの生産物 X と Y の組合せの集合を**生産可能性曲線**（production possibility curve）と呼び，$Y = Y(X)$ で表す．例題 9.1 に生産に関する条件を追加すると，次のような問題を設定できる．

$$\max \quad U_A(X_A, Y_A)$$
$$s.t. \quad U_B(X_B, Y_B) = {U_B}^0$$

$$X_A + X_B = X$$
$$Y_A + Y_B = Y$$
$$Y = Y(X)$$

最大化の 1 階の条件を求めて，整理すると，

$$\frac{\dfrac{\partial U_A}{\partial X_A}}{\dfrac{\partial U_A}{\partial Y_A}} = \frac{\dfrac{\partial U_B}{\partial X_B}}{\dfrac{\partial U_B}{\partial Y_B}} = -\frac{dY}{dX}$$

となることがわかる．$-\frac{dY}{dX}$ が **限界変形率**（marginal rate of transformation）である．

例題 9.2

1 要素・2 部門・代表的消費者からなる経済において，生産関数，総資源量がそれぞれ次のように表されるものとする．

$$生産関数\ Y_1 = V_1^{\frac{1}{2}},\ Y_2 = V_2^{\frac{1}{2}}, \qquad 総資源量\ V_1 + V_2 = 200$$

〔Y_1：第 1 部門の生産量，Y_2：第 2 部門の生産量，V_1：第 1 部門の生産要素投入量，V_2：第 2 部門の生産要素投入量，P_1：第 1 部門の生産物価格，P_2：第 2 部門の生産物価格〕

また，消費者の効用関数は，

$$U = X_1^{\frac{1}{4}} X_2^{\frac{3}{4}}$$

（U：効用，X_1：第 1 部門の生産物消費量，X_2：第 2 部門の生産物消費量）

で表されるものとする．

このときの均衡生産物価格比 $\dfrac{P_1}{P_2}$ はいくらか．

1 $\frac{\sqrt{3}}{3}$ **2** 1 **3** $\frac{3}{4}$ **4** $\frac{\sqrt{2}}{3}$ **5** $\frac{1}{2}$

平成 12 年度国家 I 種

解答 まず，生産可能性曲線を求める．生産関数より，

$$V_1 = Y_1^2,\ V_2 = Y_2^2$$

である．これを要素制約式に代入して，

$$Y_1^2 + Y_2^2 = 200$$

を得る．消費者の効用をその生産可能性曲線上で最大化する配分を求めるには，次の問題を解けばよい．

$$\max \quad X_1^{\frac{1}{4}} X_2^{\frac{3}{4}}$$
$$s.t. \quad Y_1^2 + Y_2^2 = 200$$

この制約付き最大化問題を解くために，ラグランジュ関数を作る．

$$\mathcal{L} = X_1^{\frac{1}{4}} X_2^{\frac{3}{4}} + \lambda(200 - Y_1^2 - Y_2^2)$$

ここで，$X_1 = Y_1$，$X_2 = Y_2$ であるから，Y_1，Y_2 に関して最大化のための 1 階の条件を導くと，

$$\begin{aligned}\frac{\partial \mathcal{L}}{\partial Y_1} &= \frac{1}{4}Y_1^{-\frac{3}{4}}Y_2^{\frac{3}{4}} - 2\lambda Y_1 = 0\\ \frac{\partial \mathcal{L}}{\partial Y_2} &= \frac{3}{4}Y_1^{\frac{1}{4}}Y_2^{-\frac{1}{4}} - 2\lambda Y_2 = 0\\ \frac{\partial \mathcal{L}}{\partial \lambda} &= 200 - Y_1^2 - Y_2^2 = 0\end{aligned}$$

となる．1 番目と 2 番目の条件式を λ に関して解けば，

$$\frac{\frac{1}{4}Y_1^{-\frac{3}{4}}Y_2^{\frac{3}{4}}}{2Y_1} = \frac{\frac{3}{4}Y_1^{\frac{1}{4}}Y_2^{-\frac{1}{4}}}{2Y_2}$$

を得る．整理すると，

$$\frac{Y_2}{3Y_1} = \frac{Y_1}{Y_2} \tag{9.6}$$

となる．(9.6) の左辺は $MRS = \dfrac{MU_1}{MU_2}$ である．一方，生産可能性曲線から MRT を計算すると，$MRT = -\dfrac{dY_2}{dY_1} = \dfrac{Y_1}{Y_2}$ であるから，(9.6) の右辺は MRT と等しいことがわかる．

(9.6) から，$Y_2 = \sqrt{3}Y_1$ を得るが，これを生産可能性曲線に代入すると

$${Y_1}^2 + 3{Y_1}^2 = 200 \tag{9.7}$$

よって，$Y_1 = 5\sqrt{2}$，$Y_2 = 5\sqrt{6}$ を得る．

均衡においては，価格比 $\dfrac{P_1}{P_2} = MRT$ であるから，$\dfrac{P_1}{P_2} = \dfrac{1}{\sqrt{3}} = \dfrac{\sqrt{3}}{3}$ となる．

以上より，正答は **1** である．

外部性

現実の経済においては，所有権の不明さや排除不可能性のために市場が形成されず，そのため経済主体の活動が市場機構の外を通って他の経済主体に何らかの効果をもたらすことがある．このような効果は外部性または外部効果と呼ばれる．

外部性

外部経済または**正の外部性**とは，ある経済主体の活動が市場を経由することなしに，他の経済主体に好ましい影響を与えることをいう．これに対して，**外部不経済**または**負の外部性**とは，ある経済主体の活動が市場を経由せずに他の経済主体に好ましくない影響を与えることに他ならない．

外部性が存在する場合，市場機構はパレート最適配分が達成できない．しかし，いくつかの手段を用いて市場機構を補正することによってパレート最適配分を実現することが可能とな

る．そのような補正手段として，当該企業の合併，外部性の内部化，ピグー的政策をあげることができる．

例題 9.3

2 人の生産者 (X, Y) を考えよう．この生産要素の総初期保有量は

$$\begin{aligned} K_X + K_Y &= \overline{K} \\ L_X + L_Y &= \overline{L} \end{aligned}$$

である．生産者は次の生産関数に従って産出量を最大化する．

$$\begin{aligned} X &= f^X(K_X, L_X) \\ Y &= f^Y(K_Y, L_Y, f^X(K_X, L_X)) \end{aligned}$$

生産者 X から生産者 Y に対してマイナスの外部性が働いているときの，パレート最適な条件を示しなさい．

解答 マイナスの外部性が働いているときには，$\partial f^Y / \partial X < 0$ である．次のような制約付き最大化問題を解けばよい．

$$\begin{aligned} \max \quad & f^X(K_X, L_X) \\ s.t. \quad & f^Y(K_Y, L_Y, X) = Y^0 \\ & K_X + K_Y = \overline{K} \\ & L_X + L_Y = \overline{L} \end{aligned}$$

この制約付き最大化問題を解くために，ラグランジュの式を作る．

$$\begin{aligned} \mathcal{L} = f^X(K_X, L_X) \quad &+ \quad \lambda_1 \left(Y^0 - f^Y(K_Y, L_Y, X)\right) \\ &+ \quad \lambda_2(\overline{K} - K_X - K_Y) \\ &+ \quad \lambda_3(\overline{L} - L_X - L_Y) \end{aligned}$$

最大化のための 1 階の条件を導くと，

$$\begin{aligned} \frac{\partial \mathcal{L}}{\partial K_X} &= \frac{\partial f^X}{\partial K_X} - \lambda_1 \frac{\partial f^Y}{\partial X} \frac{\partial f^X}{\partial K_X} - \lambda_2 = 0 \\ \frac{\partial \mathcal{L}}{\partial L_X} &= \frac{\partial f^X}{\partial L_X} - \lambda_1 \frac{\partial f^Y}{\partial X} \frac{\partial f^X}{\partial L_X} - \lambda_3 = 0 \\ \frac{\partial \mathcal{L}}{\partial K_Y} &= -\lambda_1 \frac{\partial f^Y}{\partial K_Y} - \lambda_2 = 0 \\ \frac{\partial \mathcal{L}}{\partial L_Y} &= -\lambda_1 \frac{\partial f^Y}{\partial L_Y} - \lambda_3 = 0 \end{aligned}$$

となる．最大化のための 2 階条件がすべて満たされているならば，これらの条件式を整理することによって，

$$\frac{\dfrac{\partial f^X}{\partial K_X}}{\dfrac{\partial f^X}{\partial L_X}} = \frac{\dfrac{\partial f^Y}{\partial K_Y} - \dfrac{\partial f^Y}{\partial X} \dfrac{\partial f^X}{\partial K_X}}{\dfrac{\partial f^Y}{\partial L_Y} - \dfrac{\partial f^Y}{\partial X} \dfrac{\partial f^X}{\partial L_X}}$$

を得る．これが，外部性が存在するときのパレート最適条件である．

例題 9.5

企業 1 は X 財，企業 2 は Y 財を生産しているが，企業 1 は企業 2 に対して外部不経済を与えており，企業 1，2 の費用関数はそれぞれ，

$$C_1 = x^2 + 2x \qquad 〔C_1: 企業1の総費用, x: 企業1の生産量〕$$
$$C_2 = 2y^2 + 2xy \qquad 〔C_2: 企業2の総費用, y: 企業2の生産量〕$$

となっている．また，両企業の属する市場は完全競争下にあり，X 財の価格は 50，Y 財の価格は 80 とする．

ここで，企業 2 は企業 1 の X 財生産を削減させるため，X 財 1 単位の削減につき k だけの損失補填を企業 1 に対して行うこととし，企業 1 もこれに合意したとする．このとき，k の値をいくつに設定すると，最適な資源配分を実現していることになるか．

1　8　　**2**　16　　**3**　24　　**4**　32　　**5**　40

平成 9 年度国家 I 種

解説　外部不経済は，費用関数においては $\frac{\partial C_2}{\partial x} > 0$ の関係をもたらす．外部不経済のある経済では，競争均衡はパレート最適配分を実現できない．外部不経済を発生させている企業とそれを被っている企業との合併や補償によって，パレート最適配分は実現される．

解答　完全競争下では，各企業は個々にその利潤の極大化を目指す．

$$\begin{aligned}\pi_1 &= 50x - x^2 - 2x = 48x - x^2 \\ \pi_2 &= 80y - 2y^2 - 2xy\end{aligned}$$

より，

$$\frac{d\pi_1}{dx} = 48 - 2x = 0 \tag{9.8}$$
$$\frac{d\pi_2}{dy} = 80 - 4y - 2x = 0 \tag{9.9}$$

であるから，(9.8) と (9.9) を解くと $x = 24$，$y = 8$ であり，利潤はそれぞれ $\pi_1 = 576$，$\pi_2 = 128$ となる．

ここで，損失補填をおこなう場合，企業 1 から企業 2 に支払われる補償金額は

$$k(x_0 - x)$$

によって与えられるとしよう．ここで x_0 はある一定の産出水準を表している．したがって，この式は x_0 以下に生産量を減らすことによって生産物 1 単位当たり k の補償金が企業 2 から企業 1 へ支払われることを意味している．

このとき，企業 1 の主体的均衡は利潤関数

$$\pi_1 = 48x - x^2 + k(x_0 - x)$$

を最大化することで得られるが，最大化の 1 階の条件は次のようになる．

$$\frac{d\pi_1}{dx} = 48 - 2x - k = 0 \tag{9.10}$$

一方，企業 2 の主体的均衡は利潤関数

$$\pi_2 = 80y - y^2 - 2xy - k(x_0 - x)$$

を最大化することで得られる．最大化の1階の条件は次のようになる．

$$\frac{\partial \pi_2}{\partial y} = 80 - 4y - 2x = 0 \tag{9.11}$$

$$\frac{\partial \pi_2}{\partial x} = -2y + k = 0 \tag{9.12}$$

(9.10)，(9.11)，(9.12) より $x = 8$，$y = 16$ を得るが，最適な資源配分を達成するのに必要な k は，

$$k = 2 \times 16 = 32$$

であることがわかる．よって，正答は**4**である．

9.3 公共財

公共財が存在する経済においては，パレート効率性の必要条件は私的財の場合とは異なっている．

私的財	公共財
消費の加法性：$x_1 + x_2 = x$	等量消費：$x_1 = x_2 = x$
↓	↓
$MRS_1 = MRS_2 = MRT$	$MRS_1 + MRS_2 = MRT$

表 9.1　私的財と公共財：最適条件の比較

例題 9.6

社会に私的財と公共財がそれぞれ1種類ずつ存在し，私的財の生産量 X と公共財の生産量 Y の間に次のような技術的関係（生産可能性曲線）が存在するとする．

$$G(X,Y) = Y + \frac{1}{3}X - 9 \qquad 〔X \geqq 0, Y \geqq 0〕$$

この経済には2人の消費者（消費者1と消費者2）がおり，消費者 i（$i = 1,2$）の私的財の消費量を x_i，公共財の消費量を y_i とするとき，この消費者 i（$i = 1,2$）の効用関数は次のようになる．

$$u_i(x_i, y_i) = x_i^{\frac{2}{3}} y_i^{\frac{1}{3}}$$

この経済において，公共財が共同消費（$Y = y_1 = y_2$）されるとして，公共財のパレートの意味での最適供給量として正しいのはどれか．

1　0　　**2**　$\frac{3}{2}$　　**3**　3　　**4**　6　　**5**　9

平成14年度国家I種

解説　公共財は,「消費における非競合性」と「消費における非排除性」の2つの性質をもつ．したがって純粋公共財は，すべての消費者が等量消費できる．各個人の限界代替率の和が限界変形率に等しいことが，公共財があるときのパレート最適条件である（サミュエルソン条件）．

$$\frac{\frac{\partial u_1}{\partial Y}}{\frac{\partial u_1}{\partial x_1}} + \frac{\frac{\partial u_2}{\partial Y}}{\frac{\partial u_2}{\partial x_2}} = \frac{\frac{\partial G}{\partial Y}}{\frac{\partial G}{\partial X}}$$

解答　消費者2に一定の満足を確保した上で，消費者1の効用を最大にすれば，パレート最適な資源配分が得られる．

$$\begin{aligned}
\max \quad & {x_1}^{\frac{2}{3}} {y_1}^{\frac{1}{3}} \\
s.t. \quad & {x_2}^{\frac{2}{3}} {y_2}^{\frac{1}{3}} = {u_2}^* \\
& x_1 + x_2 = X \\
& y_1 = Y \\
& y_2 = Y \\
& G(X, Y) = Y + \frac{1}{3}X - 9
\end{aligned}$$

この問題は，制約式を適切に整理することによって，次のような問題に置き換えることができる．

$$\begin{aligned}
\max \quad & {x_1}^{\frac{2}{3}} Y^{\frac{1}{3}} \\
s.t. \quad & {x_2}^{\frac{2}{3}} Y^{\frac{1}{3}} = {u_2}^* \\
& x_1 + x_2 = X \\
& G(X, Y) = Y + \frac{1}{3}X - 9
\end{aligned}$$

この制約付き最大化問題を解くために，ラグランジュ関数を作る．

$$\mathcal{L} = {x_1}^{\frac{2}{3}} Y^{\frac{1}{3}} + \lambda_1 \left({u_2}^* - {x_2}^{\frac{2}{3}} Y^{\frac{1}{3}} \right) + \lambda_2 (X - x_1 - x_2) + \lambda_3 (9 - Y - \frac{1}{3}X)$$

最大化のための1階の条件を導くと，

$$\frac{\partial \mathcal{L}}{\partial x_1} = \frac{2}{3} {x_1}^{-\frac{1}{3}} Y^{\frac{1}{3}} - \lambda_2 = 0 \tag{9.13}$$

$$\frac{\partial \mathcal{L}}{\partial x_2} = -\frac{2}{3} \lambda_1 {x_2}^{-\frac{1}{3}} Y^{\frac{1}{3}} - \lambda_2 = 0 \tag{9.14}$$

$$\frac{\partial \mathcal{L}}{\partial X} = \lambda_2 - \frac{1}{3}\lambda_3 = 0 \tag{9.15}$$

$$\frac{\partial \mathcal{L}}{\partial Y} = \frac{1}{3} {x_1}^{\frac{2}{3}} Y^{-\frac{2}{3}} - \frac{1}{3} \lambda_1 {x_2}^{\frac{2}{3}} Y^{-\frac{2}{3}} - \lambda_3 = 0 \tag{9.16}$$

となる．最大化のための2階の条件がすべて満たされているならば，これらの条件式を整理することによって，公共財の最適供給の条件を得ることができる．(9.13) から

$$\lambda_2 = \frac{2}{3} {x_1}^{-\frac{1}{3}} Y^{\frac{1}{3}}$$

であることがわかるが，さらに (9.13) と (9.14) から λ_1，(9.13) と (9.15) から λ_3 について整理することができる．

$$\begin{aligned}\lambda_1 &= -\frac{\frac{2}{3}{x_1}^{-\frac{1}{3}}Y^{\frac{1}{3}}}{\frac{2}{3}{x_2}^{-\frac{1}{3}}Y^{\frac{1}{3}}} = -{x_1}^{-\frac{1}{3}}{x_2}^{\frac{1}{3}} \\ \lambda_3 &= 3\lambda_2 = 2{x_1}^{-\frac{1}{3}}Y^{\frac{1}{3}}\end{aligned}$$

これらを，(9.16) に代入する．

$$\frac{1}{3}{x_1}^{\frac{2}{3}}Y^{-\frac{2}{3}} - (-{x_1}^{-\frac{1}{3}}{x_2}^{\frac{1}{3}})\frac{1}{3}{x_2}^{\frac{2}{3}}Y^{-\frac{2}{3}} - 2{x_1}^{-\frac{1}{3}}Y^{\frac{1}{3}} = 0$$

整理すると，サミュエルソン条件が得られる．

$$x_1Y^{-1} + x_2Y^{-1} = XY^{-1} = 6$$

この条件式を生産可能曲線に代入すれば，

$$Y + \frac{1}{3}(6Y) - 9 = 0$$

$Y = 3$ となる．したがって，正解は選択肢 **3** となる．

練習問題

1．2人の主体 (A,B) と2財 (X,Y) から構成される純粋交換経済を考えよう．この経済の総初期保有量は

$$\begin{aligned} X_A + X_B &= \overline{X} \\ Y_A + Y_B &= \overline{Y} \end{aligned}$$

である．各主体の効用関数が次のように与えられているとき，パレート効率性の条件を求めなさい．

$$\begin{aligned} U_A &= X_A Y_A \\ U_B &= X_B Y_B \end{aligned}$$

2．2人の生産者 (X,Y) と2生産要素 (K,L) から構成される経済を考えよう．この経済の総初期保有量は

$$\begin{aligned} K_X + K_Y &= \overline{K} \\ L_X + L_Y &= \overline{L} \end{aligned}$$

である．生産関数が次のように与えられているとき，パレート効率性の条件を求めなさい．

$$\begin{aligned} X &= (K_X)^{\frac{1}{2}}(L_X)^{\frac{1}{2}} \\ Y &= (K_Y)^{\frac{1}{4}}(L_Y)^{\frac{3}{4}} \end{aligned}$$

第III部

マクロ経済学の数学的方法

マクロ経済学の体系

マクロ経済学は，一国の国民経済を全体として俯瞰(フカン)し総生産高，国民所得，雇用量，物価水準などの集計諸概念を用いて国民経済の経済システムとその運動を考察する．ここで「俯瞰する」とは「上から全体を見わたす」という意味であり，このような視角を巨視的 (macro-scopic) という．図 III.1 は，対外関係を捨象して国民経済のマクロ的把握を示す概念図である．

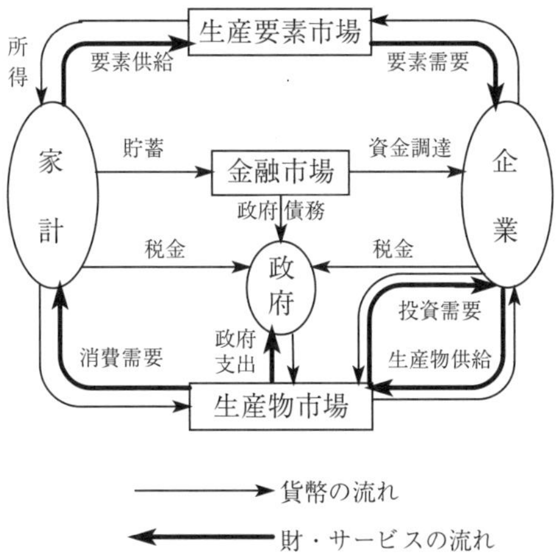

図 **III.1**　国民経済のマクロ的把握

対外関係を捨象すると，国民経済は 3 つの経済主体（家計・企業および政府）が 3 つの市場（生産物市場，生産要素市場，金融市場）で取り結ぶ経済諸関係として把握される（**クローズドモデル**）．マクロ経済学は，各市場において需要と供給がどのように決まるのか，需要と供給が等しくない場合にどのように市場メカニズムが作用するのか，さらに各市場で需要と供給が一致する状態はどのような経済状態であるかを考察する．そして，こうした考察を基に，各市場の需要と供給が一致する国民経済の状態を分析する**市場均衡モデル**が構築される．マクロ経済学の市場均衡モデルの体系を示すと次のようになる．

生産物市場において需要と供給を一致させる実質 GDP（以下 Y）と利子率（以下 r）の関係を (Y, r) 平面に描いたのが IS 曲線である．

貨幣市場において需要と供給を一致させる実質 GDP（Y）と利子率 r の関係を (Y, r) 平面に描いたのが LM 曲線である．

$IS - LM$ モデルは，生産物市場と貨幣市場を同時に均衡させる均衡 GDP（Y）と均衡利子率 r を，IS 曲線と LM 曲線の交点として一意に決める．

$LS - LM$ モデルから，生産物市場と貨幣市場を同時に均衡させる均衡 GDP と物価水準 P の関係を求めたのが総需要曲線（AD 曲線）である．

労働市場の諸関係と企業の労働需要態度から，均衡 GDP（Y）と物価水準 P の関係を求め，これを総供給曲線（AS 曲線）という．

$AD - AS$ モデルは，生産物市場，貨幣市場，労働市場を同時に均衡させる均衡 GDP（Y）と均衡物価水準率 P を，AD 曲線と AS 曲線の交点として一意に決める．

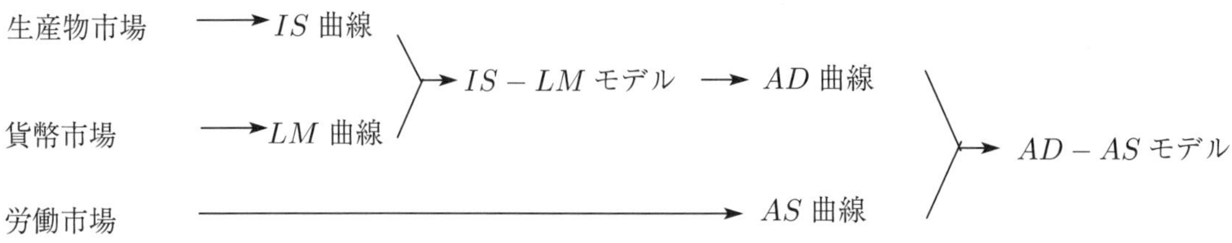

図 **III.2**　マクロ経済学の市場均衡モデルの体系 1

対外関係を含む**オープンモデル**では，第 4 の市場として外国為替市場が導入され，変動相場制モデルでは為替レートが内生変数として加わることになる．

マクロ経済学の市場均衡モデルは，それを基礎に政府の経済諸政策の効果を分析する市場均衡モデルの**比較静学分析**へ発展させられる．

マクロ経済学のもうひとつの柱が，**マクロ動学理論**である．マクロ動学理論は大きく分けると次の 2 つに分けることができる．ひとつは，市場均衡理論に関連して，市場において需要と供給が一致していない場合に作用する市場調整メカニズムを定式化し，市場均衡の性質や運動を考察する**市場調整の動学理論**である．そして，もうひとつは，国民経済のマクロ的把握を基礎に，国民経済の経済成長や景気変動を考察する**マクロ動学理論**である．国民経済を構成する各市場の均衡は国民経済の一時的な状態を表すが，それは決して静的な安定した経済状態を意味しない．国民経済は中期的には景気変動をおこないながら，長期的には経済成長をおこなっている．マクロ動学理論は，景気変動や経済成長の原因やメカニズムを動学理論として考察する．

第 10 章

指数計算と乗数 —数列と数列の和—

経済学では，国内総生産 GDP などの経済量が時間を通して変化する姿を数値の並びによって表すことがある．経済学は，GDP の変動の法則や原因を解明することを最大の問題関心のひとつとしているが，数の並びの法則を把握することは他の学問分野でも重要な課題になる．しかし，数の並びは法則性・規則性があるものばかりではない．数学では，ある一定の規則に従う数の並びを **数列** という．ここでは最も基本的な数の並びの規則である **等差数列** と **等比数列** を取り上げる．これらの数列の考え方は，マクロ経済学の **投資乗数の理論** や **投資の限界効率の理論** を理解する上で重要である．

10.1 数列

次の数の並びは自然数を 1 から順番に並べたものである．

$$1,\quad 2,\quad 3,\quad 4,\quad 5,\quad 6,\quad \cdots \tag{10.1}$$

これは最も簡単な数列である．この数列の規則は「1 から始めて前の数に 1 を加える」というものである．また，次の数の並びは見るだけで直ちに分るように「2 から始めて前の数を 2 倍する」というものである．

$$2,\quad 4,\quad 8,\quad 16,\quad 32,\quad 64,\quad \cdots \tag{10.2}$$

このように一定の規則にしたがって並ぶ数の列を数列といい，数列の各数を **項** という．最初の項を **初項**，2 番目の項を **第 2 項**，3 番目の項を **第 3 項**，$\cdots$，n 番目の項を **第 n 項** という．数列とその各項をサブスクリプト付きの文字で次のように書くこともある．

$$a_1,\quad a_2,\quad a_3,\quad a_4,\quad \cdots,\quad a_n,\quad \cdots \tag{10.3}$$

数列の n 番目の項を n を用いて表すことができるとき，それを数列の **一般項** という．例えば，数列 (10.1) の一般項は n である．また，数列 (10.2) の一般項は 2^n である．数列はある規則に従う数の並びであるから，それを表現するとき上のように数を並べて書くだけでなく，一般項が明らかなときにはそれを用いて次のように表すこともできる．

$$\begin{aligned} &\text{数列 (10.1)} \quad \Rightarrow \quad \text{数列 } \{n\} \\ &\text{数列 (10.2)} \quad \Rightarrow \quad \text{数列 } \{2^n\} \\ &\text{数列 (10.3)} \quad \Rightarrow \quad \text{数列 } \{a_n\} \end{aligned}$$

数列が有限個の数で構成されるとき **有限数列**，一番最後の項を **最終項** または **末項** という．それに対し，項の数が限りなくあるとき **無限数列** という．

以下では，実数の等差数列と等比数列を取り上げ，マクロ経済学における応用を見る．

10.2　等差数列と等差数列の和

自然数を 1 から順番にならべた数列 (10.1) の規則は「1 から始めて前の数に 1 を加える」であるから，第 1 項と第 2 項の差，第 2 項と第 3 項の差，したがって，一般に第 n 項と第 $n+1$ 項の差は一定で 1 である．このように隣に並ぶ項の差が一定である数列を **等差数列**，等差数列の各項の差を **公差** という．等差数列は初項と公差により一意に定まる．たとえば，初項 10，公差 2 の数列は次のようになる．

$$10,\quad 12,\quad 14,\quad 16,\quad 18,\quad 20,\quad \cdots \tag{10.4}$$

一般に初項を a，公差を d とする等差数列は，

$$a,\quad a+d,\quad a+2d,\quad a+3d,\quad \cdots,\quad a+(n-1)d,\quad \cdots \tag{10.5}$$

である．等差数列の一般項は，第 n 項で表して $\{a+(n-1)d\}$ である．

次に，等差数列の初項から第 n 項までの和 S を考える．

$$S = a+(a+d)+(a+2d)+(a+3d)+\cdots+\{a+(n-2)d\}+\{a+(n-1)d\} \tag{10.6}$$

S を求めてみよう．(10.6) の S の下に右辺の順番を逆に並べてもうひとつ同じ S を書く．

$$\begin{aligned} S &= a + (a+d) + \cdots + \{a+(n-2)d\} + \{a+(n-1)d\} \\ S &= \{a+(n-1)d\} + \{a+(n-2)d\} + \cdots + (a+d) + a \end{aligned}$$

上式の両辺をたし合わせると，右辺は初項と第 n 項の和，第 2 項と第 $n-1$ 項の和，等々$\cdots$ はすべて $\{2a+(n-1)d\}$ であり，それが n 個たし合わされることになる．したがって，

$$2S = n\{2a+(n-1)d\}$$

これより，S は次のように求めることができる．

$$S = \frac{n\{2a+(n-1)d\}}{2} \tag{10.7}$$

すなわち，等差数列の第 n 項までの和は初項 a と第 n 項をたして，項数 n を掛け，2 で割ることにより求めることができる．

例題 10.1　等差数列

初項 2，公差 2 の等差数列に関して次の (1) から (3) を求めよ．

(1). 初項から第 8 項

(2). 一般項

(3). 第 100 項までの和

解答

(1). 2, 4, 6, 8, 10, 12, 14, 16

(2). 一般項：$2 + 2(n-1) = 2n$

(3). 第 100 項までの和：$S = \frac{(2+2n)n}{2} = n(n+1)$ において $n = 100$ を代入して $S = 10100$

10.3　等比数列と等比数列の和

(10.2) の数列の並びの規則は「2 から始めて前の数を 2 倍する」というものであった．このように前項にある定数を掛けて次項が決まる数列を **等比数列**，この定数を **公比** という．初項 a，公比 r の等比数列は次のようになる．

$$a, \quad ar, \quad ar^2, \quad ar^3, \quad \cdots, \quad ar^{n-1}, \quad \cdots \tag{10.8}$$

例題 10.2　利子計算

100 万円を年利 1 % の 5 年定期預金に預けるとき，各年の元利合計をもとめる．なお，利子所得には源泉徴収で税率 20 % の税金が課税される．ただし，円単位より小さい値は切り捨てる．

解答　税引き後の年利率は $0.01 \times (1-0.2) = 0.008$ であるから，100 万円を複利計算で 5 年間預金するときの各年の元利合計は複利計算で，初項 1,000,000，公比 $1 + 0.008$ の等比数列として計算することができる．

元金	1 年後	2 年後	3 年後	4 年後	5 年後
1,000,000	1,008,000	1,016,064	1,024,192	1,032,386	1,040,644

次に，等比数列の第 n 項までの和を求めてみよう．数列（10.8）の第 n 項までの和を S_n とする．

$$S_n = a + ar + ar^2 + ar^3 + \cdots + ar^{n-2} + ar^{n-1} \tag{10.9}$$

（10.9）の両辺に公比 r をかける．

$$rS_n = ar + ar^2 + ar^3 + ar^4 + \cdots + ar^{n-1} + ar^n \tag{10.10}$$

そこで,（10.9）と（10.10）の辺どうしの差をとると，

$$(1-r)S_n = a(1-r^n)$$

したがって，数列（10.8）の第 n 項までの和を S_n は次のように求めることができる．

$$S_n = a\frac{1-r^n}{1-r} \tag{10.11}$$

例題 10.3　等比数列の和
初項 1，公比 2 の等比数列の第 8 項までの和 S_8 を求める．

解答　(10.11) において，$a = 1, r = 2, n = 8$ を代入して，

$$S_8 = 1 \times \frac{1 - 2^8}{1 - 2} = 255$$

一般に，公比 $|r| > 1$ のとき，n が大きくなるとともに第 n 項 ar^{n-1} の絶対値は指数的に増大するので，第 n 項までの和 S の絶対値は n が大きくなるにともない大きくなる．公比 $|r| > 1$ のとき，第 n 項までの和 S_n は **発散** するという．それに対し，公比 r の絶対値が 1 より小のとき，項数 n が大きくなればなるほど，r^n は限りなくゼロに近づく．ある値に限りなく近づくとき，その値に **収束** するという．

$$\lim_{n \to 0} r^n = 0$$

したがって，公比 $|r| < 1$ のとき，無限等比数列の和は次の値に収束する．

$$\lim_{n \to 0} \sum_{t=1}^{n} ar^{t-1} = \lim_{n \to 0} a\frac{1 - r^n}{1 - r} = a\frac{1}{1 - r} \tag{10.12}$$

例題 10.4　無限等比数列の和
初項 1，公比 0.5 の無限等比数列の和 S_∞ を求める．

$$S_\infty = 1 + 0.5 + (0.5)^2 + (0.5)^3 + (0.5)^4 + \cdots$$

解答　(10.12) において，$a = 1, r = 0.5$ を代入して，

$$S_\infty = 1 \times \frac{1}{1 - 0.5} = 2$$

本章末の練習問題 1 と 2 を行ってから先に進むこと．

10.4　マクロ経済学への応用

乗数理論

マクロ経済学は，生産物市場，金融市場，労働市場の 3 つの市場において，家計，企業および政府の 3 つの経済主体が取り結ぶ諸関係として国民経済を把握する．生産物市場において家計，企業および政府の 3 つの経済主体が取り結ぶ関係は，生産物市場における総需要と総供給に集約される．すなわち，総需要 D は家計がおこなう消費支出 C，企業がおこなう投資支出 I，政府がおこなう政府支出 G，そして対外関係としての純輸出 NX（＝輸出 Ex －輸入 Im）から構成される．他方，総供給 Y は，資本ストック K を一定として，民間企業の生産

関数 $Y = F(\bar{K}, L)$ でしめされる．ここで，L は雇用労働量である．なお，総供給 Y は生産面の国内総生産（Gross Domestic Product:GDP）で把握される．

生産物市場における総需要 D と総供給 Y の関係は常に一致しているというわけではない．総需要と総供給が一致しない場合，生産物市場の市場調整メカニズムが働く．一般に，市場調整メカニズムは需給不一致に対して価格が変動する価格調整メカニズムと，需要量と供給量が変動する数量調整メカニズムから構成される．マクロ経済学では，生産物市場の市場調整メカニズムとして **有効需要の原理** を想定する．有効需要の原理とは，生産物市場の市場調整は価格調整よりは数量調整が主要な調整メカニズムであって，総需要と総供給が一致しないときには価格水準が変化するのではなく，支払能力ある総需要が総供給を決めるという関係をいう．

生産物市場

$$\begin{aligned} \text{総需要：} \quad & D = C + I + G + Ex - Im \\ \text{総供給：} \quad & Y = F(\bar{K}, L) \\ \text{有効需要の原理：} \quad & Y = C + I + G + Ex - Im \\ \text{（需給一致条件）} \quad & \end{aligned} \tag{10.13}$$

有効需要の原理を表す（10.13）第 3 式は，右辺の総需要が総供給を決めることを意味する．

そこで，総需要各項目の大きさが，どのように決まるのかが問題になる．まず消費支出 C の決定に関して，ケインズ型消費関数を導入する．ケインズ型消費関数は，消費支出 C は国民所得あるいは GDP の水準に依存し，GDP が増加すれば消費支出も増加するが，GDP の増加ほどには消費支出は増加しないと想定している．

ケインズ型消費関数

$$\begin{cases} \text{ケインズ型消費関数：} & C = C(Y) \\ \text{限界消費性向：} & \dfrac{dC}{dY} > 0 \\ \text{限界消費性向の逓減：} & \dfrac{d^2C}{dY^2} < 0 \end{cases} \tag{10.14}$$

例題 10.5　ケインズ型消費関数と投資乗数

消費関数が $C = 0.8Y + 500$，投資が $I = 1000$（C：消費，Y：国民所得，I：投資）で与えられるとき，投資を 200 増加させるときの均衡国民所得の増加を求めなさい．政府部門および海外との取り引きはないものとする．

解答　政府および海外部門を捨象すると，生産物市場の需給均衡式 $Y = C + I$ より，投資を $\Delta I = 200$ 増加させると国民所得はそれと同額の $\Delta Y_1 = 200$ だけ増加する．国民所得の増加は消費支出を増加させる．消費の増加は，与えられた消費関数の限界消費性向をかけて $\Delta C = 0.8 \times 200 = 160$ である．この消費増加 $\Delta C = 160$ は国民所得を同じ額だけ増加させる．そして，この国民所得の増加 $\Delta Y_2 = 160$ はさらに消費を増加させ，それが更に国民所得の増加 $\Delta Y_3 = 0.8 \times 160 = 0.8^2 \times 200$ をもたらす．以上の波及過程は無限に続くとすると，投資 $I = 200$ の増加にともなう国民所得の増加は，次の無限等比級数の和によって示すとされる．

$$\Delta Y = \Delta Y_1 + \Delta Y_2 + \Delta Y_3 + \cdots$$

$$\begin{aligned} &= 200 + 0.8 \times 200 + 0.8^2 \times 200 + 0.8^3 \times 200 + \cdots \\ &= 200(1 + 0.8 + 0.8^2 + 0.8^3 + \cdots) \\ &= 200 \times \frac{1}{1-0.8} = 200 \times 5 = 1000 \end{aligned}$$

投資の経済波及効果を **投資の乗数効果** という．こうした経済波及のプロセスを理解した上で，投資の乗数効果は，通常，次のように計算される．すなわち，生産物市場の需要と供給の均衡式 $Y = C + I$ に消費関数 $C = cY + C_0$ と投資 I を代入して，均衡 Y を求めると，

$$Y = \frac{C_0 + I}{1 - c}$$

この状態で，投資 I が増えたとすると，

$$Y + \Delta Y = \frac{C_0 + I + \Delta I}{1 - c}$$

両式の差をとると，

$$\Delta Y = \frac{\Delta I}{1 - c} = \frac{1}{s}\Delta I$$

限界消費性向は $1 > c > 0$ であるから $\dfrac{1}{1-c} = \dfrac{1}{s} > 1$ である．したがって，投資の増加 ΔI は $\dfrac{1}{s} > 1$ 倍の Y の増加をもたらす．この倍数を **投資乗数** という．例題 10.5 では，$\Delta I = 200, c = 0.8$ であるから，

$$\Delta I = \frac{1}{1 - 0.8} \times 200 = 5 \times 200 = 1000$$

である．この結果は，波及過程をたどって計算した結果に一致する．

割引現在価値の計算

例題 10.6　割引現在価値の計算

1 年後の 100 万円の現在の値（現在価値）を求めよ．また，3 年後の 100 万円の現在の値（現在価値）を求めよ．その際，割引率を 5 %として計算すること．

解答　**割引現在価値** の計算は，将来の価値額を利子率で割り引いて現在の値に直す計算である．例題にそって説明すると，1 年先に 100 万円を入手できる権利（例えば支払約束手形）を持っている人が，現在の時点で他者にその権利を買ってもらって，現金にすることを考える．この権利を購入する立場から見ると，この権利を購入することはある金額を貸出して 1 年後に利子を含んで 100 万円を返済してもらうことと同じである．そこで，この権利を購入する金額を x 円，貸出利子率を r として，

$$x \times (1 + r) = 1000000 \quad したがって， \quad x = \frac{1000000}{1 + r}$$

ということになる．n 年後の 100 万円の現在価値の計算も，同じように考えると貸し手側からは複利で n 年間貸すことと同じである．したがって，n 年後の 100 万円の現在価値は，次のように計算される．

$$x \times (1 + r)^n = 1000000 \quad したがって， \quad x = \frac{1000000}{(1 + r)^n}$$

割引現在価値の計算は，立場を替えた利子計算であり，その意味で利子計算の逆計算である．そして，割引現在価値の計算に用いられる利子率を **割引率** という．

例題 10.6 の答えは次のようになる．

$$\frac{1000000}{1+0.05} = 952380.95\cdots$$

円単位以下を切り捨て，1 年後の 100 万円の現在価値は，5 %で割り引いて 952380 円である．

$$\frac{1000000}{(1+0.05)^3} = 863837.59\cdots$$

円単位以下を切り捨て，3 年後の 100 万円の現在価値は，5 %で割り引いて 863837 円である．

例題 10.7　永久年金の現在価値
毎年永久に 100 万円を得ることができる年金（権利）の現在価値を，割引率を 5 %として計算せよ．

解答　この年金の割引現在価値を V 円とすると，

$$V = \frac{1000000}{(1+0.05)} + \frac{1000000}{(1+0.05)^2} + \frac{1000000}{(1+0.05)^3} + \cdots$$

となり，初項 $\frac{1000000}{(1+0.05)}$，公比 $\frac{1}{(1+0.05)}$ の無限等比級数の和である．したがって（10.12）より，

$$V = \frac{1000000}{(1+0.05)} \times \frac{1}{1-\frac{1}{(1+0.05)}} = \frac{1000000}{0.05} = 20000000$$

毎年永久に 100 万円を得ることができる年金（権利）の現在価値は 5 %で割り引いて 2000 万円である．逆に見て，2000 万円を毎年 5 %で運用できれば、毎年 100 万円の利子所得を得ることができる．

投資の限界効率

例題 10.8　投資の限界効率
ある企業が次の設備投資計画を検討している．

設備の稼動予定年数：2 年
予想収益の系列：毎年 121 万円（2 年間）
設備導入コスト：210 万円

この設備投資計画の「投資の限界効率」を求めよ．

解説　**投資の限界効率** の理論によれば，企業の設備投資計画は次の情報をもとに評価することができる．すなわち，

第 1 に，その投資計画を実行した場合の予定稼動年数 n

第 2 に，n 年間の予想収益の系列 $Q_1, Q_2, \cdots, Q_n$

第 3 に，その投資計画を実行する際の総費用 C

第 4 に，その C の資金調達コストである利子率 r

以上の情報をもとに，将来の n 年間の予想収益の系列を利子率 r で割り引いてその現在価値 PV を計算する．

$$PV = \frac{Q_1}{1+r} + \frac{Q_2}{(1+r)^2} + \cdots + \frac{Q_2}{(1+r)^n}$$

予想収益の現在価値 PV と投資の総費用 C と比較して，

$PV > C \quad \Rightarrow \quad$ 投資計画は実行可能
$PV = C \quad \Rightarrow \quad$ どちらでもよい
$PV < C \quad \Rightarrow \quad$ 投資計画は実行不能

と判断することができる．また，次の式は，予想収益の系列を割り引いて総費用 C に等しくさせる割引率 m を求める式である．この式から決まる割引率 m を **投資の限界効率** という．

$$C = \frac{Q_1}{1+m} + \frac{Q_2}{(1+m)^2} + \cdots + \frac{Q_2}{(1+m)^n}$$

投資計画の実行可能性の判断は，利子率と投資の限界効率の比較によっても行うことができる．

$r < m \quad \longleftrightarrow \quad PV > C \quad \Rightarrow \quad$ 投資計画は実行可能
$r = m \quad \longleftrightarrow \quad PV = C \quad \Rightarrow \quad$ どちらでもよい
$r > m \quad \longleftrightarrow \quad PV < C \quad \Rightarrow \quad$ 投資計画は実行不能

解答　例題 10.8 は，将来 2 年間の予想収益の系列と設備導入コストから，この投資計画の投資の限界効率 m を求める問題である．したがって，投資の限界効率を求める式をつくると，

$$210 = \frac{121}{1+m} + \frac{121}{(1+m)^2}$$

ここで，$x = \frac{11}{1+m}$ とおくとこの方程式は，次のようになる．

$$x^2 + 11x - 210 = 0$$

これを解くと，

$$x^2 + 11x - 210 = (x+21)(x-10) = 0$$

$x > 0$ であるから，$x = 10 = \frac{11}{1+m}$ より，$m = 0.1$．この投資計画の投資の限界効率は $m = 0.1$，すなわち 10 % である．

本章末の練習問題 3 と 4 を行うこと．

練習問題

1．次の等差数列について (1) から (3) を求めよ．

$$22, \quad 19, \quad 16, \quad 13, \quad 10, \quad 7, \quad 4, \quad 1, \quad -2$$

(1). 初項，公差，項数
(2). 一般項
(3). この数列の和

2．次の数列は，階差数列が等差数列になっている．階差数列とは，もとの数列の各項の差によりつくられる数列のことである．(1) から (3) を求めよ．

$$1, \quad 2, \quad 4, \quad 7, \quad 11, \quad 16, \quad 22, \quad 29, \quad \cdots$$

(1). 階差数列の初項と公差を求めよ．
(2). もとの数列の一般項を求めよ．
(3). もとの数列の第 10 項までの和を求めよ．

Hint: $\displaystyle\sum_{t=1}^{n} t^2 = \frac{1}{6}n(n+1)(2n+1)$

3．次の問題に答えなさい．

表は，ある企業の投資プロジェクト案である．投資家は，ケインズの投資決定理論に基づき，これらのプロジェクト案を実施するかどうか判断する場合，次の記述のうち妥当なのはどれか．ただし，利子率は 10 %とする．

プロジェクト案	設備の利用期間	設備の費用	毎期の予想収益
A 案	2 年	1200 億円	605 億円
B 案	3 年	3200 億円	1331 億円
C 案	2 年	8500 億円	4840 億円

1. A 案，B 案および C 案いずれも実施する．
2. A 案および B 案は実施し，C 案は実施しない．
3. B 案は実施し，A 案および C 案は実施しない．
4. B 案および C 案は実施し，A 案は実施しない．
5. C 案は実施し，A 案および B 案は実施しない．

平成 1 年度国税専門官

4．次の問題に答えなさい．

A 国では，消費は恒常所得仮説に基づいており，消費関数と恒常所得がそれぞれ次の式で表され，かつ所得 Y_t は毎期 1 割ずつ増加するものとする．

一方，B 国では，消費は習慣形成仮説に基づいており，消費関数と所得についての恒等式が，それぞれ次の式で表され，かつ，投資 I_t は毎期1割ずつ増加するものとする．

A国　$C_t = 0.8Y_t^p$

$$Y_t^p = \sum_{i=0}^{\infty} 0.5^{i+1} Y_{t-i}$$

B国　$C_t = 0.5C_{t-1} + 0.4Y_t$

$$Y_t = C_t + I_t$$

ここで，A国，B国とも，長期の消費関数が，$C_t = \alpha Y_t$ で表されるとき，A国およびB国の長期の消費関数の限界（かつ平均）消費性向 α の値として正しいのはどれか．（小数点以下は四捨五入）

	A国	B国
1.	73 %	60 %
2.	73 %	73 %
3.	80 %	40 %
4.	80 %	90 %
5.	90 %	90 %

平成14年度国家I種

第 11 章

連立 1 次方程式モデル

11.1　「45 度線による均衡国民所得の決定」モデル

例題 11.1　生産物市場と均衡 GDP の決定

消費関数が，

$C = 0.8Y + 500,\ I = 1000$

$[C$：消費，Y：国民所得，I：投資$]$

と示されるとする．投資を 200 増加させた場合の均衡国民所得として妥当なものは，次のうちどれか．ただし，政府部門および海外との取引は無視するものとする．

1. 8000　**2.** 8500　**3.** 9000　**4.** 9500　**5.** 10000

平成 8 年度地方上級

解説　生産物市場だけを考慮して，均衡国民所得（あるいは均衡実質 GDP）の水準の決定を行う場合のポイントは次の 3 点である．

ポイント 1 生産物市場で需給が不一致の場合には，市場調整メカニズムは価格調整よりも数量調整が支配的であり，有効需要の大きさにしたがい供給（生産）が変化し，最終的に供給を決定し均衡国民所得を決める．このような生産物市場の関係を「有効需要の原理」という．

ポイント 2 以上の関係を数学的に表現すると，

$$\text{消費関数} \quad C = C_0 + cY,\ C_0 > 0,\ 1 > c > 0 \tag{11.1}$$

$$\text{投資水準 (一定)} \quad I = \bar{I} \tag{11.2}$$

政府部門と海外取引を捨象したモデルで，有効需要の大きさは $D = C + I$ であるから，(11.1)(11.2) より，

$$D = C + I = C_0 + cY + \bar{I} \tag{11.3}$$

である.「有効需要の原理」により有効需要 Y が均衡国民所得 Y^* を決めるので，

$$Y = D \tag{11.4}$$

である．(11.4) は右辺の D が左辺の Y を決めることを表している．(11.4) を (11.3) に代入して，Y について解くと均衡国民所得を求めることができる．

$$Y = C_0 + cY + \bar{I}$$

したがって，均衡 GDP（国民所得）は，

$$Y^* = \frac{C_0 + \bar{I}}{1 - c} \tag{11.5}$$

となる．

ポイント 3 ポイント 2 をグラフで表すと次のようになる．縦軸に D，横軸に Y をとると，(11.3) は，消費関数 $C = C_0 + cY$ に一定の投資 $\bar{I}$ を上にのせた直線である．それに対し (11.4) は原点を通り傾きが 1 の直線となる．均衡国民所得はこの両極線の交点で決まる Y^* である．原点を通る傾き 1 の直線は 45 度線なので，このグラフによる均衡 GDP(国民所得）の決定を「45 度線による均衡国民所得決定」モデルとか，ケインジアン・クロスなどという．

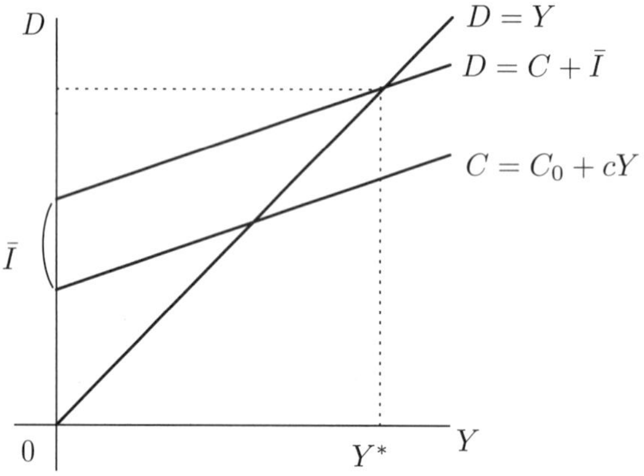

図 11.1　45 度線による均衡国民所得の決定

解答　題意により投資を 200 増やしたので，モデルは

$$C = 0.8Y + 500,\ \bar{I} = 1200$$

となる．(11.3)～(11.5) より，

$$Y^* = \frac{500 + 1200}{1 - 0.8} = 1700 \times 5 = 8500 \tag{11.6}$$

なので，正解は「**2.** 8500」である．

別解　生産物市場における「有効需要の原理」＝需給均衡式を直接あらわすと次の様になる．

$$Y = C + I \tag{11.7}$$

(11.7) を加えると，生産物市場における均衡国民所得決定モデルは，次のように定式化できる．

$$\begin{aligned} \text{生産物市場の需給一致：} \quad Y &= C + I & (11.8) \\ \text{消費関数：} \quad C &= C_0 + cY,\ C_0 > 0,\ 1 > c > 0 & (11.9) \\ \text{投資水準 (一定)：} \quad I &= \bar{I} & (11.10) \end{aligned}$$

(11.10) を (11.8) に代入し，この式と (11.9) の 2 つの式を Y と C を未知数とする連立 1 次方程式とみなすと，

$$\begin{cases} Y - C = \bar{I} \\ -cY + C = C_0 \end{cases}$$

となるので，連立 1 次方程式の解法の「クラーメルの公式」を用いて，均衡国民所得 Y^* とそれに対応する消費 C^* は次のようになる．

$$Y^* = \frac{\begin{vmatrix} \bar{I} & -1 \\ C_0 & 1 \end{vmatrix}}{\begin{vmatrix} 1 & -1 \\ -c & 1 \end{vmatrix}} = \frac{C_0 + \bar{I}}{1 - c}$$

$$C^* = \frac{\begin{vmatrix} 1 & \bar{I} \\ -c & C_0 \end{vmatrix}}{\begin{vmatrix} 1 & -1 \\ -c & 1 \end{vmatrix}} = \frac{C_0 + c\bar{I}}{1 - c}$$

「例題 11.1」に上の結果を当てはめれば，$C_0 = 500, c = 0.8, I = 1200$ であるから，

$$Y^* = \frac{500 + 1200}{1 - 0.8} = 1700 \times 5 = 8500$$

本章末の練習問題 1 を行うこと．

11.2　「$IS-LM$」モデル

例題 11.2　生産物市場と貨幣市場の同時均衡

ある経済において生産物市場および貨幣市場では，次のような関係が成立しているとする．

$$
\begin{aligned}
\text{生産物市場：}\ Y &= C+I \\
C &= 50+0.8Y \\
I &= 50-5r \\
\text{貨幣市場：}\ L &= 0.2Y-5r+180
\end{aligned}
$$

[Y：国民所得，C：消費，I：投資，r：利子率，L：実質貨幣需要]
実質貨幣供給が 150 であったとすると，この経済における均衡国民所得はいくらになるか．ただし，価格水準は一定であるものとする．

1. 170　**2.** 175　**3.** 180　**4.** 185　**5.** 190

平成 2 年度国家 II 種

解説　海外取引を捨象した $IS-LM$ モデルを一般的に表現すると次のようになる．

$$
\begin{aligned}
\text{生産物市場：}\ Y &= C+I+G \\
\text{消費関数：}\ C &= C(Y),\ 1>C'>0 \\
\text{投資関数：}\ I &= I(r),\ I'<0 \\
\text{貨幣市場：}\ \tfrac{M}{p} &= L \\
\text{実質貨幣需要関数：}\ L &= L(Y,r),\ L_y>0,\ L_r<0
\end{aligned}
$$

ここで，記号の意味は G は政府支出であり，M は名目貨幣供給，p は価格水準，他は「例題 11.2」に同じである．上の 3 式が生産物市場に関係し，下 2 つが貨幣市場の関係をあらわす．

生産物市場と貨幣市場を同時に考慮して，均衡国民所得（あるいは均衡実質 GDP）と利子率の同時決定を行う場合のポイントを整理しておこう．

ポイント 1 生産物市場の需要と供給を一致させる実質国民所得 Y と利子率 r の関係を求める．すなわち，生産物市場の需給均衡式に消費関数と投資関数を代入し，Y と r の関係式を求める．

$$Y=C(Y)+I(r)+G \tag{11.11}$$

この関係を $(Y-r)$ 平面に描いたものが右下がりの IS **曲線** である．

ポイント 2 貨幣市場の需要と供給を一致させる実質国民所得 Y と利子率 r の関係を求める．すなわち，貨幣市場の需給均衡式に実質貨幣需要関数を代入し，Y と r の関係式を求める．なお，実質貨幣供給は $\frac{M}{p}$ である．

$$\frac{M}{p}=L(Y,r)) \tag{11.12}$$

この関係を $(Y-r)$ 平面に描いたものが右上がりの LM **曲線**である．

ポイント 3 IS 曲線の方程式と LM 曲線の方程式を連立させて，両市場で同時に需給が均衡する Y と r を求める．グラフでは IS 曲線と LM 曲線の交点 E により均衡国民所得 Y^* と均衡利子率 r^* が決まる (図 11.2 参照)．

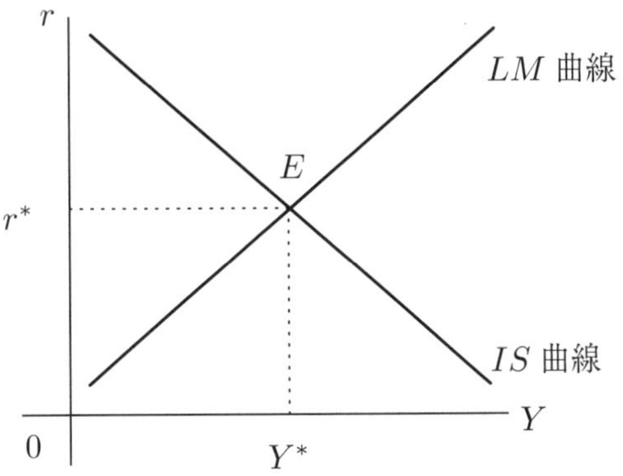

図 11.2　$IS-LM$ モデルと均衡国民所得の決定

[解答] まず，生産物市場の需給均衡式に消費関数と投資関数および政府支出（例題 11.2 では $G=0$）を代入し，IS 曲線の方程式を求める．

$$Y = 50 + 0.8Y + 50 - 5r$$

$$0.2Y + 5r = 100 \tag{11.13}$$

次に，題意から実質貨幣供給を $\frac{M}{p} = 150$ として，貨幣市場の需給均衡式に貨幣需要関数を代入して LM 曲線を求める．

$$150 = 0.2Y - 5r + 180$$

$$0.2Y - 5r = -30 \tag{11.14}$$

そして，両曲線の方程式 (11.13)，(11.14) を連立させて均衡国民所得 Y^* と均衡利子率 r^* を求める．

$$\begin{cases} 0.2Y + 5r = 100 \\ 0.2Y - 5r = -30 \end{cases} \tag{11.15}$$

(11.15) の両式の両辺をそれぞれ加えて，

$$0.4Y = 70$$

$$Y = 70 \times \frac{5}{2} = 175$$

したがって，正解は「２．175」である．

連立 1 次方程式 (11.15) を「クラーメルの公式」で解く．

$$Y^* = \frac{\begin{vmatrix} 100 & 5 \\ -30 & -5 \end{vmatrix}}{\begin{vmatrix} 0.2 & 5 \\ 0.2 & -5 \end{vmatrix}} = \frac{-350}{-2} = 175$$

$$r^* = \frac{\begin{vmatrix} 0.2 & 100 \\ 0.2 & -30 \end{vmatrix}}{\begin{vmatrix} 0.2 & 5 \\ 0.2 & -5 \end{vmatrix}} = \frac{-26}{-2} = 13$$

本章末の練習問題2を行うこと．

11.3　総需要・総供給 $(AD - AS)$ モデル

例題 11.3　総需要曲線の導出

マクロ経済モデルが，

$$\begin{aligned} Y &= C + I \\ C &= 30 + 0.7Y \\ I &= 60 - 6r \\ M/P &= L \\ L &= 0.3Y + (150 - 10r) \\ M &= 800 \end{aligned}$$

[Y：実質国民所得，C：実質消費，I：実質投資，r：利子率，
L：実質貨幣需要，M：名目貨幣供給，P：物価水準]
で示されるとき，総需要曲線はどのように表されるか．

1. $P = \frac{1}{1000}Y$　**2.** $P = \frac{1000}{Y}$　**3.** $P = 1000 - Y$
4. $P = 100r - Y$　**5.** $P = \frac{1000}{rY}$

平成1年度国家II種

解説　総需要関数あるいは **総需要曲線** は，物価水準 P を変数としたときに $IS - LM$ モデルから導出される P と総需要＝実質国民所得 Y の関係をいう．$IS - LM$ モデルは，生産物市場と貨幣市場の同時均衡を表現するが，ここから導出される総需要関数はこの両市場において同時に需要と供給が均衡するような物価水準 P と Y の関係 $Y = D(P)$ である．労働市場の諸関係と企業の供給行動から導かれる総供給関数 $Y = S(P)$ と合わせて，生産物市場・貨幣市場・労働市場の3つの市場で同時に需給を均衡させる均衡国民所得 Y^* と均衡物価水準 P^* を決定する．

総需要関数（あるは総需要曲線）の導出のポイントは次の3点である．

ポイント 1 価格水準 P を未知数のままで，IS 曲線の方程式と LM 曲線の方程式を導出する．

ポイント 2 IS 曲線の方程式と LM 曲線の方程式を連立させて，Y（と r）について解く．

ポイント 3 Y について解いた式を，必要ならば物価水準 $P=\cdots$ の形に変形する．

解答　まず，IS 曲線の方程式と LM 曲線の方程式を求める．

$$IS\text{ 曲線の方程式}\qquad 0.3Y+6r=90 \tag{11.16}$$

$$LM\text{ 曲線の方程式}\qquad 0.3Y-10r=\frac{800}{P}-150 \tag{11.17}$$

次に，Y について解く．(11.16)×50+(11.16)×30 より，

$$24Y=450+30\frac{800}{P}-450=\frac{24000}{P}$$

$$P=\frac{1000}{Y} \tag{11.18}$$

したがって，正解は「2．$P=\frac{1000}{Y}$」です．

別解　連立１次方程式（11.16）（11.17）を Y について「クラーメルの公式」で解く．

$$Y=\frac{\begin{vmatrix}90 & 6\\ \frac{800}{P}-150 & -10\end{vmatrix}}{\begin{vmatrix}0.3 & 6\\ 0.3 & -10\end{vmatrix}}=\frac{-900-\frac{4800}{P}+900}{-4.8}=\frac{1000}{P}$$

したがって，

$$P=\frac{1000}{Y}$$

例題 11.4　$AD-AS$ **分析**

ある国の財市場，貨幣市場及びマクロ的生産関数が次のように表されるとする．

財市場	$Y=C+I$
	$C=20+0.6Y$
	$I=60-20r$
	(Y：国民所得，C：消費，I：投資，r：実質利子率)
貨幣市場	$\frac{M}{P}=L$
	$L=8Y-100r$
	(M：名目貨幣供給量，P：物価水準，L：実質貨幣需要量)
マクロ的生産関数	$Y=4N^{\frac{1}{2}}$
	N：労働投入量

名目貨幣供給が 9000，名目賃金率が 6 のとき，均衡所得と物価水準の組合せとして正しいのはどれか．

	均衡所得	物価水準
1.	20	10
2.	40	30
3.	60	45
4.	80	60
5.	100	80

平成 14 年度国家 I 種

解説　総需要 (AD) 関数あるいは総需要曲線の方程式の導出については，前問で解説した通りである．総供給 (AS) 関数あるいは総供給曲線の方程式は，労働市場の諸関係と企業の供給量決定行動から導出される．本例題の題意では，マクロ的生産関数のもとで企業の利潤最大化行動による生産量決定を想定している．

企業部門の利潤最大化行動は，利潤を Π，貨幣賃金率を w として，例題 11.4 のマクロ的生産関数 $Y=4N^{\frac{1}{2}}$ のもとで，$\Pi=PY-wN=P\times 4N^{\frac{1}{2}}-wN$ を最大にするように労働投入量 N と供給量 Y を決定すると，定式化できる．したがって，利潤最大化の 1 階の条件より，

$$\frac{d\Pi}{dN}=\frac{2P}{N^{\frac{1}{2}}}-w=0$$

これを解いて，

$$\frac{w}{P}=\frac{2}{N^{\frac{1}{2}}}$$

マクロ的生産関数を考慮すると，総供給関数は次のようになる．

$$P=\frac{w}{8}Y \tag{11.19}$$

解答　第 1 に，財市場の諸関係から財市場の需給均衡を表す IS 曲線の方程式を求める．

$$0.4Y+20r=80 \tag{11.20}$$

第 2 に，$M = 9000$ として貨幣市場の諸関係から貨幣市場の需給均衡を表す LM 曲線の方程式を求める．

$$8Y - 100r = \frac{9000}{P} \tag{11.21}$$

第 3 に，解説したとおり労働市場の諸関係と企業の供給行動から AS 曲線の方程式を求める．ここでは，(11.19) において $w = 6$ として，

$$P = \frac{3}{4}Y \tag{11.22}$$

そこで，IS 曲線の方程式 (11.20) と LM 曲線の方程式 (11.21) から利子率 r を消去し，AD 曲線の方程式を求める．すなわち，(11.20)×5+(11.21) より，AD 曲線の方程式は，次のようになる．

$$Y = 40 + \frac{900}{P} \tag{11.23}$$

そして，AS 曲線の方程式 (11.22) と AD 曲線の方程式 (11.23) を連立させて (P, Y) について解く．すなわち，(11.22) より，

$$Y = \frac{4}{3}P \tag{11.24}$$

を (11.23) に代入し，P に関して整理すると，

$$P^2 - 30P - 675 = 0$$

P に関する 2 次方程式を解いて，

$$P^2 - 30P - 675 = (P + 15)(P - 45) = 0$$

$P > 0$ であることを考慮すると，均衡物価水準は $P^* = 45$ であることが分る．これを (11.24) に代入して，均衡国民所得は

$$Y^* = 60$$

である．したがって，正解は「**3.** 均衡所得 60　物価水準 45」である．

本章末の練習問題 3 をおこなうこと．

練習問題

1．国民経済が次のモデルで記述される．

生産物市場の均衡条件	$Y = C + I + G$
消費関数	$C = 120 + 0.6(Y - T)$
租税関数	$T = 25 + 0.1Y$
投資水準（一定）	$I = 50$

［C：消費，Y：国民所得，I：投資，T：租税，G：政府支出］

政府支出 G は均衡財政主義に基づき実施されるとき，均衡国民所得を求めよ．

2．ある国民が，

$$\begin{aligned} Y &= C + I + G \\ C &= 52 + 0.6(Y - T) \\ I &= 80 - 12r \\ L &= 120 + 0.5Y - 10r \\ M/P &= 170 \\ G &= 20 \\ T &= 20 \end{aligned}$$

で示されるとき，この国の均衡国民所得はいくらか．

［Y：国民所得，C：消費，I：投資，G：政府支出，T：租税，r：利子率，L：実質貨幣需要，M：名目貨幣供給，P：物価水準］

1．100　**2**．200　**3**．300　**4**．400　**5**．500

平成6年度国税専門官

3．マクロ経済が，

$$Y = C + I$$
$$C = 20 + 0.8Y$$
$$I = 85 - 500r$$
$$60 + 0.5Y - 1000r = \frac{M}{P}$$
$$Y = 500 + 100(P - P^e)$$

で示されるとする．

［Y：産出量，C：消費量，I：投資，r：利子率，M：貨幣供給量，P：物価水準，P^e：期待物価水準］

ただし，期待物価水準 P^e は前期に予想した今期の物価水準の値であり，この予想について合理的期待形成仮説 $P = P^e$ が成立するものとする．

貨幣供給量が $M = 300$ であるとき，長期の期待物価水準 P^e はいくらか．

1．0.5　**2**．1.0　**3**．1.5　**4**．2.0　**5**．2.5

平成11年度地方上級

第 12 章

比較静学分析の方法

12.1　線形均衡モデルの比較静学分析

例題 12.1　$IS-LM$ モデルと財政支出増加の効果

マクロ経済学における $IS-LM$ 曲線が,

IS 曲線：$Y=100-10r+G$

LM 曲線：$Y=45+10r+0.5M$

[Y：国民所得, r：利子率（%）, G：政府支出, M：マネーサプライ]

で示されるとする．今, 政府支出が 10 増加し, マネーサプライが不変であったとき, 利子率はどのようになるか．ただし, 物価水準は一定である．

1．不変である．　**2**．0.25 %上昇する．　**3**．0.5 %上昇する．
4．0.75 %上昇する．　**5**．1 %上昇する．

平成 7 年度国家 II 種

解説　このモデルの内生変数は国民所得 Y と利子率 r で, 政策変数（パラメータ）が財政支出 G とマネーサプライ M である．これは, パラメータの変化が内生変数に与える効果を問う問題である．このように, 均衡モデルにおいてパラメータの変化が内生変数に与える効果を調べることを **比較静学分析** という．

比較静学分析の方法は, 線形均衡モデルであろうと非線形均衡モデルであろうと基本的には同じである．それゆえに, 線形均衡モデルにおいて比較静学分析の方法をきちんと理解しておくことが重要である．

解答　パラメータの変化 $(\Delta G, \Delta M)$ による内生変数の変化を $(\Delta Y, \Delta r)$ とする．そこで例題 12.1 の $IS-LM$ 曲線の両式の変化分をとり, 内生変数の変化分を左辺に, パラメータの変化分を右辺に整理すると次のようになる．

$$
\begin{aligned}
\Delta Y + 10\Delta r &= \Delta G \\
\Delta Y - 10\Delta r &= 0.5\Delta M
\end{aligned}
$$

ここではもとの式の定数項は変化しないので上式では消え去っていること, また, 変化分をとる操作は, 数学的には「第 1 部　経済数学の基礎」で学んだ全微分をおこなったことと同じであることにも注意すること．

次に，この両式を内生変数の変化分 $(\varDelta Y, \varDelta r)$ について，クラーメルの公式で解く．

$$\varDelta Y = \frac{\begin{vmatrix} \varDelta G & 10 \\ 0.5\varDelta M & -10 \end{vmatrix}}{\begin{vmatrix} 1 & 10 \\ 1 & -10 \end{vmatrix}} = \frac{-10\varDelta G - 5\varDelta M}{-20} \tag{12.1}$$

$$\varDelta r = \frac{\begin{vmatrix} 1 & \varDelta G \\ 1 & 0.5\varDelta M \end{vmatrix}}{\begin{vmatrix} 1 & 10 \\ 1 & -10 \end{vmatrix}} = \frac{0.5\varDelta M - \varDelta G}{-20} \tag{12.2}$$

そこで，例題 12.1 に戻って，政府支出の増加の利子率に対する効果を調べるには，$\varDelta G = 10, \varDelta M = 0$ を (12.2) に代入して，$\varDelta r = 0.5$ となる．したがって，答は,「**3.** 0.5 %上昇する.」である．

例題 12.1 では，政府支出の増加の利子率に与える効果を見ているが，例えば，マネーサプライの変化が国民所得と利子率に与える効果を調べるには，(12.1)，(12.2) において，$\varDelta G = 0, \varDelta M > 0$ とすればよい．これより，

$$\varDelta Y = \frac{\varDelta M}{4} > 0$$

$$\varDelta r = -\frac{\varDelta M}{40} < 0$$

であるから，マネーサプライの増加は国民所得を増加させ，利子率を低下させる効果をもつことがわかる．

例題 12.2　$IS - LM$ **モデルと貨幣供給増加の効果**

Y：国民所得，r：利子率として，消費関数が $C = 0.6Y + 50$，投資関数が $I = 0.2Y - \mu r + 30$，貨幣需要関数が $L = 0.3Y - 4r + 100$ であるとする．このとき，貨幣供給が 1 単位増加した場合に利子率が 0.1 低下するとすれば，μ はいくらになるか．ただし，物価水準は一定，政府部門，海外部門は無視するとする．

1. 2　　**2.** 2.5　　**3.** 3　　**4.** 4　　**5.** 5

国家 I 種過去問

解説　問題としては，線形均衡モデルとしての $IS - LM$ モデルの比較静学分析である．ただし，貨幣供給の増加の効果がわかっているときに係数を求めることを要求する問題になっている．

解答　IS 曲線の方程式を求めるために，生産物市場の需給均衡式 $Y = C + I$ に消費関数と投資関数を代入し，内生変数 (Y, r) を左辺に，政策変数 M を右辺に移項し整理しておく．

$$0.2Y + \mu r = 80 \tag{12.3}$$

次に，貨幣供給を M として貨幣市場の需給均衡式から LM 曲線の方程式を求める．

$$0.3Y - 4r = M - 100 \tag{12.4}$$

そこで比較静学分析の手法にのっとり (12.3) と (12.3) の変化分をとる．

$$\begin{aligned} 0.2\Delta Y + \mu\Delta r &= 0 \\ 0.3\Delta Y - 4\Delta r &= \Delta M \end{aligned}$$

Δr について解くと，

$$\Delta r = \frac{\begin{vmatrix} 0.2 & 0 \\ 0.3 & \Delta M \end{vmatrix}}{\begin{vmatrix} 0.2 & \mu \\ 0.3 & -4 \end{vmatrix}} = \frac{0.2\Delta M}{-0.8 - 0.3\mu} = -\frac{2\Delta M}{8 + 3\mu} \tag{12.5}$$

ここで，例題 12.2 の題意により，$\Delta M = 1$ の時 $\Delta r = -0.1$ であるから，これを (12.5) に代入して μ を求めると，

$$\begin{aligned} -0.1 &= -\frac{2}{8+3\mu} \\ 8 + 3\mu &= 20 \\ 3\mu &= 12 \\ \mu &= 4 \end{aligned}$$

したがって，例題 12.2 の正解は「**4.** 4」である．

12.2 非線形均衡モデルの比較静学分析

一般に非線形均衡モデルにおける比較静学分析の方法を示しておこう．

内生変数を (x, y)，パラメータを (α, β) とする線形でない均衡モデル (12.6) を考える．

$$\begin{cases} f(x, y) = \alpha \\ g(x, y) = \beta \end{cases} \tag{12.6}$$

均衡モデル (12.6) は均衡値 (x^*, y^*) を持つとしよう（図 12.1 参照）．

このとき，比較静学分析は，パラメータの変化 $(\Delta\alpha, \Delta\beta)$ が内生変数の均衡値に与える効果を調べる．非線形均衡モデルの比較静学分析の手順を示すと以下である．

第 1 に，均衡モデル (12.6) を全微分する．

$$\begin{cases} \frac{\partial f}{\partial x}dx + \frac{\partial f}{\partial y}dy = d\alpha \\ \frac{\partial g}{\partial x}dx + \frac{\partial g}{\partial x}dy = d\beta \end{cases} \tag{12.7}$$

第 2 に，偏微係数 $\frac{\partial f}{\partial x} = f_x, \frac{\partial f}{\partial y} = f_y, \frac{\partial g}{\partial x} = g_x, \frac{\partial g}{\partial y} = g_y$ を均衡点 $E(x^*, y^*)$ で評価する．(12.7) の偏微係数を均衡点で評価することの意味は，均衡点近傍で非線形関数を線形近似する

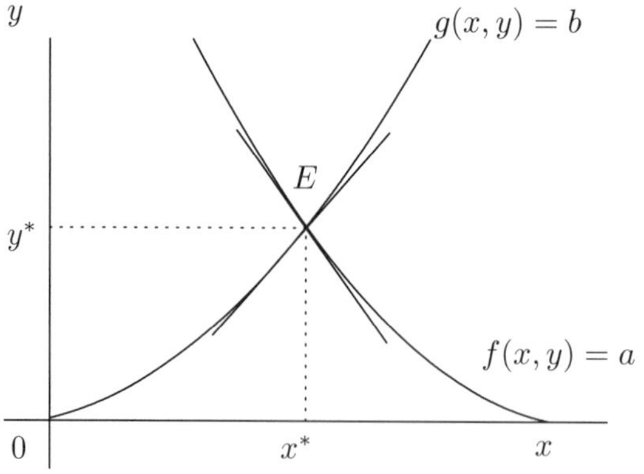

図 12.1　非線形均衡モデル

ことである．図 12.1 には，均衡点 E で接する直線が書き入れてある．この直線の方程式は，(12.7) で $dx = x - x^*, dy = y - y^*$ と置き換えることで示すことができる．このことにより，(12.7) は内生変数の微分 (dx, dy) に関する連立 1 次方程式とみなすことができる．

第 3 に，(12.7) を内生変数の微分 (dx, dy) に関する連立 1 次方程式を (dx, dy) について解く．

$$dx = \frac{\begin{vmatrix} d\alpha & f_y^* \\ d\beta & g_y^* \end{vmatrix}}{\begin{vmatrix} f_x^* & f_y^* \\ g_x^* & g_y^* \end{vmatrix}} = \frac{d\alpha g_y^* - f_y^* d\beta}{f_x^* g_y^* - f_y^* g_x^*} \tag{12.8}$$

$$dy = \frac{\begin{vmatrix} f_x^* & d\alpha \\ g_x^* & d\beta \end{vmatrix}}{\begin{vmatrix} f_x^* & f_y^* \\ g_x^* & g_y^* \end{vmatrix}} = \frac{f_x^* d\beta - d\alpha g_x^*}{f_x^* g_y^* - f_y^* g_x^*} \tag{12.9}$$

ここで，偏微係数にアスタリスク（$*$）を付けたのは，均衡点 $E(x^*, y^*)$ で評価していることを表す．

第 4 に，以上の準備のもとで比較静学分析を行う．例えば，パラメータ α が増加し（$d\alpha > 0$），パラメータ β は変化しない（$d\beta = 0$）ときの内生変数への効果は，

$$dx = \frac{g_y^*}{f_x^* g_y^* - f_y^* g_x^*} d\alpha \tag{12.10}$$

$$dy = -\frac{g_x^*}{f_x^* g_y^* - f_y^* g_x^*} d\alpha \tag{12.11}$$

で示される．(12.10)，(12.11) により，均衡点で評価した偏微係数の符号条件や値が明らかになっていれば (dx, dy) の符号条件が決まる．

例題 12.3 非線形 $IS-LM$ モデルと貨幣供給増加の効果

ケインズ・モデルにおいて，$S(Y)$ を貯蓄関数，$I(r)$ を投資関数，$L_1(Y)$ を貨幣の取引需要，$L_2(r)$ を貨幣の投機的需要とする．もし，$\dfrac{dS}{dY}=0.5, \dfrac{dI}{dr}=-0.1, \dfrac{dL_1}{dY}=0.25, \dfrac{dL_2}{dr}=-0.2$ ならば，このときの貨幣増発が国民所得にもたらす効果はいくらになるか．

1. 0.4 **2.** 0.5 **3.** 0.7 **5.** 0.8 **5.** 1

国家 I 種過去問

解説 この問題は典型的な非線形均衡モデルの比較静学分析である．

解答 題意にしたがって，基本モデルを作成する．

$$IS \text{ 曲線の方程式：} \quad S(Y)-I(r)=0 \tag{12.12}$$

$$LM \text{ 曲線の方程式：} \quad L_1(Y)+L_2(r)=M \tag{12.13}$$

ここで，M は物価水準を一定として実質貨幣供給である．(12.12)，(12.13) を全微分する．

$$\frac{dS}{dY}dY-\frac{dI}{dr}dr=0$$

$$\frac{dL_1}{dY}dY+\frac{dL_2}{dr}dr=dM$$

微分係数に例題 12.3 の数値を代入すると，

$$0.5dY+0.1dr=0 \tag{12.14}$$

$$0.25dY-0.2dr=dM \tag{12.15}$$

(12.14)，(12.15) を国民所得の微分 dY について解く．

$$dY=\frac{\begin{vmatrix} 0 & 0.1 \\ dM & -0.2 \end{vmatrix}}{\begin{vmatrix} 0.5 & 0.1 \\ 0.25 & -0.2 \end{vmatrix}}=\frac{-0.1dM}{-0.125}=0.8dM \tag{12.16}$$

これより $dM=1$ の時，$dY=0.8$ である．同じことだが貨幣供給の増加が国民所得に与える効果を次のように表してもよい．

$$\frac{dY}{dM}=0.8$$

以上より，例題 12.3 の答えは「**4.** 0.8」である．

例題 12.3 を一般化した次の例題で非線形 $IS-LM$ モデルの比較静学分析を行ってみよう．

例題 12.4　非線形 $IS-LM$ モデルの比較静学分析

ケインズ・モデルにおいて，$S(Y,r)$ を貯蓄関数，$I(r)$ を投資関数，G を政府支出，$L(Y,r)$ を実質貨幣需要関数，M を実質貨幣供給とする．各関数は次の性質をもつ．

$$1 > \frac{\partial S}{\partial Y} > 0, \quad \frac{\partial S}{\partial r} > 0, \quad \frac{\partial I}{\partial r} < 0, \quad \frac{\partial L}{\partial Y} > 0, \quad \frac{\partial L}{\partial r} < 0$$

ただしここで，Y は国民所得，r は利子率である．
このとき，政府支出拡大の効果と実質貨幣供給増加の効果を調べなさい．

解答　まず，比較静学分析をおこなう均衡モデルを確認する．ここでは，マクロ経済学の基本モデルである $IS-LM$ モデルである．

$$S(Y,r) - I(r) = G$$
$$L(Y,r) = M$$

基本モデルを構成する両式を全微分する．

$$\frac{\partial S}{\partial Y}dY + (\frac{\partial S}{\partial r} - \frac{\partial I}{\partial r})dr = dG$$
$$\frac{\partial L}{\partial Y}dY + \frac{\partial L}{\partial r}dr = dM$$

「クラーメルの公式」を用いて内生変数の微分 (dY, dr) について解く．

$$dY = \frac{1}{D}\begin{vmatrix} dG & \frac{\partial S}{\partial r} - \frac{\partial I}{\partial r} \\ dM & \frac{\partial L}{\partial r} \end{vmatrix} = \frac{dG\frac{\partial L}{\partial r} - dM(\frac{\partial S}{\partial r} - \frac{\partial I}{\partial r})}{D} \tag{12.17}$$

$$dr = \frac{1}{D}\begin{vmatrix} \frac{\partial S}{\partial Y} & dG \\ \frac{\partial L}{\partial Y} & dM \end{vmatrix} = \frac{-dG\frac{\partial L}{\partial Y} + dM\frac{\partial S}{\partial Y}}{D} \tag{12.18}$$

ここで D は，

$$D = \begin{vmatrix} \frac{\partial S}{\partial Y} & (\frac{\partial S}{\partial r} - \frac{\partial I}{\partial r}) \\ \frac{\partial L}{\partial Y} & \frac{\partial L}{\partial r} \end{vmatrix} = \frac{\partial S}{\partial Y}\frac{\partial L}{\partial r} - \left(\frac{\partial S}{\partial r} - \frac{\partial I}{\partial r}\right)\frac{\partial L}{\partial Y} \tag{12.19}$$

である．例題 12.4 の関数の符号条件から，

$$D = \underset{(+)}{\frac{\partial S}{\partial Y}}\underset{(-)}{\frac{\partial L}{\partial r}} - \left(\underset{(+)}{\frac{\partial S}{\partial r}} - \underset{(-)}{\frac{\partial I}{\partial r}}\right)\underset{(+)}{\frac{\partial L}{\partial Y}} < 0 \tag{12.20}$$

以上の準備のもとで，政府支出拡大の効果を調べると (12.19) と (12.20) において，$dG > 0, dM = 0$ とすると，

$$dY = \frac{\frac{\partial L}{\partial r}}{D}dG > 0$$
$$dr = -\frac{\frac{\partial L}{\partial Y}}{D}dG > 0$$

したがって，政府支出の拡大は，国民所得を増加させ，利子率を上昇させることがわかる．

次に実質貨幣供給増大の効果は (4.19) と (4.20) において，$dG = 0, dM >= 0$ とすると，

$$dY = -\frac{\left(\frac{\partial S}{\partial r} - \frac{\partial I}{\partial r}\right)}{D} dM > 0$$

$$dr = \frac{\frac{\partial S}{\partial Y}}{D} dM < 0$$

これより，実質貨幣供給の増大は国民所得を増加させるが，利子率は低下させる．

練習問題

１．マクロ経済モデルが，

$$
\begin{aligned}
Y &= C + I + G + X - M \\
C &= 0.8(Y - T) + c_0 \\
I &= 0.2Y + i_0 \\
T &= 0.25Y \\
M &= 0.1Y + m_0
\end{aligned}
$$

[Y：国民所得，C：消費，I：投資，G：政府支出，X：輸出（一定），M：輸入，T：税収，c_0，i_0，m_0：定数]
で示されている．いま，経常収支 $(X - M)$ が 20 兆円の黒字であるとき，この黒字を解消するためには，政府支出をどのように変化させなければならないか．

1. 50 兆円の増加．
2. 60 兆円の増加．
3. 変化させない．
4. 50 兆円の減少．
5. 60 兆円の減少．

２．輸出と輸入を含む開放マクロ経済において，政府の行う政策が国民所得に与える効果に関する次の記述のうち，妥当なものはどれか．
　ただし，限界消費性向は 0.8，限界輸入性向は 0.2 であり，民間投資，政府支出及び輸出の大きさは外生的に与えられるものとし，租税は所得及び消費に依存しない定額税であるものとする．

1. 10 兆円の減税政策を実施すると，乗数効果を通じて国民所得は 25 兆円増加することになる．
2. 10 兆円の減税政策を実施した方が，同額の公共投資を行うよりも国民所得の増加は 5 兆円多くなる．
3. 10 兆円の公共投資を行うと，輸入誘発効果を通じて輸入が 5 兆円増えることになる．
4. 10 兆円の公共投資を行うと，乗数効果を通じて国民所得は 20 兆円増加することになる．
5. 限界輸入性向が 0.3 に上昇した場合，10 兆円の公共投資を行うと，乗数効果を通じて国民所得は 25 兆円増加することになる．

平成 15 年度国家 II 種

３．ある国のマクロ経済が以下のように表される．

$$Y = C + I + G$$

$$
\begin{aligned}
C &= 30 + 0.8(Y - T) \\
I &= 50 + \frac{2}{r} \\
T &= T_0 + 0.5Y \\
M &= Y + \frac{10}{r}
\end{aligned}
$$

[Y：国民総生産，C:消費，I:投資，G：政府支出，T:税，r：利子率，M：貨幣供給量]

政府は景気刺激のため政府支出を増加させるが，財政収支を一定に保つように T_0 を変化させる．ただし，M は一定とする．このとき，乗数 $\dfrac{\Delta Y}{\Delta G}$ の値として妥当なのはどれか．

1. $\frac{1}{2}$　**2.** $\frac{2}{3}$　**3.** 1　**4.** $\frac{3}{2}$　**5.** 2

平成 12 年度国家 I 種

第 13 章

経済動学 1 – 差分方程式モデル

13.1 経済変数の離散的変化と連続的変化

マクロ経済学は，生産物市場，金融市場，労働市場，そして対外関係を含む場合には外国為替市場からなる国民経済を想定し，これらの市場における需要と供給の同時均衡をベースとして国民経済を考察する市場均衡理論と，国民所得の成長や変動を分析するマクロ経済動学から構成される．市場均衡理論の基本的な数学的方法は連立方程式モデルである．それに対し，マクロ経済動学の主要な数学的方法は，経済変数の **離散的変化** を取り扱う差分方程式モデルと， **連続的変化** を考察する微分方程式モデルである．本章では経済動学に登場する基本的な差分方程式モデルを取り上げる．そして，次章で同じく経済動学を学ぶときに必要な基本的な微分方程式モデルを取り上げ解説する．

経済動学の数学的方法を解説する前に，マクロ経済動学の観点から経済変数の離散的変化と連続的変化の相違と関連を整理し理解しておこう．

マクロ経済変数の変動の代表的な例として，国民経済の実質国内総生産 GDP の変化を取り上げよう．実質 GDP は一国の経済活動の規模とその成果を把握する代表的な経済指標である．ある国の t 年の実質 GDP を Y_t あるいは $Y(t)$ で表すとしよう．通常，この国の経済成長は t 年から翌年 $t+1$ 年にかけての実質 GDP の変化で示される．

$$\text{実質 GDP の変化} \quad \mathit{\Delta} Y_{t+1} = Y_{t+1} - Y_t \tag{13.1}$$

$\mathit{\Delta} Y_{t+1}$ は経済が成長しているときにはプラスであるが，経済活動が縮小している場合はマイナスの値になる．(13.1) の実質 GDP の変化を対前期変化率で表すと次のようになる．

$$\text{実質 GDP の対前期変化率} \quad \frac{\mathit{\Delta} Y_{t+1}}{Y_t} = \frac{Y_{t+1} - Y_t}{Y_t} \tag{13.2}$$

(13.1) や (13.2) で示される実質 GDP の変化の把握は，t 年から $t+1$ 年にかけての変化という意味では 1 年間の変化であり，このように期間をとって把握する経済変数の変化を **離散的変化** という．このことを明示して実質 GDP の変化を表すならば，(13.1) は次のように書くべきであろう．

$$\text{実質 GDP の変化} \quad \frac{\mathit{\Delta} Y_{t+1}}{1} = \frac{Y_{t+1} - Y_t}{(t+1) - t} \tag{13.3}$$

変化を測る期間が明らかである場合には (13.3) の分母の 1 を書く必要はないので，(13.1) のように経済変数の離散的変化を表す．

ところで，実質 GDP の変化を考えるとき，変化を測る期間を 1 年間とするケースばかりではない．例えば，日本を含めて，四半期（3ヶ月）毎に実質 GDP の変動を発表する国も多い．この場合，四半期の期間を明示して実質 GDP の変化を書くと，$h=\frac{1}{4}$ 年として，

$$\text{四半期の実質 GDP 変化}\quad \frac{\Delta Y_{t+h}}{h}=\frac{Y_{t+h}-Y_t}{(t+h)-t}=\frac{Y_{t+h}-Y_t}{h} \tag{13.4}$$

となる．また，(13.4) において $h=\frac{1}{12}$ 年とすれば 1ヶ月の変化を，$h=\frac{1}{52}$ 年とすれば 1 週間毎の変化を，そして $h=\frac{1}{365}$ 年とれば 1 日の変化を表すことになる．そこで，h をゼロに近づけていけば，Y_t の瞬間の変化を表すことができる．

$$\text{実質 GDP の } t \text{ 時点における瞬間の変化}\quad \lim_{h\to 0}\frac{\Delta Y_{t+h}}{h}=\lim_{h\to 0}\frac{Y_{t+h}-Y_t}{h} \tag{13.5}$$

ところで，(13.5) は $Y_t=Y(t)$ と書くならば第 I 部で学んだ微分の定義そのものである．

$$\lim_{h\to 0}\frac{Y(t+h)-Y(t)}{h}=\frac{dY(t)}{dt}$$

したがって，経済変数 Y_t の t 時点における瞬間の変化は次のように書くことができる．

$$\text{実質 GDP の } t \text{ 時点における瞬間の変化}\quad \lim_{h\to 0}\frac{Y(t+h)-Y(t)}{h}=\frac{dY}{dt}$$

このような，時間 t に関する微分で表現される経済変数の変化を **連続的変化** という．連続的変化における変化率は次のようになる．

$$\text{実質 GDP の } t \text{ 時点における瞬間の変化率}\quad \frac{\frac{dY}{dt}}{Y}=\frac{Y'}{Y}$$

ここで $Y'=\dfrac{dY}{dt}$ である．

経済変数の離散的変化を取り扱う数学的方法として差分方程式モデルが，連続的変化を取り扱う数学的方法として微分方程式モデルがある．マクロ経済動学に登場する基本的な差分方程式モデル・微分方程式モデルとして，本章で 1 階および 2 階の線形差分方程式を，次章で同じく 1 階および 2 階の線形微分方程式を中心に解説する．

13.2　1 変数 1 階の線形差分方程式モデル

1 階の差分方程式と位相図

1 変数 x に関する階差 n 階の差分方程式を一般的に表現すると次のようになる．

$$x_t=F(x_{t-1},x_{t-2},\cdots,x_{t-n}) \tag{13.6}$$

ここで，階差とは (13.6) における x_i の項数差の最大数をいう．(13.6) は第 t 項と第 $t-1, t-2, \cdots, t-n$ 項の関数関係 F をあらわしており，その項数の差の最大数は n である．初期値として $x_0, x_1, \cdots, x_{n-1}$ が与えられると，(13.6) は以降の x_t を一意に決める．

1変数 x にかんする階差1の差分方程式を一般的に書くと次のようになる．

$$x_t = f(x_{t-1}) \tag{13.7}$$

(13.7) は x_{t-1} が関数 f により次項の変数 x_t の値を決めることを表し，したがって初期値 x_0 が与えられれば x の系列が一意に決まることを意味する．すなわち，

$$x_0 \xrightarrow{f} x_1 \xrightarrow{f} x_2 \xrightarrow{f} \cdots \xrightarrow{f} x_{t-1} \xrightarrow{f} x_t \xrightarrow{f} \cdots$$

図13.1は，(x_{t-1}, x_t) 平面に関数 f を描くことにより変数 x の運動を示したものである．初期値 x_0 が図の位置に与えられたとすると，関数 f により次項 x_1 が縦軸の位置に決まる．さらに，縦軸の x_1 を45度線に当てて横軸に戻したのが，横軸の x_1 である．この x_1 に対して，関数 f は次項の x_2 を決める．以下同様にして，x の系列が一意に決まる．このような図を **差分方程式** の **位相図** という．

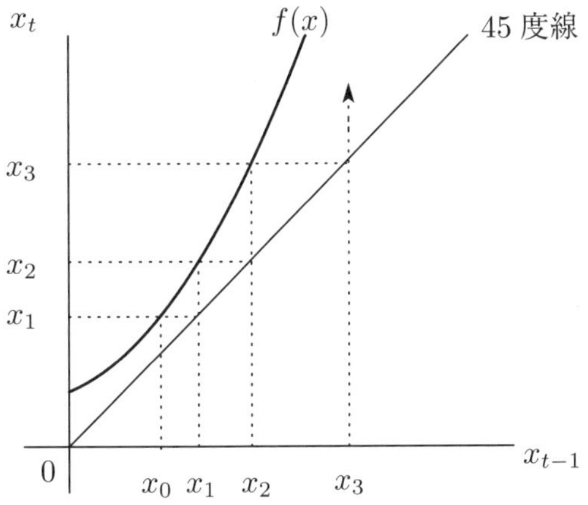

図 13.1　1階差分方程式における x_t と x_{t+1} の関係

本節では (13.7) が線形のケースを取り上げるが，(13.7) が非線形の場合にも位相図を用いることで，1階差分方程式の解の時間経路を定性的に理解することができる．(13.7) が $x^* = x_{t+1} = x_t$ となる特殊な解を持つとしよう．位相図では，このような特殊な解は45度線と曲線 $f(x)$ の交点で示され，これを**不動点** という．

図13.2では，それぞれ不動点がひとつの1階差分方程式の位相図を描いている．図13.2（Ⅰ）は，$f(x)$ は不動点 E の近傍で評価して $f'(x^*) > 0, |f'(x^*)| < 1$ であり，x_t の系列は $t \to \infty$ のとき $x_t \to x^*$ に収束する．

同（Ⅱ）は，不動点 E の近傍で評価して $f'(x^*) > 0, |f'(x^*)| > 1$ であり，x_t の系列は $t \to \infty$ のとき $x_t \to \pm\infty$ で発散する．

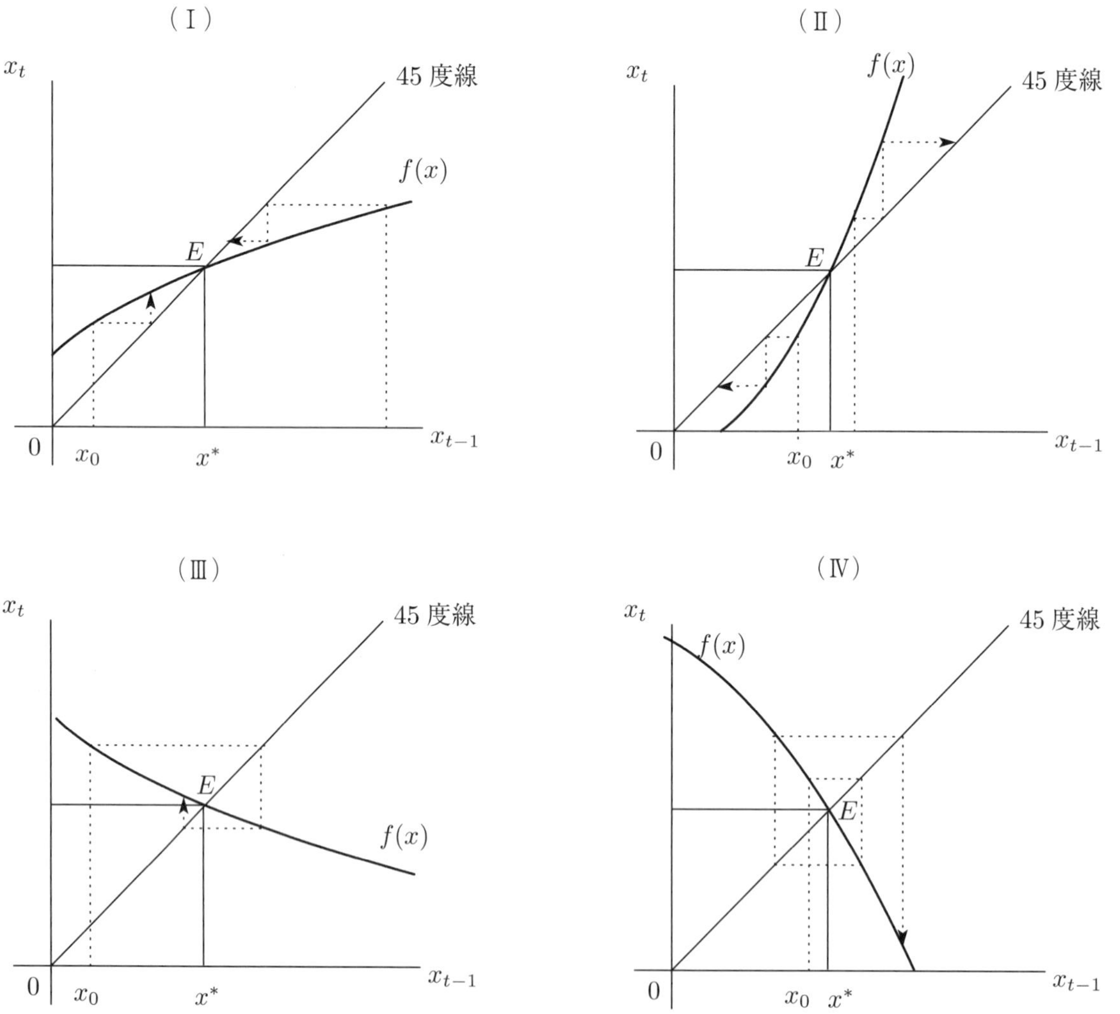

図 13.2　1 階差分方程式の運動

同（Ⅲ）は，不動点 E の近傍で評価して $f'(x^*) < 0, |f'(x^*)| < 1$ であり，x_t の系列は $t \to \infty$ のとき $x_t \to x^*$ に収束する．

同（Ⅳ）は，不動点 E の近傍で評価して $f'(x^*) < 0, |f'(x^*)| > 1$ であり，x_t の系列は $t \to \infty$ のとき $x_t \to \pm\infty$ で発散する．

この他に，交点 E の近傍で評価して $f'(x^*) < 0, |f'(x^*)| = 1$ がありうるが，x_t の系列は点 E の周りで単振動をおこなう．

一般に，$f(x)$ と 45 度線の交点は唯 1 つとは限らない．その場合，各交点の近傍で評価した $|f'(x^*)|$ が 1 より小であれば，その交点で示される特殊解＝均衡値は局所安定である．局所安定とは，初期値 x_0 が均衡点の近傍にあれば，そこから出発する x_t の系列は $t \to \infty$ のとき $x_t \to x^*$ に収束する，という意味である．他方，各交点で評価した $|f'(x^*)|$ が 1 より大であれば，不動点の特殊解＝均衡値は局所不安定である．

1 階定係数の線形差分方程式の解法

1 階定係数の線形差分方程式は，a, b を定数として，次のように表される．

$$x_{t+1} + a\,x_t = b, \quad a \neq 0 \tag{13.8}$$

1 階定係数の線形差分方程式の解法

①．(13.8) において $b = 0$ であれば，これは公比 $-a$ の等比数列 $x_{t+1} = -ax_t$ であり，一般解は，

$$x_t = (-a)^t x_0$$

ここで，x_0 は初期条件より決まる定数である．

②．$a = -1, b \neq 0$ の時には，これは公差 b の等差数列 $x_{t+1} = x_t + b$ であり，一般解は，

$$x_t = x_0 + tb$$

ここで，x_0 は初期条件より決まる定数である．

③．$a \neq -1, b \neq 0$ の時には，(13.8) は $x^* = x_{t+1} = x_t$ となる特殊解を持つ．すなわち，

$$x^* + ax^* = b \tag{13.9}$$

より，特殊解 x^* は，

$$x^* = \frac{b}{1+a} \tag{13.10}$$

次に (13.8) と (13.9) の両辺の差をとると，

$$(x_{t+1} - x^*) + a(x_t - x^*) = 0 \tag{13.11}$$

そこで，

$$y_{t+1} = x_{t+1} - x^*$$

とおくと，(13.11) は，

$$y_{t+1} + ay_t = 0 \tag{13.12}$$

となる．もとの1階の線形差分方程式 (13.8) を **非同次形** というのに対し，(13.12) を **同次形** という．

(13.12) は，y_t に関する公比 $-a$ の等差数列 $y_{t+1} = -a\,y_t$ であるから，

$$y_t = (-a)^t\, y_0$$

ただし，$y_0 = x_0 - x^*$ である．これより一般解は，(13.10) を考慮して，

$$x_t = (-a)^t \Big(x_0 - \frac{b}{1+a}\Big) + \frac{b}{1+a} \tag{13.13}$$

ここで，x_0 は初期条件より決まる定数である．

例題 13.1　1階定係数の線形差分方程式

次の1階定係数の線形差分方程式を解き，$t \to \infty$ のときの解の時間経路を調べる．

(1). $x_{t+1} - 2x_t = -5,\ x_0 = 10$　　(2). $y_{t+1} - \frac{1}{3}y_t = 8,\ y_0 = 1$

解答

(1). (13.13) において $a = -2, b = -5, x_0 = 10$ として，

$$x_t = 2^t(10 + \frac{5}{1-2}) - \frac{5}{1-2}$$

これを整理して，

$$x_t = 5 \cdot 2^t + 5$$

また，$t \to \infty$ のとき $2^t \to \infty$ であるから x_t は発散する．

(2). (13.13) において $a = -\frac{1}{3}, b = 8, y_0 = 1$ として，

$$y_t = (\frac{1}{3})^t(1 - \frac{8}{1-\frac{1}{3}}) + \frac{8}{1-\frac{1}{3}}$$

これを整理して，

$$y_t = -11 \cdot 3^{-t} + 12$$

また，$t \to \infty$ のとき $3^{-t} = (1/3)^t \to 0$ であるから y_t は12に収束する．

例題 13.2　「蜘蛛の巣」理論

ある財市場において需要関数，供給関数および市場均衡条件が次のように与えられているとする．

$$\begin{aligned} \text{需要関数} \quad D_t &= a_1 P_t + a_0 \\ \text{供給関数} \quad S_t &= b_1 P_{t-1} + b_0 \\ \text{市場均衡条件} \quad D_t &= S_t \end{aligned}$$

ここで，D は需要量，S は供給量，P は価格で下付の t は期間をあらわす．また，a_0, a_1, b_0, b_1 は定数で，$a_1 \neq b_1$ である．

供給関数は，供給者が前期の市場価格に依存して供給量を決定することを表す．需要関数は，供給量に対し市場をクリアする市場価格を成立させる．このとき，この財市場の市場価格の運動について調べよ．

解説　例題 13.2 の財市場の諸関係をグラフに描いて見ておこう．図 13.3 は典型的な需要曲線と供給曲線を描いたものである．そこで，当初（0 期）の価格水準が図の P_0 の位置にあったとすると，供給曲線により次期（1 期）の供給量 S_1 が決まる．市場ではこの供給量 S_1 に等しい需要量 $D_1(=S_1)$ をもたらす価格 P_1 が需要曲線によって決まる．次に，供給者は 1 期の価格 P_1 に対して 2 期の供給量 S_2 を決める．そして，需要曲線により供給量 S_2 に等しい需要量 $D_2 = S_2$ を生じる価格 P_2 が決まる．以下，同様にして以降の市場価格の運動が決まる．

図 13.3 では，この財市場における価格の変動は点 E に向かう方向で調整されるように描いてあるが，このような価格の変動過程が「蜘蛛の巣」のように見えるので，例題 13.2 のモデルで定式化される価格調整のプロセスを「蜘蛛の巣」理論という．

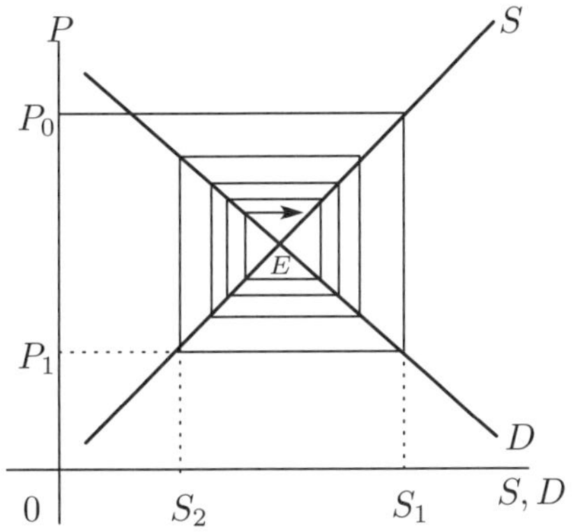

図 13.3　「蜘蛛の巣」理論の図解

解答　例題 13.2 の需要関数と供給関数を市場均衡条件に代入し，価格 P に関して整理する．

$$a_1 P_t + a_0 = b_1 P_{t-1} + b_0$$

$$a_1 P_t - b_1 P_{t-1} \quad = \quad b_0 - a_0$$

したがって，

$$P_t + (-\frac{b_1}{a_1}) P_{t-1} = -\frac{a_0 - b_0}{a_1} \tag{13.14}$$

(13.14) は，P_t に関する 1 階定係数の線形差分方程式である．そこで，

$$A \quad = \quad -\frac{b_1}{a_1}$$
$$B \quad = \quad -\frac{a_0 - b_0}{a_1}$$

とおくと，(13.14) は，

$$P_t + A P_{t-1} = B$$

となるので，(13.13) より，

$$P_t = (-A)^t (P_0 - \frac{B}{1+A}) + \frac{B}{1+A}$$

上式の A, B をもとに戻して整理する．

$$P_t = \left(\frac{b_1}{a_1}\right)^t \left(P_0 - \frac{b_0 - a_0}{a_1 - b_1}\right) + \frac{b_0 - a_0}{a_1 - b_1}$$

これより，$t \to \infty$ のとき，この財市場における価格運動は次のようにまとめることができる．
①需要曲線パラメータ a_1 と供給曲線パラメータ b_1 が同符号で，$|b_1| > |a_1|$ のとき，単調に発散．
②需要曲線パラメータ a_1 と供給曲線パラメータ b_1 が異符号で，$|b_1| > |a_1|$ のとき，振動発散．
③需要曲線パラメータ a_1 と供給曲線パラメータ b_1 が同符号で，$|b_1| < |a_1|$ のとき，両曲線の交点の価格水準，すなわち，

$$P^* = \frac{b_0 - a_0}{a_1 - b_1}$$

に単調収束．
④需要曲線パラメータ a_1 と供給曲線パラメータ b_1 が異符号で，$|b_1| < |a_1|$ のとき，両曲線の交点の価格水準，すなわち，

$$P^* = \frac{b_0 - a_0}{a_1 - b_1}$$

に振動収束．図 13.3 は，④のケースである．
⑤需要曲線パラメータ a_1 と供給曲線パラメータ b_1 が異符号で，$|b_1| = |a_1|$ のとき，初期値 P_0 と $\left(2\frac{b_0 - a_0}{a_1 - b_1} - P_0\right)$ 値の間で単振動．

上の 5 ケースで両曲線の交点の価格水準（市場均衡価格）に収束するのは，$|b_1| < |a_1|$ のときである．ここで，1 つ注意する必要があることは，この収束条件のグラフ上の解釈である．経済学では通常グラフを描くとき価格を縦軸にとる慣行があり,「蜘蛛の巣」理論のグラフも同

様である．したがって，需要曲線のパラメータ a_1 と供給曲線のパラメータ b_1 にかんする収束条件 $|b_1| < |a_1|$ をグラフで解釈するときには，視覚的に見た需要曲線の傾きの絶対値は $\left|\frac{1}{a_1}\right|$，同じく供給曲線の傾きは $\left|\frac{1}{b_1}\right|$ であり，この関係を基礎に収束条件を書き直すと，$\left|\frac{1}{a_1}\right| < \left|\frac{1}{b_1}\right|$ ということである．すなわち，視覚的に見た需要曲線の傾きの絶対値が視覚的に見た供給曲線の傾きよりも小さいときに，蜘蛛の巣理論による価格調整は両曲線の交点の価格水準（市場均衡価格）に収束する．

例題 13.3　経済成長のハロッド・モデル

ある国の経済が次のモデルで記述されるとする．

$$
\begin{aligned}
&\text{生産物市場の均衡条件：} && Y_t = C_t + I_t \\
&\text{消費関数：} && C_t = \bar{C} + cY_t, \\
&\text{資本蓄積：} && I_t = K_{t+1} - K_t \\
&\text{資本係数：} && v = \frac{K_t}{Y_t}
\end{aligned}
$$

ここで，Y は実質 GDP，C は消費，I は投資，K は資本ストックで下付の t は期間をあらわす．また，c は限界消費性向で $1 > c > 0$ を充たす定数，$\bar{C}$ は基礎消費で正の定数，$v > 0$ は資本係数で一定とする．初期条件として K_0 が与えられるとき，t 期の K_t を求める．

解説　例題 13.3 は資本係数 v を必要資本係数（一定）とする R. ハロッドの経済成長モデルである．通常は，次のように定式化されることが多い．

$$
\begin{aligned}
Y &= C + I \\
C &= cY,\ 1 > c > 0 \\
\Delta K &= I \\
vY &= K,\ v = \text{const.}
\end{aligned}
$$

第1式に第2,3式を代入して，

$$(1-c)Y = sY = \Delta K$$

これを第4式で割って，

$$\frac{sY}{vY} = \frac{\Delta K}{K} = \frac{s}{v}$$

より，資本ストックの保証成長率 $\frac{\Delta K}{K} = \frac{s}{v}$ が一意に決まる．例題 13.3 は，期間を明示して保証成長経路上の資本ストックを求める問題である．

解答　第1式に第2,3式を代入して，さらに第4式とあわせて Y_t を消去して，K に関して整理する．

$$K_{t+1} - (1 + \frac{s}{v})K_t = -\bar{C}$$

これは，K に関する非同次形の1階線形差分方程式である．そこで，まず特殊解 K^* をもとめると，

$$\begin{aligned} K^* - (1+\frac{s}{v})K^* &= -\bar{C} \\ K^* &= \frac{\bar{C}}{s}v \end{aligned}$$

以上を基礎に同次形の1階線形差分方程式を作る．

$$k_{t+1} - (1+\frac{s}{v})k_t = 0$$

ただし，$k_t = K_t - K^*$ である．これを解いて，

$$k_t = (1+\frac{s}{v})^t\, k_0$$

したがって，保証成長経路上の t 期の資本ストック K_t は次のようになる．

$$K_t = (1+\frac{s}{v})^t\,(K_0 - \frac{\bar{C}}{s}v) + \frac{\bar{C}}{s}v$$

$\bar{C} = 0$ の場合には，例題13.3の解説で示した通常のハロッド・モデルと一致することが確認できる．

本章末の練習問題1を行うこと．

13.3　2階定係数の線形差分方程式モデル

2階定係数の線形差分方程式の非同次形と同次形

2階定係数の線形差分方程式は，$a.b, c$ を定数として，次のように表される．

$$x_{t+2} + a\,x_{t+1} + b\,x_t = c, \quad b \neq 0 \tag{13.15}$$

非同次形の特殊解

定数項をもつ非同次形の2階定係数の線形差分方程式 (13.15) の特殊解を求める．

①　$1+a+b \neq 0$ のときは，$x_t^* = \gamma_1$(定数) となる解を考える．

$$\begin{aligned} \gamma_1 + a\,\gamma_1 + b\,\gamma_1 &= c \\ \gamma_1 &= \frac{c}{1+a+b} \end{aligned}$$

より，特殊解は，

$$x_t^* = \frac{c}{1+a+b}$$

② $1+a+b=0, a+2 \neq 0$ のときには，$x_t^* = t\,\gamma_2$ となる解を考える．

$$\begin{aligned}(t+2)\,\gamma_2 + a\,(t+1)\,\gamma_2 + b\,t\,\gamma_2 &= c \\ \gamma_2(2+a) &= c \\ \gamma_2 &= \frac{c}{2+a}\end{aligned}$$

より，特殊解は，

$$x_t^* = \frac{c}{2+a}t$$

③ $1+a+b=0, a+2=0$ したがって $b=1$ のときには，$x_t^* = t^2\,\gamma_3$ なる解を考える．

$$\begin{aligned}(t+2)^2\,\gamma_3 + (-2)\,(t+1)^2\,\gamma_3 + t^2\,\gamma_3 &= c \\ (t^2+4t+4)\,\gamma_3 - (2t^2+4t+2)\,\gamma_3 + t^2\,\gamma_3 &= c \\ \gamma_3 &= \frac{c}{2}\end{aligned}$$

より，特殊解は，

$$x_t^* = \frac{c}{2}t^2$$

以上のいずれの場合にも，特殊解は (13.15) を満たす．

$$x_{t+2}^* + a\,x_{t+1}^* + b\,x_t^* = c \tag{13.16}$$

同次形 2 階定係数の線形差分方程式

(13.15) と (13.16) の差をとり，同次形の 2 階定係数の線形差分方程式を作る．

$$y_{t+2} + a\,y_{t+1} + b\,y_t = 0, \quad b \neq 0 \tag{13.17}$$

ここで，$y_{t+2} = x_{t+2} - x_{t+2}^*$，$y_{t+1} = x_{t+1} - x_{t+1}^*$，$y_t = x_t - x_t^*$ である．以上より，同次形の (13.17) の一般解 y_t がわかれば，それと非同次形 (13.15) の特殊解 x_t^* との和として，非同次形 (13.15) の一般解 x_t を求めることができる．すなわち，

$$x_t = y_t + x_t^*$$

1 変数 y に関する 2 階定係数の同次形線形差分方程式 (13.17) を解くために，2 変数 1 階の連立差分方程式に変換する．すなわち，

$$z_{t+1} = y_t$$

とおくと，(13.17) は，

$$y_{t+2} = -a\,y_{t+1} - b\,z_{t+1}$$

と書くことができる．そこで，上式の期間を 1 期くり下げて，$z_{t+1} = y_t$ と併せて表すと，

$$\begin{cases} y_{t+1} = -a\,y_t - b\,z_t \\ z_{t+1} = \quad\ y_t \end{cases} \tag{13.18}$$

(13.18) は，2 変数に関する 1 階の連立差分方程式であり，次のように行列表示することができる．

$$\begin{bmatrix} y_{t+1} \\ z_{t+1} \end{bmatrix} = \begin{bmatrix} -a & -b \\ 1 & 0 \end{bmatrix} \begin{bmatrix} y_t \\ z_t \end{bmatrix} \tag{13.19}$$

あるいは，

$$\boldsymbol{y_t} = \begin{bmatrix} y_t \\ z_t \end{bmatrix}, \qquad \boldsymbol{A} = \begin{bmatrix} -a & -b \\ 1 & 0 \end{bmatrix}$$

とおいて，(13.19) は，

$$\boldsymbol{y_{t+1}} = \boldsymbol{A}\boldsymbol{y_t}$$

したがって，

$$\boldsymbol{y_t} = \boldsymbol{A}\boldsymbol{y_{t-1}} \tag{13.20}$$

である．これより，$\boldsymbol{y_t}$ を次のように展開することができる．

$$\boldsymbol{y_t} = \boldsymbol{A}\boldsymbol{y_{t-1}} = \boldsymbol{A}^2\boldsymbol{y_{t-2}} = \cdots = \boldsymbol{A}^{t-2}\boldsymbol{y_2} = \boldsymbol{A}^{t-1}\boldsymbol{y_1} \tag{13.21}$$

ここで，

$$\boldsymbol{y_1} = \begin{bmatrix} y_1 \\ z_1 \end{bmatrix} = \begin{bmatrix} y_1 \\ y_0 \end{bmatrix} = \begin{bmatrix} x_1 - x^* \\ x_0 - x^* \end{bmatrix} \tag{13.22}$$

であり，x_1, x_0 は初期条件により決まる定数である．以上より，$\boldsymbol{y_t}$ を求めるには，$\boldsymbol{A}^{t-1}$ を求めればよいということになる．

係数行列の固有値と同次形の一般解

第 I 部「第 5 章 固有値問題と行列の対角化」で学んだ方法を用いて，2 階の同次線形連立差分方程式を解く．まず，$\boldsymbol{A}$ の固有方程式を立て固有値と固有ベクトルを求める．固有方程式は，

$$|\lambda\boldsymbol{I} - \boldsymbol{A}| = \begin{vmatrix} \lambda + a & b \\ -1 & \lambda \end{vmatrix} = \lambda^2 + a\,\lambda + b = 0 \tag{13.23}$$

固有方程式 (13.23) は，①2 つの実根，②1 つの実根（重根），③2 つの共役な複素数根，をもつ 3 ケースに分けられる．

①**2 実根のケース** $(a^2-4b>0)$
2実根を λ_1, λ_2 とすると，

$$\lambda_{1,2}=\frac{1}{2}(-a\pm\sqrt{a^2-4b})$$

2つの固有値に対応する固有ベクトルを $\boldsymbol{p}$ として求めると，$\boldsymbol{Ap}=\lambda\boldsymbol{p}$ より，

固有値 λ_1 に対応する固有ベクトル（の1つ）：　$\boldsymbol{p_1}={}^t(\lambda_1,1)$

固有値 λ_2 に対応する固有ベクトル（の1つ）：　$\boldsymbol{p_2}={}^t(\lambda_2,1)$

2つの固有ベクトルを横に並べた2次正方行列を $\boldsymbol{P}=(\boldsymbol{p_1},\boldsymbol{p_2})$ とすると，$\boldsymbol{P}$ の行列式は $|\boldsymbol{P}|\neq 0$ であるから，$\boldsymbol{P}$ は逆行列 $\boldsymbol{P}^{-1}$ を持つ．それゆえ，$\boldsymbol{A}$ と $\boldsymbol{P}$ の間で，第I部「第5章 固有値問題と行列の対角化」で学んだ2次正方行列の対角化の関係が成立する．

$$\boldsymbol{P}^{-1}\boldsymbol{AP}=\begin{bmatrix}\lambda_1 & 0\\ 0 & \lambda_2\end{bmatrix}$$

これより，

$$\boldsymbol{P}^{-1}\boldsymbol{A^{t-1}P}=\begin{bmatrix}\lambda_1^{t-1} & 0\\ 0 & \lambda_2^{t-1}\end{bmatrix} \tag{13.24}$$

(13.24) から $\boldsymbol{A^{t-1}}$ を直接計算することもできるが，ここではより簡便な方法を示す．(13.21) の両辺に左から $\boldsymbol{P}^{-1}$ をかける．

$$\boldsymbol{P}^{-1}\boldsymbol{y_t}=\boldsymbol{P}^{-1}\boldsymbol{A}^{t-1}\boldsymbol{y_1}$$

$\boldsymbol{P}^{-1}\boldsymbol{P}=\boldsymbol{I}$ であることを考慮すると，

$$\boldsymbol{P}^{-1}\boldsymbol{y_t}=\overbrace{\boldsymbol{P}^{-1}\boldsymbol{A}^{t-1}\boldsymbol{P}}^{\Lambda}\boldsymbol{P}^{-1}\boldsymbol{y_1}=\begin{bmatrix}\lambda_1^{t-1} & 0\\ 0 & \lambda_2^{t-1}\end{bmatrix}\boldsymbol{P}^{-1}\boldsymbol{y_1} \tag{13.25}$$

そこで，

$$\boldsymbol{P}^{-1}=\begin{bmatrix}p_{11} & p_{12}\\ p_{21} & p_{22}\end{bmatrix}$$

とおくと，(13.25) は，

$$\begin{bmatrix}p_{11} & p_{12}\\ p_{21} & p_{22}\end{bmatrix}\begin{bmatrix}y_t\\ z_t\end{bmatrix}=\begin{bmatrix}\lambda_1^{t-1} & 0\\ 0 & \lambda_2^{t-1}\end{bmatrix}\begin{bmatrix}p_{11} & p_{12}\\ p_{21} & p_{22}\end{bmatrix}\begin{bmatrix}y_1\\ z_1\end{bmatrix}=\begin{bmatrix}(p_{11}y_1+p_{12}z_1)\lambda_1^{t-1}\\ (p_{21}y_1+p_{22}z_1)\lambda_2^{t-1}\end{bmatrix} \tag{13.26}$$

(13.26) を連立1次線形方程式とみなすと,「クラーメルの公式」を用いて y_t について解くことができる．すなわち，

$$y_t=\frac{\begin{vmatrix}(p_{11}y_1+p_{12}z_1)\lambda_1^{t-1} & p_{12}\\ (p_{21}y_1+p_{22}z_1)\lambda_2^{t-1} & p_{22}\end{vmatrix}}{\begin{vmatrix}p_{11} & p_{12}\\ p_{21} & p_{22}\end{vmatrix}}=\frac{p_{22}(p_{11}y_1+p_{12}z_1)}{p_{11}p_{22}-p_{12}p_{21}}\lambda_1^{t-1}-\frac{p_{12}(p_{21}y_1+p_{22}z_1)}{p_{11}p_{22}-p_{12}p_{21}}\lambda_2^{t-1}$$

$\boldsymbol{P}^{-1}$ は逆行列 $\boldsymbol{P}$ をもつので，その行列式は $p_{11}p_{22} - p_{12}p_{21} \neq 0$ である．上式は，このままでも同次形 (13.17) の解であるが，次のように書きなおすことができる．すなわち，

$$y_t = B_1 \lambda_1^t + B_2 \lambda_2^t \tag{13.27}$$

ただし，

$$\begin{aligned} B_1 &= \frac{p_{22}(p_{11}\, y_1 + p_{12}\, z_1)}{\lambda_1(p_{11}p_{22} - p_{12}p_{21})} \\ B_2 &= -\frac{p_{12}(p_{21}\, y_1 + p_{22}\, z_1)}{\lambda_2(p_{11}p_{22} - p_{12}p_{21})} \end{aligned}$$

であり，B_1, B_2 は (13.22) より初期条件 (x_0, x_1) により決まる定数となる．

②1 実根のケース $(a^2 - 4b = 0)$
1 実根を λ とすると，

$$\lambda = -\frac{a}{2}$$

固有値 λ に対応する固有ベクトルを $\boldsymbol{p}$ として求めると，$\boldsymbol{A}\boldsymbol{p} = \lambda\boldsymbol{p}$ より，

$$\text{固有値 } \lambda \text{ に対応する固有ベクトル（の 1 つ）:} \qquad \boldsymbol{p_1} = {}^t(-\frac{a}{2}, 1)$$

「第 I 部　第 5 章　固有値問題と正方行列の対角化」で学んだ方法に従い，

$$\boldsymbol{A}\boldsymbol{p_2} = \boldsymbol{p_1} + \lambda\boldsymbol{p_2}$$

を充たすあらたなベクトル $\boldsymbol{p_2}$ を作ると簡単な計算で次のようになる．

$$\boldsymbol{p_2} =^t (1, 0)$$

2 次正方行列 $\boldsymbol{P} = (\boldsymbol{p_1}, \boldsymbol{p_2})$ は，

$$\boldsymbol{P} = \begin{bmatrix} -\frac{a}{2} & 1 \\ 1 & 0 \end{bmatrix}$$

さらに，$\boldsymbol{P}$ の逆行列を求めておく．

$$\boldsymbol{P}^{-1} = \begin{bmatrix} 0 & 1 \\ 1 & \frac{a}{2} \end{bmatrix}$$

以上の準備のもとで，$(a^2 - 4b = 0)$ を考慮して $\boldsymbol{P}^{-1}\boldsymbol{A}\boldsymbol{P}$ を計算すると，

$$\boldsymbol{P}^{-1}\boldsymbol{A}\boldsymbol{P} = \begin{bmatrix} -\frac{a}{2} & 1 \\ 0 & -\frac{a}{2} \end{bmatrix} = \begin{bmatrix} \lambda & 1 \\ 0 & \lambda \end{bmatrix}$$

したがって，

$$\boldsymbol{P}^{-1}\boldsymbol{A}^{t-1}\boldsymbol{P} = \begin{bmatrix} \lambda^{t-1} & (t-1)\lambda^{t-2} \\ 0 & \lambda^{t-1} \end{bmatrix}$$

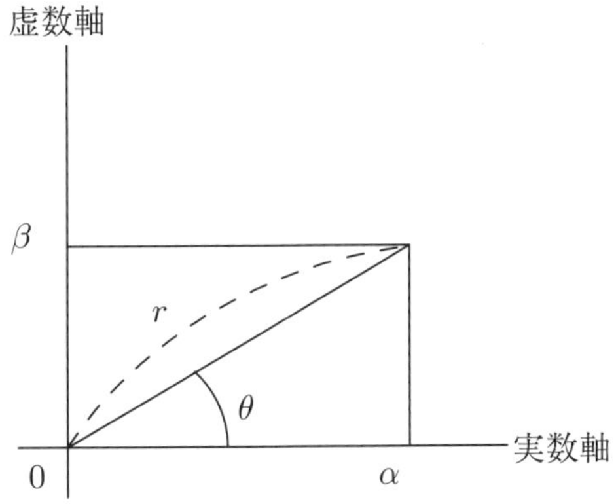

図 **13.4**　複素平面と三角関数表示

ここから先は,「①2実根のケース」と同様の手続きで，(13.17) の同次形の一般解を求めることができる．すなわち，

$$y_t = B_3\,\lambda^t + B_4\,t\,\lambda^t \tag{13.28}$$

B_3, B_4 は (13.22) より初期条件 (x_0, x_1) により決まる定数である．

③2複素数根のケース $(a^2 - 4b < 0)$

2つの複素数根を λ_1, λ_2 として固有値は，

$$\lambda_{1,2} = \alpha \pm i\,\beta = \frac{1}{2}(-a \pm i\sqrt{4b - a^2}) \tag{13.29}$$

ここで，i は虚数単位 $i^2 = -1$ である．

この場合も，2つの固有値 λ_1, λ_2 に対して同次形 (13.17) の一般解は,「①2実根のケース」と同様に次のようになる．すなわち，

$$y_t = B_5\,\lambda_1^t + B_6\lambda_2^t \tag{13.30}$$

ただし，B_5, B_6 は初期条件により決まる定数で，これらも互いに共役な複素数である．

複素数根 (13.29) を三角関数表示にするために（図 13.4 参照),

$$\begin{aligned} r &= \sqrt{\alpha^2 + \beta^2} \\ \cos\theta &= \frac{\alpha}{r} \\ \sin\theta &= \frac{\beta}{r} \end{aligned}$$

とおくと，(13.29) は次のように書くことができる．

$$\lambda_{1,2} = \alpha \pm i\,\beta = r(\cos\theta \pm i\,\sin\theta) \tag{13.31}$$

そこで，同次形 (13.17) の一般解 (13.30) に登場する λ_1^t と λ_2^t に「ド・モアブル (De Moivre) の定理」（本章「補論」参照）を適用して，

$$\lambda_1^t = [r(\cos\theta + i\,\sin\theta)]^t = r^t(\cos\theta t + i\,\sin\theta t)$$
$$\lambda_2^t = [r(\cos\theta - i\,\sin\theta)]^t = r^t(\cos\theta t - i\,\sin\theta t)$$

であるので，同次形 (13.17) の一般解 (13.30) は，

$$\begin{aligned} y_t &= B_5\, r^t(\cos\theta t + i\,\sin\theta t) + B_6\, r^t(\cos\theta t - i\,\sin\theta t) \\ &= r^t[(B_5 + B_6)\,\cos\theta t + i\,(B_5 - B_6)\,\sin\theta t] \\ &= r^t(B_7\,\cos\theta t + B_8\,\sin\theta t) \end{aligned} \qquad (13.32)$$

ここで，B_5 と B_6 は互いに共役な複素数であるから，$B_7 = B_5 + B_6$ と $B_8 = i\,(B_5 - B_6)$ はともに実数となる．さらに，

$$\begin{aligned} B &= \sqrt{B_7^2 + B_8^2} \\ \cos\omega &= \frac{B_7}{B} \\ \sin\omega &= \frac{B_8}{B} \end{aligned}$$

とおくことにより，同次形 (13.17) の一般解 (13.31) は，次のようにまとめることができる．

$$y_t = B\, r^t \cos(t\,\theta - \omega) \qquad (13.33)$$

非同次形の 2 階定係数の線形差分方程式の一般解と時間経路

以上の①〜③のいずれの場合にも同次形 (13.17) の一般解と非同次形の 2 階定係数の線形差分方程式 (13.17) の特殊解の和として，非同次形の 2 階定係数の線形差分方程式 (13.15) の一般解を求めることができる．

$$x_t = y_t + x_t^*$$

$t \to \infty$ のときの非同次形の 2 階定係数の線形差分方程式 (13.15) の一般解 x_t の時間経路については，非同次形の特殊解 x_t^* の軌道を均衡径路，同次形の一般解 y_t の運動を均衡径路からの乖離と考えることができる．したがって，$t \to \infty$ のとき $y_t \to 0$ であれば，2 階定係数の線形差分方程式 (13.15) の一般解 x_t は均衡経路 x_t^* に収束する．$t \to \infty$ のときの同次形の一般解 y_t の時間経路は，固有方程式 (13.23) の固有値の絶対値に依存している．いずれの場合にも，固有値の絶対値が 1 より小であれば，同次形の一般解 y_t は，$t \to \infty$ のとき $y_t \to 0$ となる．そこで，固有値の絶対値が 1 より小であるための条件を調べておこう．

固有方程式の固有値は，① 2 つの実数根，② 1 つの実数根（重根），③ 2 つの共役な複素数根の 3 つのケースがあった．

① 2 つの実数根のケース

2 実数根ともにその絶対値が 1 より小であるとすると，固有方程式から得られる関数 $f(\lambda) =$

$\lambda^2 + a\lambda + b$ が図 13.5 のような位置関係になければならない．

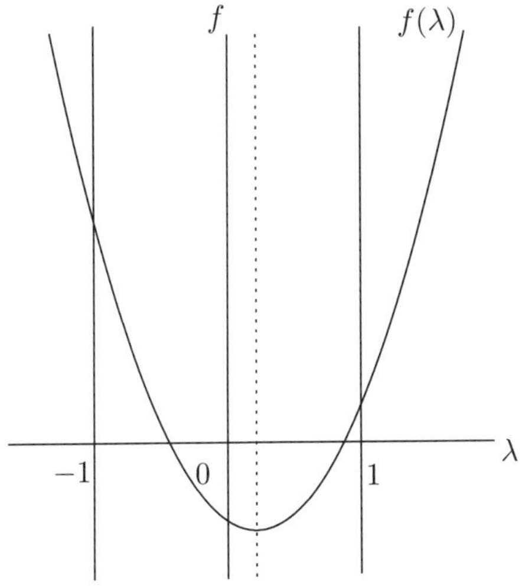

図 13.5　その絶対値が 1 より小の 2 実数根

図 13.5 より，パラメータ a, b は次の条件を充たさなければならない．

$$
\begin{aligned}
\text{判別式：}&\quad a^2 - 4b > 0\\
\text{放物線 } f(\lambda) \text{ の軸：}&\quad -1 < -\frac{a}{2} < 1\\
f(1) > 0\text{：}&\quad 1 + a + b > 0\\
f(-1) > 0\text{：}&\quad 1 - a + b > 0
\end{aligned}
$$

これらを整理すると，非同次形の 2 階定係数の線形差分方程式 (13.15) のパラメータ (a, b) が，図 13.6 の横線の領域の値をとるとき，2 つの実数固有値の絶対値が 1 より小となる．

②1 つの実数根（重根）のケース

この場合には，次の 2 つの条件をみたせば，固有値の絶対値は 1 より小となる．

$$
\begin{aligned}
\text{判別式：}&\quad a^2 - 4b = 0\\
\text{固有値：}&\quad -1 < -\frac{a}{2} < 1
\end{aligned}
$$

これらの条件は，図 13.6 では，$-2 < a < 2$ の範囲の放物線 $b = a^2/4$ 上の (a, b) である．

③2 つの共役な複素数根のケース

2 つの共役な複素数 $\alpha \pm i\beta$ の積 $(\alpha + i\beta)(\alpha - i\beta) = \alpha^2 + \beta^2$ はそれらの絶対値の 2 乗に等しいこと，2 次方程式の根と係数の関係から $\lambda_1 \lambda_2 = b$ であることを考慮すると，固有値の絶

対値が1より小であるための条件は次のようになる．

$$\text{判別式：}\quad a^2 - 4b < 0$$
$$0 < b < 1$$

これらの条件は，図13.6の縦線の領域である．

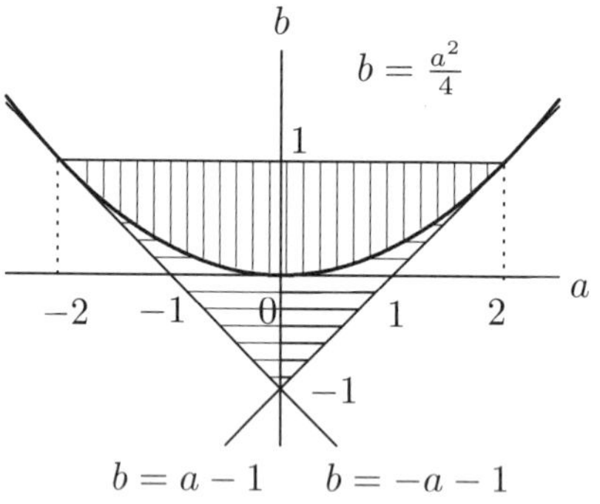

図 13.6　パラメータ (a, b) の領域

非同次形2階定係数の線形差分方程式： $x_{t+2} + a\,x_{t+1} + b\,x_t = c$　**の解法のまとめ．**

step1 非同次形の2階定係数の線形差分方程式の特殊解をもとめる．

step2 同次形の2階定係数の線形差分方程式をつくり，固有方程式を立てる．

その際，これまでの解説では，1変数2階の線形差分方程式を2変数の1階連立差分方程式に変換する方法を説明した．しかし，それは λ_i^t 等を導出する必要からおこなったものであり，解法としては同次形2階定係数の線形差分方程式から直ちに固有方程式を立てればよい．すなわち，

同次形2階定係数の線形差分方程式　$x_{t+2} + a\,x_{t+1} + b\,x_t = 0$
固有方程式　$\lambda^2 + a\lambda + b = 0$

step3 固有方程式の解である固有値の性質によって一般解をもとめる．

2実数根　$x_t = A_1\lambda_1^t + B_1\lambda_2^t + x_t^*$
1実数根　$x_t = A_2\lambda^t + B_2 t\lambda^t + x_t^*$
2虚数根　$x_t = r^t(A_3\cos t\theta + B_3\sin t\theta) + x_t^*$
ただし，2虚数根　$\lambda_{1,2} = \alpha \pm i\beta$
$$r = \sqrt{\alpha^2 + \beta^2}$$

$$\cos\theta = \frac{\alpha}{r}$$
$$\sin\theta = \frac{\beta}{r}$$

step4 初期条件から，一般解の定係数 A_i, B_i を求める．

step5 なお時間経路を調べるだけであれば，固有値の性質とその絶対値を調べるだけでよい．

例題 13.4　2 階定係数の線形差分方程式

次の 2 階定係数の線形差分方程式を解き，$t \to \infty$ のときの解の時間経路を調べる．

(1). $x_{t+1} - 2x_t - 3x_{t-1} = 4,\ x_0 = 0,\ x_1 = 1$

(2). $x_{t+1} - 4x_t + 4x_{t-1} = 8,\ x_0 = 1,\ x_1 = 2$

(3). $x_{t+1} - \frac{1}{2}x_t + \frac{1}{4}x_{t-1} = 0,\ x_0 = 1, x_1 = 2$

解答

(1). 非同次形の特殊解 $x_t = x^*$（一定）を求める．$x^* - 2x^* - 3x^* = 4$ より

$$x^* = -1$$

同次形を作る．

$$y_{t+1} - 2y_t - 3y_{t-1} = 0$$

ただし，$y_t = x_t - x^* = x_t + 1$．同次形の固有方程式を立て固有値を求める．

$$\lambda^2 - 2\lambda - 3 = 0$$

これを解いて，固有値は $\lambda_1 = -1, \lambda_2 = 3$ したがって，同次形の一般解は，

$$y_t = A_1(-1)^t + B_1\,3^t$$

A_1, B_1 は初期条件から決まる定数である．そこで，$y_0 = x_0 + 1 = 1, y_1 = x_1 + 1 = 2$ であるから，同次形の一般解に代入して，

$$\begin{aligned} y_0 &= A_1 + B_1 = 1 \\ y_1 &= -A_1 + 3\,B_1 = 2 \end{aligned}$$

ここから，クラーメルの公式を用いて A_1, B_1 を求めると，

$$A_1 = \frac{\begin{vmatrix} 1 & 1 \\ 2 & 3 \end{vmatrix}}{\begin{vmatrix} 1 & 1 \\ -1 & 3 \end{vmatrix}} = \frac{1}{4} \qquad B_1 = \frac{\begin{vmatrix} 1 & 1 \\ -1 & 2 \end{vmatrix}}{\begin{vmatrix} 1 & 1 \\ -1 & 3 \end{vmatrix}} = \frac{3}{4}$$

したがって，同次形の一般解は，

$$y_t = \frac{1}{4}(-1)^t + \frac{3}{4}3^t$$

これより，非同次形の一般解は，

$$x_t = \frac{1}{4}(-1)^t + \frac{3}{4}3^t - 1$$

2つの固有値のうち絶対値が大きい固有値の絶対値 $\lambda_2 = 3$ は，1より大であるので $t \to \infty$ のとき $x_t \to \infty$ である．

(2). 非同次形の特殊解 $x_t = x^*$（一定）を求める．$x^* - 4x^* + 4x^* = 8$ より

$$x^* = 8$$

同次形を作る．

$$y_{t+1} - 4y_t + 4y_{t-1} = 0$$

ただし，$y_t = x_t - x^* = x_t - 8$．同次形の固有方程式を立て固有値を求める．

$$\lambda^2 - 4\lambda + 4 = 0$$

これを解いて，固有値は重根で $\lambda = 2$ となる．したがって，同次形の一般解は，

$$y_t = A_2\,2^t + B_2\,t\,2^t$$

A_2, B_2 は初期条件から決まる定数である．そこで，初期条件から，$y_0 = x_0 - 8 = -7, y_1 = x_1 - 8 = -6$ であるから，同次形の一般解に代入して，

$$\begin{aligned} y_0 &= A_2 = -7 \\ y_1 &= 2\,A_2 + 2\,B_2 = -6 \end{aligned}$$

ここから，$A_2 = -7, B_2 = 4$ である．

したがって，同次形の一般解は，

$$y_t = -7 \times 2^t + 4\,t\,2^t = 2^t(-7 + 4t)$$

これより，非同次形の一般解は，

$$x_t = 2^t(-7 + 4t) + 8$$

固有値 $\lambda = 2$ の絶対値は1より大であるので，$t \to \infty$ のとき $x_t \to \infty$ である．

(3). この2階の線形差分方程式は同次形である．そこで，固有方程式をたて固有値を求めると，

$$\lambda^2 - \frac{1}{2}\lambda + \frac{1}{4} = 0$$

したがって，

$$\lambda = \frac{1}{4} \pm i\frac{\sqrt{3}}{4}$$

これを三角関数表示すると，

$$\begin{aligned} r &= \sqrt{\left(\frac{1}{4}\right)^2 + \left(\frac{\sqrt{3}}{4}\right)^2} = \frac{1}{2} \\ \cos\theta &= \frac{\left(\frac{1}{4}\right)}{\left(\frac{1}{2}\right)} = \frac{1}{2} \\ \sin\theta &= \frac{\left(\frac{\sqrt{3}}{4}\right)}{\left(\frac{1}{2}\right)} = \frac{\sqrt{3}}{2} \end{aligned}$$

より，

$$\theta = \frac{\pi}{3}$$

したがって，

$$\begin{aligned} \lambda_1 &= \frac{1}{2}(\cos\frac{\pi}{3} + i\sin\frac{\pi}{3}) \\ \lambda_2 &= \frac{1}{2}(\cos\frac{\pi}{3} - i\sin\frac{\pi}{3}) \end{aligned}$$

同次形の一般解は (13.32) より，

$$x_t = (\frac{1}{2})^t(A_3\cos\frac{\pi t}{3} + B_3\sin\frac{\pi t}{3})$$

A_3, B_3 は初期条件から決まる定数である．そこで，初期条件から，

$$\begin{aligned} x_0 &= A_3\cos 0 + B_3\sin 0 = A_3 = 1 \\ x_1 &= \frac{1}{2}(A_3\cos\frac{\pi}{3} + B_3\sin\frac{\pi}{3}) = \frac{1}{2}(A_3\frac{1}{2} + B_3\frac{\sqrt{3}}{2}) = 2 \end{aligned}$$

ここから，

$$\begin{aligned} A_3 &= 1 \\ B_3 &= \frac{7\sqrt{3}}{3} \end{aligned}$$

したがって，非同次形の一般解は次のようになる．

$$x_t = (\frac{1}{2})^t(\cos\frac{\pi t}{3} + \frac{7\sqrt{3}}{3}\sin\frac{\pi t}{3})$$

あるいは，

$$x_t = \frac{2^{-t}}{3}(3\cos\frac{\pi t}{3} + 7\sqrt{3}\sin\frac{\pi t}{3})$$

固有値 $r = \frac{1}{2}$ の絶対値は 1 より小であるので，$t \to \infty$ のとき，x_t は振動しながら $x_t \to 0$ である．

例題 13.5　サミュエルソン・ヒックス・タイプの景気循環モデル

ある国の経済が次のモデルで記述されるとする．

生産物市場の均衡条件：	$Y_t = C_t + I_t$
消費関数：	$C_t = \bar{C} + cY_{t-1},$
加速度原理型投資関数：	$I_t = v(Y_{t-1} - Y_{t-2})$

ここで，Y は実質 GDP，C は消費，I は投資で下付の t は期間をあらわす．また，c は限界消費性向で $1 > c > 0$ を充たす定数，$\bar{C}$ は基礎消費で正の定数，$v > 0$ は加速度係数で一定とする．初期条件として Y_0, Y_1 が与えられるとき，Y_t の運動径路を調べる．

解説　1期のタイム・ラグをもつ消費関数と加速度原理型の投資関数による景気循環モデルである．このモデルでは，t 期の消費 C_t は t 期の実質 GDP にではなく前期 $t-1$ 期の実質 GDP に依存している．また，t 期の投資 I_t は，前2期の実質 GDP の変化によって決まる．これは，ハロッドの一定の必要資本係数 $v = \frac{K}{Y} = \frac{\Delta K}{\Delta Y}$ との関連でみれば，$I = \Delta K = v\Delta Y$ という関係に，2期のタイム・ラグを導入していることになる．

解答　生産物市場の均衡条件に，消費関数と投資関数を代入し Y に関して整理すると，次の2階の線形差分方程式が得られる．

$$Y_t - (c+v)Y_{t-1} + vY_{t-2} = \bar{C}$$

Y_t の時間経路を調べるためには，固有方程式の解である固有値の性質とその絶対値を調べればよい．固有方程式は次式である．

$$\lambda^2 - (c+v)\lambda + v = 0$$

そこで，

$$\begin{aligned} a &= -(c+v) \\ b &= v \end{aligned}$$

とおくと，固有方程式の固有値の性質とその絶対値が1より小であるための条件は以下であった．

	2実数根	1実数根	2虚数根
判別式	$a^2 - 4b > 0$	$a^2 - 4b = 0$	$a^2 - 4b < 0$
	$-1 < -\frac{a}{2} < 1$	$-1 < -\frac{a}{2} < 1$	$0 < b < 1$
	$1 + a + b > 0$		
	$1 - a + b > 0$		

これに，$a = -(c+v)$, $b = v$ を代入しなおして，$0 < c < 1$, $0 < v$ を考慮して，固有値の絶対値が1より小である条件を求めると次の表のようになる．

	2 実数根	1 実数根	2 虚数根
判別式	$c > -v + 2\sqrt{v}$ $0 < c + v < 2$ $0 < c < 1$	$c = -v + 2\sqrt{v}$ $0 < c + v < 2$	$c < -v + 2\sqrt{v}$ $0 < v < 1$

図 13.7 は，Y_t の運動とモデルのパラメータ配置 (v, c) を要約するものである．なお，図中の曲線は $c = -v + 2\sqrt{v}$ である．すなわち，

- 縦線の領域：$c > -v + 2\sqrt{v}, 0 < c < 1, 1 < v$　　固有値は 2 実数で支配根の絶対値は 1 より大　　単調発散
- 右斜線の領域：$c < -v + 2\sqrt{v}, 0 < c < 1, 1 < v$　　固有値は 2 虚数でその絶対値は 1 より大　　振動発散
- 縦線の領域と右斜線の領域の境界：$c = -v + 2\sqrt{v}, 0 < c < 1, 1 < v$　　固有値は 1 実数でその絶対値は 1 より大　　単調発散
- 左斜線の領域：$c < -v + 2\sqrt{v}, 0 < c < 1, 0 < v < 1$　　固有値は 2 虚数でその絶対値は 1 より小　　振動収束
- 右斜線の領域と左斜線の領域の境界：$c < -v + 2\sqrt{v}, 0 < c < 1, 1 = v$　　固有値は 2 虚数でその絶対値は 1　　単調振動
- 横線の領域：$c > -v + 2\sqrt{v}, 0 < c < 1, 0 < v < 1$　　固有値は 2 実数でそれらの絶対値は 1 より小　　単調収束
- 横線の領域と左斜線の領域の境界：$c = -v + 2\sqrt{v}, 0 < c < 1, 0 < v < 1$　　固有値は 1 実数でその絶対値は 1 より小　　単調収束

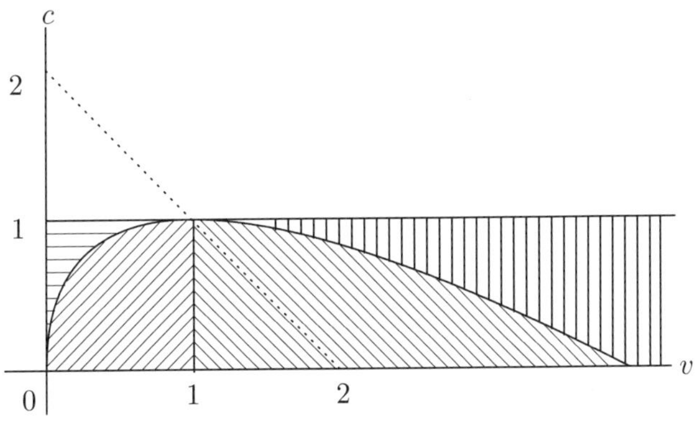

図 13.7　パラメータ配置

本章末の練習問題 2 と 3 をおこなうこと．

練習問題

1．次のようなくもの巣モデルを考える．

　　需要曲線：$D_t = a\,P_t + b$

　　供給曲線：$S_t = c\,P_{t-1} + d$

［ P_t：t 期の価格，P_{t-1}：t−1 期の価格，D_t：t 期の需要量，S_t：t 期の供給量，a, b, c, d はパラメータ ］

パラメータ a と c の組み合わせのうち調整過程が安定であるのはどれか．ただし，いずれの場合においても均衡は存在するものとする．

	a	c
1	−1	+2
2	+2	−3
3	−3	+2
4	−2	−3
5	+3	−4

平成 5 年度地方上級

2．サミュエルソンの乗数と加速度原理を結合した体系を考える．

$$Y_t = C_t + I_t$$
$$I_t = b\,(C_t - C_{t-1})$$
$$C_t = c \cdot Y_{t-1} + A$$

［ Y_t：t 期の国民所得，I_t：t 期の投資，C_t：t 期の消費，A：基礎消費 ］

$c = 0.8,\ b = 1.5$ とすると Y はどのような運動をするか．

1．振動発散

2．振動減衰

3．規則的な無限振動

4．単調発散

5．単調減衰

昭和 60 年度国家 I 種

3．ある閉鎖経済が次のマクロモデルで示されているとする．このとき，景気循環が起こりうるのは，係数 a, b がそれぞれどのような値をとる場合か．

$$\begin{aligned} Y_t &= C_t + I_t + G_t \\ C_t &= 10 + a(Y_t + Y_{t-1}) \\ I_t &= 5 + b(C_t - C_{t-1}) \\ G_t &= c \end{aligned}$$

(Y_t：t 期の国民所得，C_t：t 期の消費，I_t：t 期の投資，G_t：t 期の政府支出)

1. $a = \frac{1}{4},\ b = 0,\ c = 5$
2. $a = \frac{1}{4},\ b = \frac{1}{2},\ c = 0$
3. $a = \frac{1}{2},\ b = \frac{1}{2},\ c = 3$
4. $a = \frac{1}{2},\ b = \frac{3}{4},\ c = 2$
5. $a = 1,\ b = 1,\ c = 1$

平成 14 年度国家 I 種

補論：ド・モアブルの定理

補論「ド・モアブル (De Moivre) の定理」とその証明に必要な三角関数の加法定理について確認しておく．

三角関数の加法定理（証明は省略）

$$\begin{aligned}
\sin(\alpha \pm \beta) &= \sin\,\alpha \cos\beta \pm \cos\alpha \sin\beta \\
\cos(\alpha \pm \beta) &= \cos\,\alpha \cos\beta \mp \sin\alpha \sin\beta \\
\tan(\alpha \pm \beta) &= \frac{\tan\,\alpha \pm \tan\,\beta}{1 \mp \tan\,\alpha\ \ \tan\,\beta}
\end{aligned}$$

「ド・モアブル (De Moivre) の定理」

$$(\cos\,\alpha \pm i\sin\,\alpha)^t = \cos\,t\,\alpha \pm i\sin\,t\,\alpha$$

証明　三角関数の加法定理を用いて数学的帰納法により証明する．

ステップ 1：$t = 1$ のとき，次式が成り立つ．

$$(\cos\,\alpha \pm i\sin\,\alpha)^1 = (\cos\,1\alpha \pm i\sin\,1\alpha)$$

ステップ 2：$t = k - 1$ のときに，次式が成立すると仮定する．

$$(\cos\,\alpha \pm i\sin\,\alpha)^{k-1} = \cos\,(k-1)\,\alpha \pm i\sin\,(k-1)\,\alpha$$

ステップ 3：$t = k$ のとき，

$$\begin{aligned}
(\cos\,\alpha \pm i\sin\,\alpha)^k &= (\cos\,\alpha \pm i\sin\,\alpha)^{k-1}(\cos\,\alpha \pm i\sin\,\alpha) \\
&= [\cos\,(k-1)\alpha + i\sin\,(k-1)\alpha](cos\,\alpha + i\sin\,\alpha) \\
&= [\cos\,(k-1)\alpha\,\cos\,\alpha - \sin\,(k-1)\alpha\,\sin\,\alpha] \\
&\qquad \pm i[\sin\,(k-1)\alpha\cos\,\alpha + \sin\,(k-1)\alpha\cos\,\alpha] \\
&= \cos\{(k-1)\alpha + \alpha\} \pm i\sin\{(k-1)\alpha + \alpha\} \\
&= \cos k\alpha \pm i\sin k\alpha
\end{aligned}$$

よって，定理の与式が成り立つ．

証明終

第 14 章

経済動学 2 – 微分方程式モデル

前章第 1 節「経済変数の離散的変化と連続的変化」において，経済変数の離散的変化と連続的変化の相違と関連について説明し，経済変数の連続的変化の定義を与えた．すなわち，たとえばある経済変数 Y_t の連続的変化，あるいは t 時点における瞬間の変化は，

$$Y_t' = \frac{dY_t}{dt}$$

によって表す．また，その変化率は次式である．

$$\frac{Y_t'}{Y_t} = \frac{\frac{dY_t}{dt}}{Y_t}$$

ここで，Y_t の変化率が時間を通して一定であるとしよう．この場合，初期条件から出発時点の Y_0 が与えられると，t 時点の Y_t を求めることができるはずである．この問題は次のように定式化される.「初期条件により Y_0 が与えられるとき，次の (14.1) をみたす Y_t を求める.」という問題である．

$$\frac{\frac{dY_t}{dt}}{Y_t} = a \qquad \text{or} \qquad \frac{dY_t}{dt} = a\,Y_t \quad (a\text{ は定数}) \tag{14.1}$$

この問題は，数学的には微分 $\frac{dY_t}{dt}$ を含む方程式 (14.1) からもとの関数 Y_t を求めることであり，そのための操作を **微分方程式** を解くという．

一般に，関数 $y = f(x)$ の微分 $y', y'', \cdots, y^{(n-1)}, y^{(n)}$ を含む方程式

$$F(y, y', y'', \cdots, y^{(n-1)}, y^{(n)}) = 0 \tag{14.2}$$

を n 階の微分方程式，あるいは偏微分を含む偏微分方程式と区別して，n 階の常微分方程式という．ここで，$y^{(n)}$ は，関数 $y = f(x)$ の n 回の微分を表す．
たとえば，

$$(x^2 - y^2)\,y' = 2\,x\,y \tag{14.3}$$

$$y'' + ay'' + by + c = 0 \qquad (a, b, c\text{ は定数}) \tag{14.4}$$

は，(14.3) が 1 階の非線形微分方程式，(14.4) は 2 階の定係数線形微分方程式である．

(14.1) にもう一度もどると，これは 1 階定係数の線形微分方程式である．微分方程式には，様々なタイプのものがあるが，本章では，経済動学に登場する最も基本的な微分方程式モデルを次の順序で考察する．第 1 節で 1 階の定係数線形微分方程式モデル，第 2 節で位相図による 1 階微分方程式モデルの解の振る舞い，第 3 節で 2 階の定係数線形微分方程式モデル，そして第 4 節で 1 階の線形連立微分方程式モデルを取り上げる．

14.1　1 階定係数の線形微分方程式モデル

同次形の 1 階定係数の線形微分方程式の解法

(14.1) は **同次形** の 1 階の定係数の線形微分方程式である．

$$\frac{dY_t}{dt} + (-a)\,Y_t = 0 \qquad a \neq 0$$

まず，これを解くことからはじめよう．同次形の 1 階の定係数の線形微分方程式は，次のように変形できる．

$$\frac{1}{Y_t}\frac{dY_t}{dt} = a$$

この式を t で不定積分する．

$$\int \frac{1}{Y_t}\frac{dY_t}{dt}\,dt = \int a\,dt + C \tag{14.5}$$

(14.5) の右辺の C は積分定数で任意の定数である．したがって，右辺は，

$$\int a\,dt + C = a\,t + C$$

他方，左辺は次のようになる．

$$\int \frac{1}{Y_t}\frac{dY_t}{dt}\,dt = \int \frac{1}{Y_t}\,dY_t = \ln Y_t \tag{14.6}$$

(14.6) の変換では，次の 2 つの操作を行っている．第 1 に最初の変換はいわゆる置換積分法によるが，慣れていない読者は dt が分子・分母で約されると考えておいても大過はない．第 2 の変換は，対数関数の微分公式 $(\ln x)' = \frac{1}{x}$ による．以上から，

$$\ln Y_t = a\,t + C$$

これを解いて，$Y_t = e^{a\,t+C} = e^{a\,t} \cdot e^{C} = C_0 \cdot e^{a\,t}$ より，

$$Y_t = C_0 \cdot e^{a\,t} \tag{14.7}$$

ここで，e は自然対数の底 $e = 2.71828\cdots$，C_0 は初期条件により決まる定数である．

なお，次の形で解くことができる 1 階微分方程式を変数分離形という．

変数分離形の1階微分方程式

$$\begin{aligned}\frac{dx}{dt} &= \frac{f(t)}{g(x)}, \qquad g(x) \neq 0 \\ \int g(x)\,dx &= \int f(t)\,dt + C\end{aligned}$$

経済変数の連続的変化と自然対数の底

経済変数の連続的変化を取り扱うとき，自然対数の底 e が常に登場する．その理由を理解しておくことは重要である．

まず，自然対数の底 e は次のように定義され，

$$e = \lim_{n\to\infty}\left(1+\frac{1}{n}\right)^n \tag{14.8}$$

ある無理数に収束することが証明されている．実際に，n に自然数を順番に入れて計算してみると次のようになり，n を大きくしていってもある実数をこえることはない．これを,「上に有界である」という．

$$\begin{aligned}
&n=1 \text{ のとき} && (1+\tfrac{1}{1})^1 = 2\\
&n=2 \text{ のとき} && (1+\tfrac{1}{2})^2 = 2.25\\
&n=3 \text{ のとき} && (1+\tfrac{1}{3})^3 = 2\tfrac{10}{27} = 2.37037\cdots\\
&n=4 \text{ のとき} && (1+\tfrac{1}{4})^4 = 2\tfrac{113}{256} = 2.44141\cdots\\
&\vdots && \vdots\\
&n\to\infty && \lim_{n\to\infty}\left(1+\frac{1}{n}\right)^n = 2.71828\cdots
\end{aligned}$$

ところで，離散的変化において経済変数 Y_t が，初期値 Y_0，変化率 a で成長するとき，t 期の Y_t は次のように示される．

$$Y_t = Y_0\,(1+a)^t \tag{14.9}$$

この関係を連続的変化に直してみよう．離散的変化の1期間を n 分割するとしよう．1期間の変化率は a であるから，$\frac{1}{n}$ 期間当たりの変化率は $\frac{a}{n}$ である．そして，この変化率 $\frac{a}{n}$ で1期間当たり n 回繰り返し変化していると考えることができる．したがって，(14.9) は，1期間の変化を，変化率 $\frac{a}{n}$ で n 回繰り返すように変形すると，次のようになる．

$$Y_t = Y_0\left[\left(1+\frac{a}{n}\right)^n\right]^t = Y_0\left[\left\{\left(1+\frac{1}{\frac{n}{a}}\right)^{\frac{n}{a}}\right\}^a\right]^t$$

これを基礎に，瞬間の変化を見るために $n\to\infty$ とすると，

$$Y_t = \lim_{n\to\infty} Y_0\left[\left\{\left(1+\frac{1}{\frac{n}{a}}\right)^{\frac{n}{a}}\right\}^a\right]^t = Y_0\left\{\lim_{\frac{n}{a}\to\infty}\left(1+\frac{1}{\frac{n}{a}}\right)^{\frac{n}{a}}\right\}^{a\,t} = Y_0\,e^{a\,t} \tag{14.10}$$

中括弧{ }の中は，$n \to \infty$ のとき $\frac{n}{a} \to \infty$ であるから，自然対数の定義式 (14.8) より自然対数の底 e に等しい．

変化率 a の変数 Y の離散的変化 (14.9) を基礎にその連続化から求めた (14.10) は，Y の連続的変化において変化率を一定として立てた微分方程式 (14.1) を解いて求めた解 (14.7) に一致する．

非同次形の 1 階定係数線形微分方程式の解法

非同次形の 1 階定係数線形微分方程式を一般的に書くと次のようになる．

$$\frac{dY_t}{dt} + a\,Y_t = b, \quad a\,b \neq 0 \tag{14.11}$$

非同次形の 1 階定係数線形微分方程式の特殊解

(14.11) の特殊解を求めておく．すなわち，$\frac{dY_t}{dt} = 0$ となる Y_t を調べると，(14.11) より $a\,b \neq 0$ であるから，

$$Y_t^* = \frac{b}{a}$$

が (14.11) を充たす特殊解となる．

同次形の 1 階定係数線形微分方程式への変形

次に，$y_t = Y_t - Y_t^*$ とおくと，$\frac{dy_t}{dt} = \frac{dY_t}{dt}$ であることを考慮して，(14.11) を次のように変形できる．

$$\frac{dy_t}{dt} + a\,y_t = 0 \tag{14.12}$$

これは，y_t に関する同次形の 1 階定係数線形微分方程式であるから，既に説明した方法で解くことができる．すなわち，

$$y_t = C_0\,e^{-a\,t} \tag{14.13}$$

非同次形の 1 階定係数線形微分方程式の一般解と時間経路

$y_t = Y_t - Y_t^*$ であるので (14.13) から，非同次形の 1 階定係数線形微分方程式 (14.11) の一般解は次のようになる．

$$Y_t = C_0\,e^{-a\,t} + \frac{b}{a} \tag{14.14}$$

C_0 は初期条件により決まる定数である．

次に，非同次形の 1 階定係数線形微分方程式 (14.11) の一般解 (14.14) の時間経路を調べておこう．$t \to \infty$ のときの一般解 (14.14) の時間経路は $e^{-a\,t}$ の運動に依存する．指数関数のグラフ (図 14.1 参照) からも明らかなように，$-a > 0$ すなわち $a < 0$ であれば $t \to +\infty$ のとき

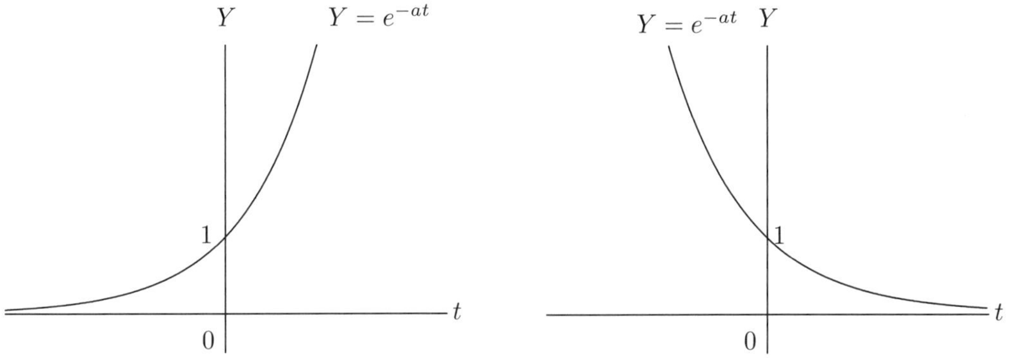

$-a > 0$ したがって $a < 0$ のとき　　　$-a < 0$ したがって $a > 0$ のとき

図 14.1　$Y = e^{-at}$ のグラフ

$e^{-a\,t} \to +\infty$ であり，$-a < 0$ すなわち $a > 0$ であれば $t \to \infty$ のとき $e^{-a\,t} \to 0$ である．以上から，一般解 (14.14) の時間経路は，次のようになる．

$$a < 0 \quad \text{であれば} \quad t \to +\infty \quad \text{のとき} \quad Y_t \to +\infty$$

$$a > 0 \quad \text{であれば} \quad t \to +\infty \quad \text{のとき} \quad Y_t \to \frac{b}{a}$$

例題 14.1　1 階定係数の線形微分方程式

次の 1 階定係数の線形差分方程式を解き，$t \to +\infty$ のときの解の時間経路を調べよ．

(1). $x'_t + 2x_t = 0,\ x_0 = 1$

(2). $y' - 4y = 12,\ y_0 = 5$

(3). $\frac{dy}{dx} - \frac{1}{2}y(x) = 4,\ y(0) = 10$

解答

1．これは，同次形の 1 階定係数線形微分方程式であるので一般解は次のようになる．

$$x_t = C_0 e^{-2t}$$

初期条件より

$$x_0 = C_0 e^{-2\times 0} = C_0 = 1$$

したがって解は，

$$x_t = e^{-2t}$$

x_t の時間経路は，$t \to +\infty$ のとき $e^{-2t} \to 0$ であるのでゼロに収束する．

2．これは，非同次形の 1 階定係数線形微分方程式であるので一般解は次のようになる．

$$x_t = C_0 e^{4t} - 3$$

初期条件より

$$x_0 = C_0 e^{4\times 0} - 3 = 5$$

したがって $C_0 = 8$.

$$x_t = 8e^{4t} - 3$$

x_t の時間経路は，$t \to +\infty$ のとき $e^{4t} \to +\infty$ であるので $+\infty$ に発散する．

3．これは，非同次形の 1 階定係数線形微分方程式であるので一般解は次のようになる．

$$y(x) = C_0 e^{\frac{x}{2}} - 8$$

初期条件より

$$y(0) = C_0 e^{\frac{1}{2}\times 0} - 8 = 10$$

したがって $C_0 = 18$．これより，解は次のようになる．

$$y(x) = 18\, e^{\frac{x}{2}} - 8$$

$y(x)$ の時間経路は，$x \to +\infty$ のとき $e^{\frac{x}{2}} \to +\infty$ であるので $+\infty$ に発散する．

例題 14.2　ドーマーの経済成長モデル

投資 I は，一方で，その何倍もの需要を増加させるといういわゆる投資の **乗数効果** をもつのに対し，他方では，投資 I は資本ストック K を増大させ生産能力を拡大させるという **生産能力拡大効果** をもつ．ケインズ型消費関数を想定すると「投資の乗数効果」は次のように示される．

$$\text{乗数効果}\qquad \frac{dY_d}{dt} = \frac{1}{s}\frac{dI}{dt}$$

ここで，Y_d は有効需要，s は限界貯蓄性向で $0 < s < 1$ である．他方，投資の生産能力拡大効果は，資本 K の平均生産性 $\rho > 0$ を一定として，

$$\text{生産能力拡大効果}\qquad \frac{dY_s}{dt} = \rho\frac{dK}{dt}$$

ここで，Y_s は潜在的生産可能量で測った生産能力である．

この 2 つの効果がバランスして投資 I が拡大するときの I_t を求めよ．ただし，投資の初期値 I_0 は与えられているものとする．

解説　例題 14.2 は，ドーマーの投資の 2 重効果の問題である．同じ問題を離散型モデルで示すと次のようになる．

$$\begin{aligned}
&\text{乗数効果} && \Delta Y_d = \frac{1}{s}\Delta I\\
&\text{生産能力拡大効果} && \Delta Y_s = \rho\Delta K\\
&\text{資本蓄積} && \Delta K = I
\end{aligned}$$

投資の 2 重効果がバランスするためには，

$$\text{投資の 2 重効果バランス式}\qquad \Delta Y_d = \Delta Y_s$$

投資の 2 重効果のバランス式に乗数効果，生産能力拡大効果，資本蓄積の定義式を代入して，次の条件を導くことができる．

$$\frac{\Delta I}{I} = \rho s$$

すなわち，投資の 2 重効果がバランスするためには，ある特定の増大率 ρs で投資 I は拡大しなければならない．

解答　離散型モデルと同様に，資本蓄積の定義式と投資の 2 重効果のバランス式を加える．

$$\begin{aligned}
&\text{資本蓄積} && \frac{dK}{dt} = I\\
&\text{投資の 2 重効果バランス式} && \frac{dY_d}{dt} = \frac{dY_s}{dt}
\end{aligned}$$

投資の 2 重効果のバランス式に乗数効果，生産能力拡大効果，資本蓄積の定義式を代入して，次の式を導くことができる．

$$\frac{dI}{dt} - \rho s\, I = 0$$

これは，I_t に関する同次形の 1 階定係数線形微分方程式である．したがって，初期条件を考慮して解くと，

$$I_t = I_0\, e^{\rho s\, t}$$

投資 I_t は初期値 I_0 から，瞬間の変化率 $\rho s > 0$ で指数的に拡大する．

例題 14.3　1 財市場の価格調整

ある財市場の需要関数，供給関数が次のように与えられているとする．

$$\begin{aligned} \text{需要関数：}\quad X_d &= a\,P + b \\ \text{供給関数：}\quad X_s &= c\,P + d \end{aligned}$$

ここで，X_d は需要量，X_s は供給量，P は価格である．a, b, c, d はパラメータで条件 $a \neq c, b \neq d, ac \neq 0$ を充たす定数である．また，この市場は $X_d = X_s$ となる正値の市場均衡価格をもつとする．

$$\text{市場均衡価格}\qquad P^* = \frac{d-b}{a-c} > 0$$

このとき，ワルラスの市場調整メカニズムを想定して，市場均衡が安定であるための条件を求めよ．

解説　ワルラスの市場調整メカニズムとは，市場において超過需要がプラスの場合には価格は上昇し，反対に超過需要がマイナスの場合（超過供給）の場合には価格が低下するという調整メカニズムである．そこで，超過需要関数を $E(P) = D(P) - S(P)$ とすると，ワルラスの市場調整メカニズムは次のように定式化することができる．

$$\text{ワルラスの市場調整メカニズム}\qquad \frac{dP}{dt} = \upsilon E(P)$$

ここで，$\upsilon > 0$ は調整速度である．

解答　問題から超過需要関数を求める．

$$\begin{aligned} \text{超過需要関数}\qquad E(P) &= X_d - X_s \\ &= (a\,P + b) - (c\,P + d) \\ &= (a-c)P - (d-b) \end{aligned}$$

これよりワルラスの市場調整メカニズムは次のように表すことができる．

$$\frac{dP}{dt} = \upsilon\{(a-c)P - (d-b)\}$$

ここで，$\alpha = \upsilon(a-c)$, $\beta = -\upsilon(d-b)$ とおくと，

$$\frac{dP}{dt} - \alpha P = \beta$$

これは，非同次形の 1 階定係数の線形微分方程式であるから，その一般解は次のようになる．

$$P_t = C_0 e^{\alpha\, t} + \frac{d-b}{a-c}$$

ここで，C_0 は初期条件によって決まる定数である．価格 P_t の時間経路は，$\alpha = \upsilon(a-c) < 0$ のとき，市場均衡価格 $P^* = \frac{d-b}{a-c}$ に向かって調整されるから，市場均衡が安定であるための条件は，$a < c$ である．

14.2　位相図による 1 階の微分方程式の解の振る舞い

例題 14.3 は，1 階定係数の線形微分方程式であり，その係数 $\alpha = \upsilon(a-c)$ の符号条件により，その解の振る舞いが決まる．この点を位相図を用いてもう一度確認しておこう．1 階定係数の微分方程式は以下であった．

$$\frac{dP}{dt} = \alpha P + \beta$$

図 14.2 左は $\alpha < 0$ として，右は $\alpha > 0$ として，この 1 階微分方程式の位相図を描いたものである．縦軸に $\dot{P} = \frac{dP}{dt}$ を横軸に P をとり，$\frac{dP}{dt} = \alpha P + \beta$ をグラフにしている．

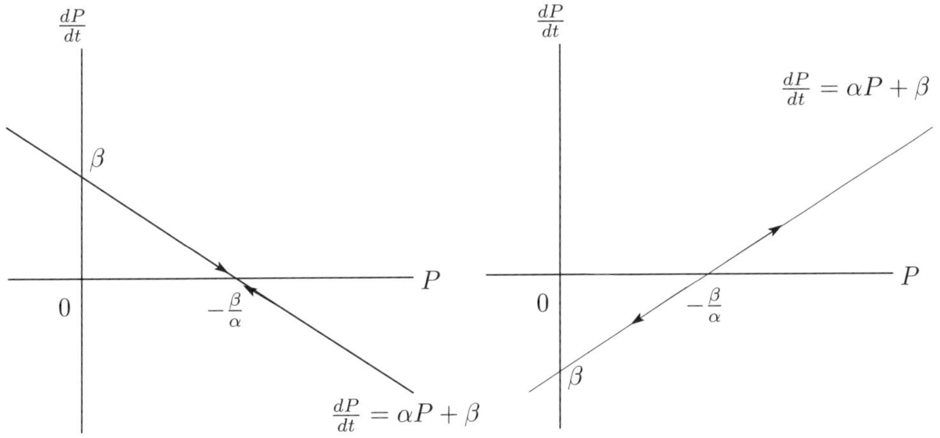

図 14.2　1 階定係数線形微分方程式の位相図

図 14.2 の直線は，P に対して $\frac{dP}{dt}$ が決まることを表している．こうして決まる $\frac{dP}{dt}$ が横軸より上であれば $\frac{dP}{dt} > 0$，横軸より下であれば $\frac{dP}{dt} < 0$ である．そして，$\frac{dP}{dt} > 0$ であるということは P が上昇していることを意味し，$\frac{dP}{dt} < 0$ は P が低下していることを意味する．したがって，$\frac{dP}{dt}$ が横軸の直線上にあれば価格 P は直線に沿って上昇し，下にあれば価格 P は直線に沿って低下する．こうした動きを図 14.2 中の矢印は表している．このような運動の結果，図 14.2 左では，1 階定係数線形微分方程式モデルの均衡値 $-\frac{\beta}{\alpha} = \frac{d-b}{a-c}$ に向かって価格は調整されており，市場均衡は安定である．それに対し，図 14.2 右は，市場価格がその市場均衡価格からはずれるとその均衡値に戻ることはなく，市場均衡が不安定であるケースを描いている．

位相図による解の振る舞いの定性的な把握は，1 階定係数線形微分方程式だけでなく，1 階の非線形微分方程式に対しても用いることができる効果的な方法である．一般に，1 階非線形

微分方程式を

$$\frac{dx}{dt} = f(x_t)$$

とするとき，これを位相図に描くことにより，解の定性的な振る舞いを明らかにすることができる．

$$\frac{dx}{dt} > 0 \quad \text{のときには、} \quad x_t \text{ 増加}$$
$$\frac{dx}{dt} = 0 \quad \text{のときには、} \quad x_t \text{ 一定、均衡値}$$
$$\frac{dx}{dt} < 0 \quad \text{のときには、} \quad x_t \text{ 減少}$$

図 14.3 は，1 階の非線形微分方程式モデルが均衡値 $\{x^*|f(x^*) = 0\}$ を 2 つもつとき，ひとつは安定均衡 A であり，もうひとつは不安定均衡 B であることを示している．

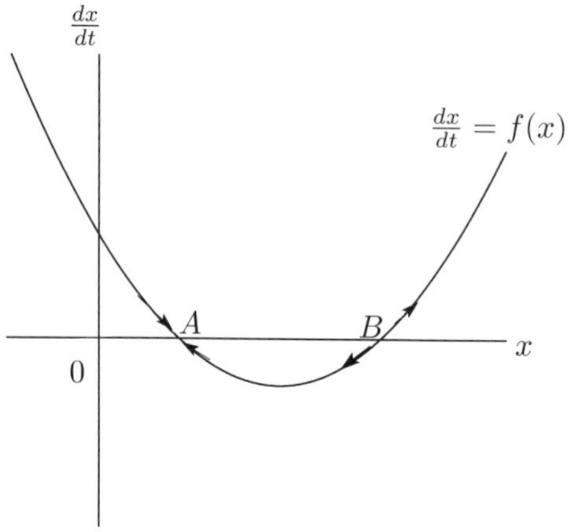

図 14.3　1 階の非線形微分方程式の位相図

例題 14.4　新古典派経済成長モデル

次のモデルで記述される新古典派経済成長モデルを，資本・労働比率 k に関する1階の微分方程式モデルに変換し，位相図を描いて経済成長の特徴を説明せよ．

生産関数	$Y = F(K, L)$
生産物市場の均衡条件	$Y = C + I$
消費関数	$C = cY,\ 0 < c < 1$
資本蓄積	$\dfrac{dK}{dt} = I$
労働人口の成長	$\dfrac{dL}{dt} = nL,\ n$ (正の定数)

[Y：国民所得，K：資本量，L：労働量，C：消費，I：投資]

なお，生産関数は「限界生産力逓減」および「規模に関して収穫不変」に従う．

解説　ソローは，生産における資本と労働の代替関係をもつ新古典派の生産関数を基礎に経済成長モデルを構築した．新古典派の生産関数は，第1に限界生産力逓減，第2に規模に関して収穫不変という特徴をもつ．資本の限界生産力逓減と労働の限界生産力逓減はそれぞれ次のように示される．

$$F_K = \frac{\partial Y}{\partial K} > 0, \qquad F_{KK} = \frac{\partial^2 Y}{\partial K^2} < 0$$
$$F_L = \frac{\partial Y}{\partial L} > 0, \qquad F_{LL} = \frac{\partial^2 Y}{\partial L^2} < 0$$

また，規模に関して収穫不変とは，投入をすべて $\lambda > 0$ 倍すれば産出も λ 倍になるということである．数学的には，関数は **1次同次** であると言い，次のように表す．

$$\lambda Y = F(\lambda K, \lambda L) \tag{14.15}$$

さて，(14.15) において $\lambda = \frac{1}{L}$ とすると，

$$\frac{Y}{L} = F(\frac{K}{L}, 1)$$

ここで，$y = \frac{Y}{L}$，$k = \frac{K}{L}$ とおくと，y は一人当たり国民所得，k は資本・労働比率あるいは一人当たり資本ストックである．これを用いて上式を書き直すと，

$$y = F(k, 1) = f(k) \tag{14.16}$$

生産関数は限界生産力逓減に従うので，$f' > 0$，$f'' < 0$ であることは簡単な計算で確認できる．

次に，例題の第2,3,4式から，

$$sY = \frac{dK}{dt},\ \ s = 1 - c \tag{14.17}$$

そして，最後に経済成長に伴う資本・労働比率 $k = \frac{K}{L}$ の変化を見るために，k を時間 t に関して微分をする．

$$\frac{dk}{dt} = \frac{\frac{dK}{dt}L - K\frac{dL}{dt}}{L^2} \tag{14.18}$$

(14.18) に (14.16) と (14.17) を代入すると，資本・労働比率 k に関する1階の微分方程式を得ることができる．

$$\frac{dk}{dt} = s\,f(k) - n\,k \tag{14.19}$$

解答　新古典派経済成長モデルから資本・労働比率 k に関する1階の微分方程式 (14.19) を導出したので，経済成長にともなう資本・労働比率 k の変化を位相図を描いて見てみよう．

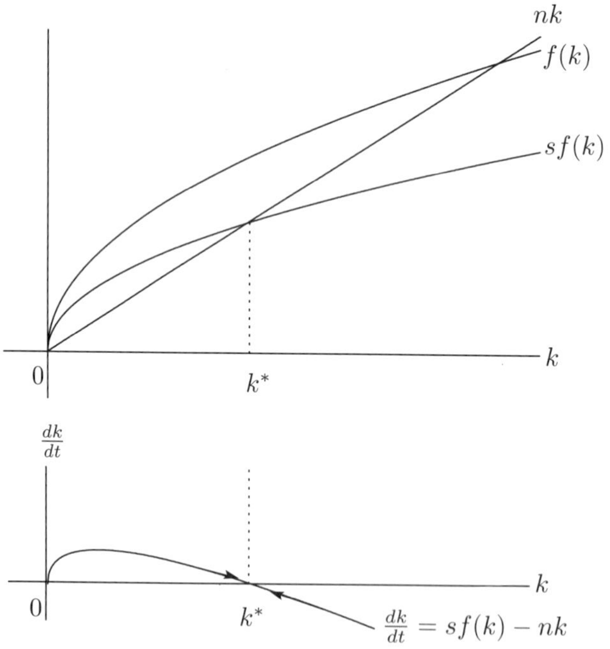

図 14.4　新古典派経済成長モデルの位相図

図14.4上図に (14.19) 右辺を構成する $sf(k)$ と nk を別々に描き，その上で両者の差を図14.4下図にとることにより，(14.19) の位相図を作成している．図14.4下図の位相図から，新古典派経済成長モデルは，経済成長が進むなかで資本・労働比率 k はある特定の均衡値 k^* に収束することを示している．そして，均衡値 k^* は安定であり，一旦 k^* に到達した以降はこの値にとどまる．また，均衡資本・労働比率 k^* の経済成長経路上では，k^* は一定となるので労働人口の成長率 n に等しい成長率で資本 K も増大し，したがって国民所得 Y も同じ成長率 n で経済成長することになる．以上の意味で，新古典派経済成長モデルが描き出す経済成長は，L, K, Y が同率 n で拡大する均斉かつ安定な経済成長となる．

14.3　2 階定係数の線形微分方程式モデル

2 階定係数の線形微分方程式の非同次形と同次形

2 階定係数の線形微分方程式は，a, b, c を定数として，次のように表される．

$$x'' + a\,x' + b\,x = c, \quad b \neq 0 \tag{14.20}$$

ここで，x', x'' は，$x = x_t$ あるいは $x = x(t)$ として 1 階の微分 $x' = \frac{dx}{dt}$，2 階の微分 $x'' = \frac{d}{dt}(\frac{dx}{dt}) = \frac{d^2x}{d\,t^2}$ である．以下同じ．

非同次形の特殊解

定数項をもつ非同次形の 2 階定係数の線形微分方程式 (14.20) の特殊解を求める．

$c = 0$ のときは (14.20) は後述する同次形の 2 階定係数の線形微分方程式となるので，$c \neq 0$ として $x'' = x' = 0$ となる x の特殊解 x^* が存在する．

$$x^* = \frac{c}{b}, \quad b \neq 0 \tag{14.21}$$

特殊解 (14.21) は常に 2 階定係数の線形微分方程式 (14.20) を充たすことは簡単に確認できる．

同次形 2 階定係数の線形微分方程式

(14.20) と (14.21) から，同次形の 2 階定係数の線形差分方程式を作る．すなわち，$y(t) = x(t) - x^*$ とおくと，$y' = x'$, $y'' = x''$ であるから，(14.20) を次のように書き換えることができる．

$$y'' + a\,y' + b\,y = 0, \quad b \neq 0 \tag{14.22}$$

以上より，同次形の (14.22) の一般解 y がわかれば，それと非同次形 (14.21) の特殊解 x^* との和として，非同次形 (14.20) の一般解 $x(t)$ を求めることができる．すなわち，

$$x(t) = y(t) + x^*$$

1 変数 y に関する同次形 2 階定係数の線形微分方程式 (14.22) を解くために，2 変数 1 階の連立線形微分方程式に変換する．すなわち，

$$z = y', \; z' = y''$$

とおくと，(14.22) は，

$$z' + a\,z + b\,y = 0$$

と書くことができる．これらをまとめて表すと，

$$\begin{cases} z' = -a\,z - b\,y \\ y' = \quad z \end{cases}$$

これは，2変数 (z, y) に関する1階線形連立微分方程式であり，次のように行列表示することができる．

$$\begin{bmatrix} z' \\ y' \end{bmatrix} = \begin{bmatrix} -a & -b \\ 1 & 0 \end{bmatrix} \begin{bmatrix} z \\ y \end{bmatrix} \tag{14.23}$$

係数行列の固有値と同次形の一般解

第I部「第5章 固有値問題と行列の対角化」で学んだ方法を用いて，1階の同次形定係数の線形連立微分方程式 (14.23) を解く．

$$\boldsymbol{A} = \begin{bmatrix} -a & -b \\ 1 & 0 \end{bmatrix}$$

とおき，$\boldsymbol{A}$ の固有方程式を立て固有値と固有ベクトルを求める．

固有方程式は，

$$|\lambda \boldsymbol{I} - \boldsymbol{A}| = \begin{vmatrix} \lambda + a & b \\ -1 & \lambda \end{vmatrix} = \lambda^2 + a\lambda + b = 0 \tag{14.24}$$

固有方程式 (14.24) は，①2つの実根，②1つの実根（重根），③2つの共役な複素数根，をもつ3ケースに分けられる．

①2実根のケース $(a^2 - 4b > 0)$

2実根を λ_1, λ_2 とすると，

$$\lambda_{1,2} = \frac{1}{2}(-a \pm \sqrt{a^2 - 4b})$$

2つの固有値に対応する固有ベクトルを $\boldsymbol{p}$ として求めると，$\boldsymbol{Ap} = \lambda \boldsymbol{p}$ より，

固有値 λ_1 に対応する固有ベクトル（のひとつ）：　$\boldsymbol{p_1} = {}^t(\lambda_1, 1)$

固有値 λ_2 に対応する固有ベクトル（のひとつ）：　$\boldsymbol{p_2} = {}^t(\lambda_2, 1)$

2つの固有ベクトルを横に並べた2次正方行列を $\boldsymbol{P} = (\boldsymbol{p_1}, \boldsymbol{p_2})$ とすると，$\boldsymbol{P}$ の行列式は $|\boldsymbol{P}| \neq 0$ であるから，$\boldsymbol{P}$ は逆行列 $\boldsymbol{P}^{-1}$ を持つ．それゆえ，$\boldsymbol{A}$ と $\boldsymbol{P}$ に関して，第I部「第5章 固有値問題と行列の対角化」で学んだ2次正方行列の対角化の関係が成立する．

$$\boldsymbol{P}^{-1}\boldsymbol{AP} = \begin{bmatrix} \lambda_1 & 0 \\ 0 & \lambda_2 \end{bmatrix} \tag{14.25}$$

そこで，

$$\boldsymbol{P}^{-1} = \begin{bmatrix} p_{11} & p_{12} \\ p_{21} & p_{22} \end{bmatrix}$$

とおき，(14.23) の両辺に左から $\boldsymbol{P}^{-1}$ をかけ，$\boldsymbol{P}^{-1}\boldsymbol{A} = \boldsymbol{P}^{-1}\boldsymbol{APP}^{-1}$ であることを考慮し，(14.25) を踏まえると次式が得られる．

$$\begin{bmatrix} p_{11} & p_{12} \\ p_{21} & p_{22} \end{bmatrix} \begin{bmatrix} z' \\ y' \end{bmatrix} = \begin{bmatrix} p_{11} & p_{12} \\ p_{21} & p_{22} \end{bmatrix} \begin{bmatrix} -a & -b \\ 1 & 0 \end{bmatrix} \begin{bmatrix} z \\ y \end{bmatrix} = \begin{bmatrix} \lambda_1 & 0 \\ 0 & \lambda_2 \end{bmatrix} \begin{bmatrix} p_{11} & p_{12} \\ p_{21} & p_{22} \end{bmatrix} \begin{bmatrix} z \\ y \end{bmatrix}$$

上式を展開して，

$$\begin{bmatrix} p_{11}z' + p_{12}y' \\ p_{21}z' + p_{22}y' \end{bmatrix} = \begin{bmatrix} \lambda_1 & 0 \\ 0 & \lambda_2 \end{bmatrix} \begin{bmatrix} p_{11}z + p_{12}y \\ p_{21}z + p_{22}y \end{bmatrix} \tag{14.26}$$

ここで，改めて，$Z = p_{11}z + p_{12}y$, $Y = p_{21}z + p_{22}y$ とおくと，$Z' = p_{11}z' + p_{12}y'$, $Y' = p_{21}z' + p_{22}y'$ であるから (14.26) は，

$$\begin{bmatrix} Z' \\ Y' \end{bmatrix} = \begin{bmatrix} \lambda_1 & 0 \\ 0 & \lambda_2 \end{bmatrix} \begin{bmatrix} Z \\ Y \end{bmatrix}$$

したがって，

$$\begin{cases} Z' = \lambda_1 Z \\ Y' = \lambda_2 Y \end{cases} \tag{14.27}$$

(14.27) は，それぞれ (Z, Y) に関する同次形の 1 階定係数の微分方程式であるので，次のように解くことができる．

$$\begin{cases} Z = p_{11}z + p_{12}y = C_1\, e^{\lambda_1 t} \\ Y = p_{21}z + p_{22}y = C_2\, e^{\lambda_2 t} \end{cases}$$

これを連立 1 次方程式とみなして，クラーメルの公式を用いて y について解く．

$$y = \frac{\begin{vmatrix} p_{11} & C_1\, e^{\lambda_1 t} \\ p_{21} & C_2\, e^{\lambda_2 t} \end{vmatrix}}{\begin{vmatrix} p_{11} & p_{12} \\ p_{21} & p_{22} \end{vmatrix}} = \frac{p_{11}\, C_2\, e^{\lambda_2 t} - p_{21}\, C_1\, e^{\lambda_1 t}}{p_{11}p_{22} - p_{12}p_{21}} = C_3\, e^{\lambda_1 t} + C_4\, e^{\lambda_2 t} \tag{14.28}$$

C_3, C_4 は初期条件によって決まる定数である．固有値が 2 実数根の場合，(14.28) が同次形の 2 階定係数線形微分方程式 (14.22) の一般解となる．

②1 実根のケース $(a^2 - 4b = 0)$

1 実根を λ とすると，

$$\lambda = -\frac{a}{2}$$

固有値 λ に対応する固有ベクトルを $\boldsymbol{p}$ として求めると，$\boldsymbol{Ap} = \lambda\boldsymbol{p}$ より，

$$\text{固有値 } \lambda \text{ に対応する固有ベクトル（のひとつ）：} \quad \boldsymbol{p_1} = {}^t(-\frac{a}{2}, 1)$$

「第 I 部　第 5 章　固有値問題と正方行列の対角化」で学んだ方法に従い，

$$\boldsymbol{Ap_2} = \boldsymbol{p_1} + \lambda\boldsymbol{p_2}$$

を充たすあらたなベクトル $\boldsymbol{p_2}$ を作ると簡単な計算で次のようになる．

$$\boldsymbol{p_2} =^t (1, 0)$$

2 次正方行列 $\boldsymbol{P} = (\boldsymbol{p_1}, \boldsymbol{p_2})$ は，

$$\boldsymbol{P} = \begin{bmatrix} -\frac{a}{2} & 1 \\ 1 & 0 \end{bmatrix}$$

さらに，$\boldsymbol{P}$ の逆行列を求めておく．

$$\boldsymbol{P}^{-1} = \begin{bmatrix} 0 & 1 \\ 1 & \frac{a}{2} \end{bmatrix}$$

以上の準備のもとで，$(a^2 - 4b = 0)$ を考慮して $\boldsymbol{P}^{-1}\boldsymbol{AP}$ を計算すると，

$$\boldsymbol{P}^{-1}\boldsymbol{AP} = \begin{bmatrix} -\frac{a}{2} & 1 \\ 0 & -\frac{a}{2} \end{bmatrix} = \begin{bmatrix} \lambda & 1 \\ 0 & \lambda \end{bmatrix} \tag{14.29}$$

そこで，(14.23) の両辺に左から $\boldsymbol{P}^{-1}$ をかけると，

$$\begin{bmatrix} 0 & 1 \\ 1 & \frac{a}{2} \end{bmatrix} \begin{bmatrix} z' \\ y' \end{bmatrix} = \begin{bmatrix} 0 & 1 \\ 1 & \frac{a}{2} \end{bmatrix} \begin{bmatrix} -a & -b \\ 1 & 0 \end{bmatrix} \begin{bmatrix} z \\ y \end{bmatrix}$$

上式は，$\boldsymbol{P}^{-1}\boldsymbol{A} = \boldsymbol{P}^{-1}\boldsymbol{APP}^{-1}$ であること，および (14.29) を考慮すると次のようになる．

$$\begin{bmatrix} y' \\ z' + \frac{a}{2}y' \end{bmatrix} = \begin{bmatrix} \lambda & 1 \\ 0 & \lambda \end{bmatrix} \begin{bmatrix} y \\ z + \frac{a}{2}y \end{bmatrix} \tag{14.30}$$

そこで改めて，$Y = y$, $Z = z + \frac{a}{2}y$ とおくと，$Y' = y'$, $Z' = z' + \frac{a}{2}y'$ であるから (14.30) は，

$$\begin{bmatrix} Y' \\ Z' \end{bmatrix} = \begin{bmatrix} \lambda & 1 \\ 0 & \lambda \end{bmatrix} \begin{bmatrix} Y \\ Z \end{bmatrix}$$

したがって，

$$\begin{cases} Y' = \lambda Y + Z \\ Z' = \lambda Z \end{cases} \tag{14.31}$$

(14.31) の第2式から，

$$Z = C_5 \, e^{\lambda t} \tag{14.32}$$

ここで C_5 は，初期条件によって決まる定数である．(14.32) を (14.31) の第1式に代入すると，

$$Y' - \lambda Y = C_5 \, e^{\lambda t} \tag{14.33}$$

(14.33) は，右辺に定数でない項をもつ1階の線形微分方程式である．ここでは，(14.33) を**定数変分法**により解くことにする．

定数変分法とは次のような方法である．まず，(14.33) の同次形 $Y' = \lambda Y$ の解は，

$$Y = C \, e^{\lambda t} \tag{14.34}$$

である．そこで，(14.33) の解を求めるために，(14.34) の C を t の関数と考えて，

$$\bar{Y} = C(t) \, e^{\lambda t} \tag{14.35}$$

が1階線形微分方程式 (14.33) を充たすように，$C(t)$ を定めようというものである．

そこで，(14.35) を (14.33) に代入する．

$$Y' - \lambda Y = (C'(t)e^{\lambda t} + C(t)\,\lambda e^{\lambda t}) - \lambda C(t)\,e^{\lambda t} = C_5\,e^{\lambda t}$$

これを整理すると，

$$C'(t) = C_5$$

この式の両辺を t で積分して $C(t)$ をもとめる．

$$C(t) = \int C_5\,dt = C_5\,t + C_6 \tag{14.36}$$

したがって，Y にかんする 1 階線形微分方程式 (14.33) の一般解は次のようになる．

$$Y = (C_5\,t + C_6)e^{\lambda t} \tag{14.37}$$

さて元に戻って，(14.32) と (14.37) をもう一度整理して書くと，

$$\begin{aligned} Y &= y = (C_5\,t + C_6)e^{\lambda t} \\ Z &= z + \frac{a}{2}y = C_5\,e^{\lambda t} \end{aligned}$$

これより，同次形 (14.22) の一般解は，

$$y = C_6\,e^{\lambda t} + C_5\,t\,e^{\lambda, t} \tag{14.38}$$

ここで，C_5, C_6 は初期条件によって決まる定数である．

③ 2 複素数根のケース $(a^2 - 4b < 0)$

2 つの複素数根を λ_1, λ_2 として，

$$\lambda_{1,2} = \frac{1}{2}(-a \pm i\sqrt{4b - a^2})$$

ここで，i は虚数単位 $i^2 = -1$ である．

この場合も，2 つの固有値 λ_1, λ_2 に対して同次形 (14.22) の一般解は，「① 2 実根のケース」と同様に次のようになる．すなわち，

$$y = C_9\,e^{\lambda_1 t} + C_{10}\,e^{\lambda_2 t} \tag{14.39}$$

ただし，C_9, C_{10} は初期条件により決まる定数である．

ここで，

$$\lambda_{1,2} = \alpha \pm i\,\beta$$

とおくと (14.39) は，

$$y = C_9\,e^{(\alpha + i\,\beta)\,t} + C_{10}\,e^{(\alpha - i\,\beta)\,t} = e^{\alpha\,t}(C_9\,e^{i\,\beta\,t} + C_{10}\,e^{-i\,\beta\,t})$$

と表すことができる．ここで，**オイラー関係（公式）**（本章の「補論」参照）を適用すると，

$$\begin{aligned} y &= e^{\alpha t}[C_9(\cos\beta t + i\sin\beta t) + C_{10}(\cos\beta t - i\sin\beta t)] \\ &= e^{\alpha t}[(C_9 + C_{10})\cos\beta t + (C_9 - C_{10})i\sin\beta t] \\ &= e^{\alpha t}[B_1\cos\beta t + B_2\sin\beta t] \end{aligned}$$

ここで，$B_1 = C_9 + C_{10}$, $B_2 = (C_9 - C_{10})i$ は初期条件によって決まる定数である．

非同次形の 2 階定係数の線形微分方程式の一般解と時間経路

①〜③のいずれの場合にも同次形 (14.22) の一般解と非同次形の 2 階定係数の線形差分方程式 (14.20) の特殊解の和として，非同次形の 2 階定係数の線形差分方程式 (14.20) の一般解を求めることができる．

$$x = y + x^*$$

以上をまとめると次のようになる．
非同次形の 2 階定係数線形微分方程式：

$$x'' + a\,x' + b\,x = c, \quad b \neq 0 \tag{14.20}$$

非同次形の 2 階定係数線形微分方程式の特殊解：

$$x^* = \frac{c}{b}, \quad b \neq 0 \tag{14.21}$$

固有方程式：

$$\lambda^2 + a\,\lambda + b = 0, \quad b \neq 0 \tag{14.24}$$

①固有値が 2 実根のケース $(a^2 - 4b > 0)$ の一般解：

$$x = C_1 e^{\lambda_1 t} + C_2 e^{\lambda_2 t} + \frac{c}{b}$$

②固有値が 1 実根のケース $(a^2 - 4b = 0)$ の一般解：

$$x = C_3 e^{\lambda t} + C_4 t e^{\lambda, t} + \frac{c}{b}$$

③固有値が 2 複素数根のケース $(a^2 - 4b < 0)$ の一般解：

$$x = e^{\alpha t}[C_5\cos\beta t + C_6\sin\beta t] + \frac{c}{b}$$
$$\text{ただし}, \lambda_{1,2} = \alpha \pm i\beta$$

ここで，$C_1, \cdots, C_6$ は初期条件から決まる定数である．

$t \to \infty$ のときの非同次形の 2 階定係数の線形微分方程式 (14.20) の一般解 x の時間経路に

ついては，非同次形の特殊解 x^* を均衡値とし，同次形の一般解 y の運動を均衡値からの乖離として考えることができる．したがって，$t \to \infty$ のとき $y \to 0$ であれば，2階定係数の線形差分方程式 (14.20) の一般解 x は均衡値 x^* に収束する．$t \to \infty$ のときの非同次形の x の時間経路は，一般解から明らかなように，①〜③のいずれのケースも固有値 $\lambda_{1,2}$ の実数部の符号条件に依存している．固有値の実数部がマイナスであるための条件をまとめると次のようになる．

①固有値が2実根のとき，2実数根ともにマイナスであるための条件は，$a^2-4b>0,\ a>0,\ b>0$
②固有値が1実根のとき，1実数根がマイナスであるための条件は，$a^2-4b=0,\ a>0,\ b>0$
③固有値が2虚根のとき，2複素数の実数部がマイナスであるための条件は，$a^2-4b<0,\ a>0,\ b>0$

したがって，①〜③のいずれの場合にも $a>0,\ b>0$ であることがその条件となる．

例題 14.5　2階定係数の線形微分方程式

次の2階定係数の線形差分方程式を解き，$t \to \infty$ のときの解の時間経路を調べなさい．

(1). $x'' + x' - 12\,x = 0$

(2). $y''(t) + 4\,y'(t) + 4\,y(t) = 12,\ y(0) = 0,\ y(1) = 1$

(3). $x'' + 2\,x' + 2\,x = 4$

解答

1．同次形の2階定係数線形微分方程式である．固有方程式を立て固有値を求める．

$$\text{固有方程式：}\quad \lambda^2 + \lambda - 12 = 0$$

これを解いて，

$$\lambda_1 = 3,\ \lambda_2 = -4$$

固有値は2実数であるから，一般解は以下である．

$$x = C_1\,e^{3\,t} + C_2\,e^{-4\,t}$$

ここで，C_1, C_2 は初期条件から決まる定数である．

固有値は2実数でひとつはプラス，もうひとつはマイナスなので，$t \to \infty$ のとき $x \to +\infty$ となり発散する．

2．非同次形の2階定係数線形微分方程式である．最初に特殊解を求める．すなわち $y''(t) = y'(t) = 0$ より，

$$\text{特殊解：}\qquad y(t)^* = \frac{12}{4} = 3$$

次に固有方程式を立て，固有値を求める．

$$\text{固有方程式：}\quad \lambda^2 + 4\lambda + 4 = 0$$

これを解くと重根で

$$\lambda = -2$$

である．したがって，一般解は，

$$y(t) = e^{-2t}(C_1 + t\,C_2) + 3$$

次に，初期条件から，

$$\begin{aligned} y(0) &= 3 + C_1 = 0 \\ y(1) &= 3 + e^{-2}(C_1 + C_2) = 1 \end{aligned}$$

これを，C_1, C_2 について解いて，

$$\begin{aligned} C_1 &= -3 \\ C_2 &= 3 - 2e^2 \end{aligned}$$

したがって，

$$y(t) = e^{-2t}(-3 + (3 - 2e^2)\,t) + 3$$

固有値は 1 実数でマイナスであるので，$t \to \infty$ のとき $e^{-2t} \to 0$ となり特殊解 $y(t)^* = 3$ に収束する．

3．非同次形の 2 階定係数線形微分方程式である．最初に特殊解を求める．すなわち $x'' = x' = 0$ より，

$$\text{特殊解：}\qquad y(t)^* = \frac{4}{2} = 2$$

次に固有方程式を立て，固有値を求める．

$$\text{固有方程式：}\quad \lambda^2 + 2\lambda + 2 = 0$$

これを解くと 2 つの複素数根で

$$\lambda_1 = -1 - i,\ \ \lambda_1 = -1 + i$$

したがって，一般解は，

$$x = e^{-t}(C_1\,\cos(t) + C_2\,\sin(t)) + 2$$

ここで，C_1, C_2 は初期条件から決まる定数である．

固有値の 2 つの複素数根の実数部はマイナスなので，$t \to \infty$ のとき特殊解 $x^* = 2$ に振動しながら収束する．

14.4　1 階定係数線形の連立微分方程式モデル

1 階定係数の線形の連立微分方程式は，次のように表される．

$$\begin{cases} x' = a_1 x + a_2 y + a_3 \\ y' = b_1 x + b_2 y + b_3 \end{cases} \tag{14.40}$$

ここで，$a_i, b_i\,(i = 1, 2, 3)$ は定数で，$a_1 b_2 - a_2 b_1 \neq 0$ とする．第 1 式を微分すると，

$$x'' = a_1 x' + a_2 y' \tag{14.41}$$

(14.40) と (14.41) の 3 本の式から，y と y' を消去することができる．すなわち，

$$x'' - (a_1 + b_2)x' + (a_1b_2 - a_2b_1)x = (a_2b_3 - a_3b_2) \tag{14.42}$$

(14.42) は，前節で学んだ 2 階の定係数線形微分方程式である．したがって，固有方程式

$$\lambda^2 - (a_1 + b_2)\lambda + (a_1b_2 - a_2b_1) = 0$$

をたて，固有方程式の固有値からその解を求めることができる．

ところで，1 階定係数の線形の連立微分方程式 (14.40) は非同次形であるので次のように同次形に変換することができる．

$$\boldsymbol{A} = \begin{bmatrix} a_1 & a_2 \\ b_1 & b_2 \end{bmatrix}, \quad \boldsymbol{x} = \begin{bmatrix} x \\ y \end{bmatrix}, \quad \boldsymbol{x'} = \begin{bmatrix} x' \\ y' \end{bmatrix}, \quad \boldsymbol{f} = \begin{bmatrix} a_3 \\ b_3 \end{bmatrix},$$

とおくと，(14.40) は次のように表すことができる．

$$\boldsymbol{x'} = \boldsymbol{Ax} + \boldsymbol{f}$$

そこで，$\boldsymbol{x'} = \boldsymbol{o}$ となる特殊解$\boldsymbol{x}^*$を求めると，

$$\boldsymbol{Ax}^* + \boldsymbol{f} = \boldsymbol{o}$$

である．次に，

$$\boldsymbol{\chi} = \boldsymbol{x} - \boldsymbol{x}^*$$

とおくと，$\boldsymbol{\chi'} = \boldsymbol{x'}$ および $\boldsymbol{x} = \boldsymbol{\chi} + \boldsymbol{x}^*$ であるので，

$$\begin{aligned} \boldsymbol{\chi'} &= \boldsymbol{A}(\boldsymbol{\chi} + \boldsymbol{x}^*) + \boldsymbol{f} \\ &= \boldsymbol{A\chi} + (\boldsymbol{Ax}^* + \boldsymbol{f}) \end{aligned}$$

括弧内は $\boldsymbol{Ax}^* + \boldsymbol{f} = \boldsymbol{o}$ であるので，

$$\boldsymbol{\chi'} = \boldsymbol{A\chi} \tag{14.43}$$

これは，(14.40) の同次形である．同次形の定係数連立線形微分方程式の解法については，既に学んだとおりである．すなわち係数行列$\boldsymbol{A}$に対し固有方程式を立て，固有値を求めて係数行列の対角化を行い，それを基礎に解を求める．係数行列の固有方程式は，

$$\begin{vmatrix} \lambda - a_1 & -a_2 \\ -b_1 & \lambda - b_2 \end{vmatrix} = (\lambda - a_1)(\lambda - b_2) - a_2\,b_1 = \lambda^2 - (a_1 + b_2)\lambda + (a_1b_2 - a_2b_1) = 0 \tag{14.44}$$

であり，(14.42) に一致する．1 階定係数の線形連立微分方程式 (14.40) の同次形の解は，同次形の 2 階の定係数微分方程式の解と同様に固有値の性質によって決まる．また，1 階定係数の線形連立微分方程式 (14.40) の一般解 $\boldsymbol{x}$ は，その特殊解 $\boldsymbol{x}^*$ と同次形の解 $\boldsymbol{\chi}$ の和 $\boldsymbol{x} = \boldsymbol{x}^* + \boldsymbol{\chi}$ により求めることができる．

①固有値が2実根のケース：

$$x = C_1\, e^{\lambda_1 t} + C_2\, e^{\lambda_2 t} + x^*$$
$$y = C_3\, e^{\lambda_1 t} + C_4\, e^{\lambda_2 t} + y^*$$

C_1, C_2 は初期条件から決まる定数，C_3, C_4 は C_1, C_2 と関連して決まる定数である．

②固有値が1実根のケース：

$$x = C_5\, e^{\lambda t} + C_6\, t\, e^{\lambda t} + x^*$$
$$y = C_7\, e^{\lambda t} + C_8\, t\, e^{\lambda t} + y^*$$

C_5, C_6 は初期条件から決まる定数，C_7, C_8 は C_5, C_6 と関連して決まる定数である．

③固有値が2複素数根のケース：

$$x = e^{\alpha t}[C_9 \cos \beta t + C_{10} \sin \beta t] + x^*$$
$$y = e^{\alpha t}[C_{11} \cos \beta t + C_{12} \sin \beta t] + y^*$$
$$\text{ただし}, \lambda_{1,2} = \alpha \pm i\beta$$

C_9, C_{10} は初期条件から決まる定数，C_{11}, C_{12} は C_9, C_{10} と関連して決まる定数である．

非同次形の1階定係数の線形連立微分方程式の解の時間径路

1階定係数の線形連立微分方程式 (14.40) の一般解の時間径路が，特殊解に収束するための条件をまとめておこう．

なお，1階定係数の線形連立微分方程式 (14.40) の係数行列 A の行列式を D，対角要素の和をトレースと呼び $T = a_1 + b_2$ で表す．すなわち，

$$\boldsymbol{A} = \begin{bmatrix} a_1 & a_2 \\ b_1 & b_2 \end{bmatrix}, \qquad D = \begin{vmatrix} a_1 & a_2 \\ b_1 & b_2 \end{vmatrix} = a_1\, b_2 - a_2\, b_1, \qquad T = a_1 + b_2$$

そうすると，固有方程式 (14.44) は次のように書くことができる．

$$\lambda^2 - T\,\lambda + D = 0$$

安定条件

①固有値が2実根のケース：　$T^2 > 4D, \quad T < 0, \quad D > 0$
②固有値が1実根のケース：　$T^2 = 4D, \quad T < 0, \quad D > 0$
③固有値が2複素数根のケース：$T^2 < 4D, \quad T < 0, \quad D > 0$

例題 14.6　1 階定係数の線形連立微分方程式

次の 1 階定係数の線形連立微分方程式を解き，$t \to \infty$ のときの解の時間経路を調べなさい．

(1). $\begin{cases} x' = 2\,x \,-\, y \\ y' = -x \,+\, 2\,y \end{cases}$

(2). $\begin{cases} x' = 2\,x \,+\, y \\ y' = -x \,+\, 4\,y \end{cases}$

(3). $\begin{cases} x' = x \,-\, y \\ y' = x \,+\, y \end{cases}$

解答

(1). 同次形の 1 階定係数の線形連立微分方程式である．固有方程式をたて固有値を求める．

$$\begin{vmatrix} \lambda - 2 & 1 \\ 1 & \lambda - 2 \end{vmatrix} = \lambda^2 - 4\,\lambda + 3 = 0$$

より，これを解いて，

$$\lambda_1 = 1,\ \lambda_2 = 3$$

2 実根であるから，一般解のひとつは次のようになる．

$$x = C_1\,e^{3\,t} + C_2\,e^t$$

これより $x' = 3C_1\,e^{3\,t} + C_2\,e^t$ と $2x = 2C_1\,e^{3\,t} + 2C_2\,e^t$ を問題の第 1 式に代入して y をもとめると，

$$y = -C_1\,e^{3\,t} + C_2\,e^t$$

したがって，

$$\begin{cases} x = C_1\,e^{3\,t} + C_2\,e^t \\ y = -C_1\,e^{3\,t} + C_2\,e^t \end{cases}$$

ここで，C_1, C_2 は初期条件から決まる定数である．
固有方程式の固有値の 2 実根はともにプラスであるから，一般解 (x, y) は自明である特殊解 $(0, 0)$ から発散する．

(2). 同次形の 1 階定係数の線形連立微分方程式である．固有方程式をたて固有値を求める．

$$\begin{vmatrix} \lambda - 2 & -1 \\ 1 & \lambda - 4 \end{vmatrix} = \lambda^2 - 6\,\lambda + 9 = 0$$

より，これを解くと重根で，$\lambda = 3$ である．したがって，

$$x = (C_1\, + C_2 t)\,e^{3\,t}$$

これより $x' = 3C_1\,e^{3\,t} + C_2\,e^{3t} + 3C_2 t\,e^{3\,t}$ と $2x = 2C_1\,e^{3\,t} + 2C_2 t\,e^{3\,t}$ を問題の第 1 式に代入して y をもとめると，

$$y = [(C_1 + C_2)\ + C_2 t]\,e^{3\,t}$$

したがって，

$$\begin{cases} x = (C_1\ + C_2 t)\,e^{3\,t} \\ y = [(C_1 + C_2)\ + C_2 t]\,e^{3\,t} \end{cases}$$

ここで，C_1, C_2 は初期条件から決まる定数である．

固有方程式は固有値として 1 実根 (重根) をもつ．そしてその符号はプラスであるから，一般解 (x, y) は自明である特殊解 $(0, 0)$ から発散する．

(3). 同次形の 1 階定係数の線形連立微分方程式である．固有方程式をたて固有値を求める．

$$\begin{vmatrix} \lambda - 1 & -1 \\ 1 & \lambda - 1 \end{vmatrix} = \lambda^2 - 2\,\lambda + 2 = 0$$

これを解いて，

$$\lambda_{1,2} = 1 + i$$

2 複素数根であるから一般解のひとつは次のようになる．

$$x = e^t[C_1\ \cos(t) + C_2\ \sin(t)]$$

これを t で微分すると，$x' = e^t[C_1\ \cos(t) + C_2\ \sin(t)] + e^t[-C_1\ \sin(t) + C_2\ \cos(t)]$ である．上で求めた x と x' を問題の第 1 式に代入して y をもとめる．

$$y = e^t[-C_2\ \cos(t) + C_1\ \sin(t)]$$

したがって，

$$\begin{cases} x = e^t[C_1\ \cos(t) + C_2\ \sin(t)] \\ y = e^t[-C_2\ \cos(t) + C_1\ \sin(t)] \end{cases}$$

ここで，C_1, C_2 は初期条件から決まる定数である．
固有方程式は固有値として 2 複素数根をもつ．そして，その実数部はプラスであるから，一般解 (x, y) は自明である特殊解 $(0, 0)$ にない時には発散する．

例題 14.7　$IS-LM$ **モデルの安定性分析**

国民経済が次のモデルで記述されるとする．

貯蓄関数	$S=0.3Y$
投資関数	$I=800-50r$
生産物市場の需給均衡	$S=I$
貨幣需要関数	$L=0.2Y-100r$
実質貨幣供給	$m=400$
貨幣市場の需給均衡	$m=L$

［S：実質貯蓄，I：実質投資，Y：国民所得，r：利子率，L：実質貨幣需要，m：実質貨幣供給］

生産物市場と貨幣市場の需給均衡を同時に実現する均衡国民所得 Y^* と均衡利子率 r^* を求めよ．

また，生産物市場では有効需要の原理が作用し，貨幣市場では価格調整メカニズムが働くと想定して，両市場の同時均衡 (Y^*,r^*) の安定性を調べよ．

なお，市場調整メカニズムは以下のように定式化される．

生産物市場の調整　$$\frac{dY}{dt}=\alpha E_1(Y,r), \quad \alpha>0$$

貨幣市場の調整　$$\frac{dr}{dt}=\beta E_2(Y,r), \quad \beta>0$$

ここで，E_1 は生産物市場の超過需要関数，E_2 は貨幣市場の超過需要関数であり，生産物市場の調整速度 α は $\alpha=10$，貨幣市場の調整速度 β は $\beta=0.01$ として計算すること．

解説　例題 14.7 は，典型的な $IS-LM$ モデルであり，このような $IS-LM$ モデルをグラフに描くと図 14.5 のようになる．

例題 14.7 は，図 14.5 でいえば IS 曲線と LM 曲線の交点である $E(Y^*,r^*)$ の値を求め，その上で，市場均衡 $E(Y^*,r^*)$ の安定性分析をおこなう，というものである．市場均衡の安定性分析とは，国民経済が均衡点 E の位置にないときに E に向かって調整されるかどうかを調べることである．例えば，国民経済が図 14.5 の点 F にあるとする．この場合，生産物市場では国民経済が IS 曲線上の (Y,r) にないので需要と供給は一致せずに超過供給 (マイナスの超過需要) の状態にある．同様に，貨幣市場も需給均衡しておらず超過供給 (マイナスの超過需要) の状態にある．このとき，生産物市場では，市場調整メカニズム（有効需要の原理）が作用し Y は減少しはじめる．貨幣市場では価格調整メカニズムが作用し利子率が低下する．点 F から出る矢印は両市場の調整方向を示している．しかし，こうした市場調整が $E(Y^*,r^*)$ に向かう方向で行われるかどうかは，調べてみなければわからない．

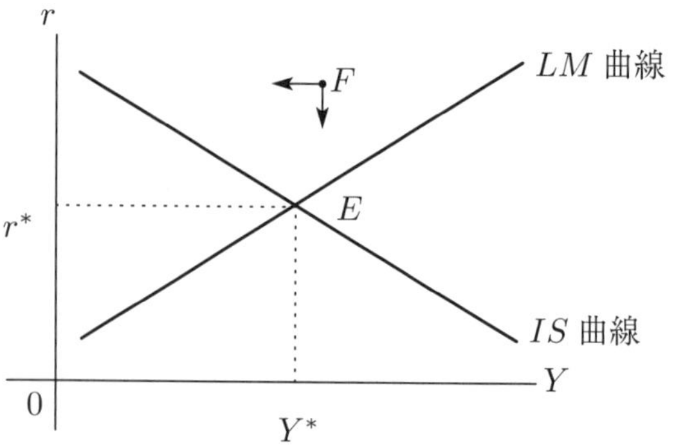

図 14.5　$IS-LM$ モデルの安定性分析

2 つの市場調整過程を定式化したのが，市場調整の微分方程式である．

$$\text{生産物市場の調整} \qquad \frac{dY}{dt} = \alpha\, E_1(Y, r), \quad \alpha > 0$$

$$\text{貨幣市場の調整} \qquad \frac{dr}{dt} = \beta\, E_2(Y, r), \quad \beta > 0$$

ここで，E_1 は生産物市場の超過需要関数，α は生産物市場の調整速度，E_2 は貨幣市場の超過需要関数，β は貨幣市場の調整速度である．

解答　生産物市場の超過需要関数をつくる．

$$E_1(Y, r) = I - S = (800 - 50r) - 0.3Y = -0.3Y - 50r + 800$$

貨幣市場の超過需要関数をつくる．

$$E_2(Y, r) = L - m = (0.2Y - 100r) - 400 = (0.2Y - 100r) - 400$$

均衡国民所得と均衡利子率を求める．両市場の超過需要関数を $E_1(Y,r) = 0, E_2(Y,r) = 0$ として Y と r について解く．$E_1(Y,r) = 0, E_2(Y,r) = 0$ を行列表現すると，

$$\begin{bmatrix} 0.3 & 50 \\ 0.2 & -100 \end{bmatrix} \begin{bmatrix} Y \\ r \end{bmatrix} = \begin{bmatrix} 800 \\ 400 \end{bmatrix}$$

クラーメルの公式を用いて Y と r について解く．

$$Y^* = \frac{\begin{vmatrix} 800 & 50 \\ 400 & -100 \end{vmatrix}}{\begin{vmatrix} 0.3 & 50 \\ 0.2 & -100 \end{vmatrix}} = \frac{800 \times (-100) - 50 \times 400}{0.3 \times (-100) - 50 \times 0.2} = 2500$$

$$r^* = \frac{\begin{vmatrix} 0.3 & 800 \\ 0.2 & 400 \end{vmatrix}}{\begin{vmatrix} 0.3 & 50 \\ 0.2 & -100 \end{vmatrix}} = \frac{0.3 \times 400 - 800 \times 0.2}{0.3 \times (-100) - 50 \times 0.2} = 1$$

次に，市場調整の微分方程式をつくる．

$$\begin{cases} Y' = 10(-0.3Y - 50r + 800) = -3Y - 500r + 8000 \\ r' = 0.01(0.2Y - 100r - 400) = 0.002Y - r - 4 \end{cases}$$

この非同次形の 1 階定係数の線形連立微分方程式を解くために，固有方程式を立てる．

$$\begin{vmatrix} \lambda + 3 & 500 \\ -0.002 & \lambda + 1 \end{vmatrix} = (\lambda + 3)(\lambda + 1) + 1 = \lambda^2 + 4\lambda + 4 = (\lambda + 2)^2 = 0$$

したがって，固有値は重根で $\lambda = -2$ である．したがって，この連立微分方程式の一般解は次のようになる．

$$\begin{aligned} Y &= C_1 e^{-2t} + C_2 t e^{-2t} + 2500 \\ r &= C_3 e^{-2t} + C_4 t e^{-2t} + 1 \end{aligned}$$

ここで，C_1, C_2, C_3, C_4 は初期条件によって決まる定数である．

$t \to \infty$ のとき $e^{-2t} \to 0$ であるから，一般解は $Y \to 2500$, $r \to 1$ となって均衡解に収束する．したがって，例題 14.7 の $IS - LM$ モデルの市場均衡 $(2500, 1)$ は安定である．

例題 14.8　$IS - LM$ モデルの安定性分析

国民経済が次の標準的な $IS - LM$ モデルで記述されるとする．

貯蓄関数	$S = sY, \quad 1 > s > 0$
投資関数	$I = a_1 - a_2 r, \quad a_1 > 0,\ a_2 > 0$
IS 曲線：生産物市場の需給均衡	$S = I$
貨幣需要関数	$L = b_1 Y - b_2 r, \quad b_1 > 0,\ b_2 > 0$
LM 曲線：貨幣市場の需給均衡	$m = L$

［S：実質貯蓄，I：実質投資，Y：国民所得，r：利子率，L：実質貨幣需要，m：実質貨幣供給 (一定)，a_1, a_2, b_1, b_2, s：符号条件を充たすパラメータで一定］

生産物市場の需給均衡を表す IS 曲線と貨幣市場の需給均衡を表す LM 曲線は交点をもち，同時に両市場を均衡させる (Y^*, r^*) が存在すると仮定する．このとき，生産物市場では有効需要の原理が働き，貨幣市場では価格調整メカニズムが働くと想定して，両市場の同時均衡 (Y^*, r^*) の安定性を調べよ．

解説　値例の例題 14.7「$IS-LM$ モデルの安定性分析」を一般化した問題である．例題 14.7 では，実際に市場調整の連立微分方程式を解いたが，例題 14.8 は連立微分方程式の固有方程式から固有値の性質を調べる連立微分方程式の一般解の時間経路を考察する．

解答　生産物市場の超過需要関数 $E_1(Y,r)=I-S$ を求める．

$$E_1(Y,r)=(a_1-a_2\,r-s\,Y)$$

貨幣市場の超過需要関数 $E_2(Y,r)=L-m$ を求める．

$$E_2(Y,r)=(b_1\,Y-b_2\,r-m)$$

ここから，市場調整方程式は次のようになる．

$$\text{生産物市場の調整}\qquad \frac{dY}{dt}=\alpha\,(a_1-a_2\,r-s\,Y),\quad \alpha>0$$
$$\text{貨幣市場の調整}\qquad \frac{dr}{dt}=\beta\,(b_1\,Y-b_2\,r-m),\quad \beta>0$$

これを整理すると，非同次形の 1 階定係数線形連立微分方程式になる．

$$\begin{cases} Y'=-\alpha\,s\,Y-\alpha\,a_2\,r+\alpha\,a_1 \\ r'=\ \ \beta\,b_1\,Y-\beta\,b_2\,r-\beta\,m \end{cases}$$

この非同次形の 1 階定係数線形連立微分方程式を検討することにより市場均衡の安定性を調べる．

第 1 に，特殊解については，$Y'=r'=0$ とすると $IS-LM$ モデルそのものなので，両曲線の交点 $E(Y^*,r^*)$ の値が特殊解となる．$IS-LM$ モデルが交点をもつことは，問題の前提条件である．

第 2 に，$t\to\infty$ のとき一般解 (Y_t,r_t) が特殊解である均衡点 $E(Y^*,r^*)$ に収束するか否かは，固有方程式の解である固有値の性質と符号条件に依存する．すなわち，本章の第 4 節で示したように，固有値は固有方程式の判別式の符号条件にしたがって① 2 実数根，②重根，③ 2 複素数根の 3 ケースがありうるが，いずれの場合でも固有値の実数部がマイナスであれば，特殊解に収束する．本章第 4 節で考察したように，固有方程式の固有値の実数部がマイナスであるための条件は，もとの 1 階定係数の連立微分方程式の係数行列の行列式 D およびトレース T が $D>0,\ T<0$ であることであった．

係数行列は，

$$\begin{bmatrix} -\alpha\,s & -\alpha\,a_2 \\ \beta\,b_1 & -\beta\,b_2 \end{bmatrix}$$

であるから，行列式 D およびトレース T を求めると，問題のパラメータの符号条件から以下であることが分かる．

$$T=-(\alpha\,s+\beta\,b_2)<0$$
$$D=(\alpha\,s\beta\,b_2+\alpha\,a_2\beta\,b_1)>0$$

したがって，固有値が①2 実数根，②重根，③2 複素数根のいずれの場合でも，実数部はマイナスになるので，典型的な $IS-LM$ モデルの市場均衡 $E(Y^*, r^*)$ は安定である，と結論づけることができる．

練習問題

1．次の1階定係数の線形微分方程式を解きなさい．

(1).
$$x' = 0.2x + 100$$

(2).
$$\frac{dy}{dt} = 2y_t + 1$$

(3).
$$z'(x) = \frac{1}{3}z(x) - 5$$

2．下図は新古典派の経済成長理論の恒常成長均衡 k^* を説明したものである．1次同次の関数 F を $Y = F(K, N)$，関数 f を $\frac{Y}{N} = F(1, \frac{K}{N})$ とする．ここで，$y = \frac{Y}{N}$, $k = \frac{K}{N}$ とするとき，直線 g を表すものはどれか．

［Y：産出量，N：労働量，K：資本量，n：労働力成長率（定数），s：貯蓄率（定数）］

1. nsk　**2.** $\frac{k}{ns}$　**3.** $\frac{n}{s}k$　**4.** $\frac{s}{n}k$　**5.** $\frac{(n-s)k}{s}$

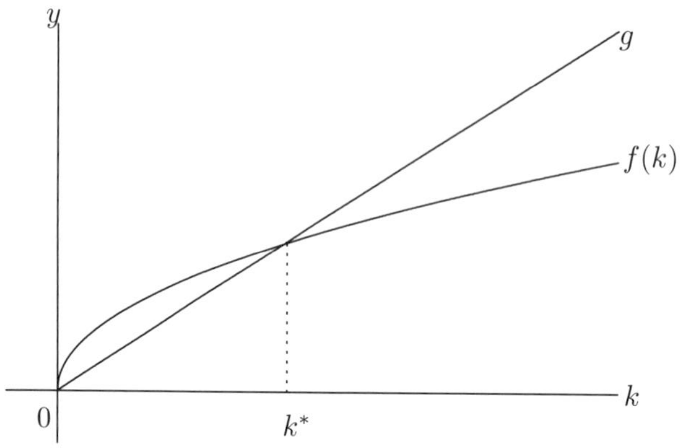

平成9年度国税専門官

3．新古典派の経済成長モデルが，

$$y = \sqrt{k}$$
$$\Delta k = sy - nk$$

で示されるとする．当初，経済は定常状態にあるものとする．

もし，貯蓄率が上昇すると，新たな定常状態の1人当たり資本量 k と1人当たり産出量 y の水準は以前の状態と比べてどのようになるか．ただし，$k = 0, y = 0$ となるような自明の定常状態は考えないものとする．

［y：1人当たり産出量，k：1人当たり資本量，Δk：k の増分，s：貯蓄率，n：人口成長率（一定）］

1. k は低下し，y は上昇し，資本係数 k/y は低下する．

2. k は上昇し，y は低下し，資本係数 k/y は上昇する．

3. k と y はともに上昇し，資本係数 k/y は低下する．
4. k と y はともに上昇し，資本係数 k/y は上昇する．
5. k と y はともに低下し，資本係数 k/y は上昇する．

平成 9 年度地方上級

4．　$IS-LM$ モデルにおいて，生産物市場の超過需要関数 E_1 と貨幣市場の超過需要関数 E_2 が次のように与えられている．

生産物市場の超過需要関数：　$E_1(Y,r) = -0.1Y - 100r + 400$

貨幣市場の超過需要関数：　$E_2(Y,r) = 0.2Y - 100r - 500$

ここで，Y は国民所得，r は利子率である．
(1). 均衡国民所得と均衡利子率を求めよ．
(2). 生産物市場および貨幣市場の調整が次のように与えられるとき，両市場の均衡は安定であるか不安定であるかを調べよ．

生産物市場の調整：　$\dfrac{dY}{dt} = 10\,E_1(Y,r)$

貨幣市場の調整：　$\dfrac{dr}{dt} = 0.1\,E_2(Y,r)$

補論：オイラーの関係

オイラーの関係（証明は省略）

$$
\begin{aligned}
e^{ix} &= \cos x + i \sin x \\
e^{-ix} &= \cos x - i \sin x \\
\cos x &= \frac{e^{ix} + e^{-ix}}{2} \\
\sin x &= \frac{e^{ix} - e^{-ix}}{2i}
\end{aligned}
$$

練習問題の解説

第 2 章

1.

(1)

$$y' = 12x^3 - 6x^2 + 10x - 4$$

(2)

$$\begin{aligned} y' &= \{(2x-1)^2\}'(x+3)^3 + (2x-1)^2\{(x+3)^3\}' \\ &= 2(2x-1)\cdot 2\cdot (x+3)^3 + (2x-1)^2\cdot 3(x+3)^2 \\ &= 4(2x-1)(x+3)^3 + 3(2x-1)^2(x+3)^2 \\ &= (2x-1)(x+3)^2\{4(x+3)+3(2x-1)\} \\ &= (2x-1)(x+3)^2(10x+9) \end{aligned}$$

2.

(1)

$$\begin{aligned} y' &= 4(x^2+2x-1)^3\cdot(2x+2) = 8(x+1)(x^2+2x-1)^3 \\ y'' &= 8\{1\cdot(x^2+2x-1)^3 + (x+1)\cdot 3(x^2+2x-1)^2\cdot(2x+2)\} \\ &= 8(x^2+2x-1)^2\{(x^2+2x-1)+6(x+1)^2\} \\ &= 8(x^2+2x-1)^2(7x^2+14x+5) \end{aligned}$$

(2)

$$\begin{aligned} y' &= 2x\log x + x^2\cdot\tfrac{1}{x} = x(2\log x + 1) \\ y'' &= (2\log x + 1) + x\left(\tfrac{2}{x}\right) = 2\log x + 3 \end{aligned}$$

3.

(1) 第 1 次導関数を求め 0 とおく．これを満たす x は，$x = \frac{5}{20} = \frac{1}{4}$.

(2) $y = f(x) = \frac{1}{3}x^3 - x^2 - 3x + 4$ とする．$f'(x) = x^2 - 2x - 3 = (x+1)(x-3)$ より極値は $x = -1, 3$. $f''(x)' = 2x - 2$ であるが，$f''(-1) = -4 < 0$，$f''(3) = 4 > 0$ より，$x = -1$ が極大値，$x = 3$ が極小値を与える．極大値は $f(-1) = \frac{17}{3}$，極小値は $f(3) = -5$ である．

4.

$$\begin{aligned} y' &= 3x^2 - 12x + 9 = 3(x-1)(x-3) \\ y'' &= 6x - 12 = 6(x-2) \end{aligned}$$

$y' = 0$ とすると $x = 1$ または $x = 3$，$y'' = 0$ とすると $x = 2$.

$x = 1$ のとき $y'' = -6 < 0$ であるから，$y = 3$ は極大値である．

$x = 3$ のとき $y'' = 6 > 0$ であるから，$y = -1$ は極小値である．

また，$x < 2$ のとき $y'' < 0$，$x > 2$ のとき $y' >< 0$ である．よって，曲線は，$x < 2$ では上に凸であり，$x > 2$ では下に凸である（増減表とグラフは省略）．

5．総利潤関数は $\Pi(q) = (32-2q)q-(q^2+2q+8)$ である．総利潤の極値は $\frac{d\Pi}{dq} = -6q+30 = 0$ より，$q = 5$ のときに得られる．$\frac{d^2\Pi}{dq^2} < 0$ より，この極値は極大値である．

6. 総利潤関数は $\Pi = (9-q)q-(q^2+1)q$ である．総利潤の極値は $\frac{d\Pi}{dq} = (4-3q)(2+q) = 0$ より，$q = \dfrac{4}{3}$ のときに得られる．$\frac{d^2\Pi}{dq^2} < 0$ より，この極値は極大値である．このとき，価格は $p = 9 - \dfrac{4}{3} = \dfrac{23}{3}$ である．

第 3 章

1．(1) 条件式 $g(x,y) = 0$ が 1 つの文字について解ける場合，$g(x,y) = 0$ を y(または x) について解き $f(x,y)$ に代入して 1 変数の関数になおして考えることができる．このとき $g(x,y) = 0$ から規制される x(または y) の変域に注意する．$ax + by = 1$ より，$y = \dfrac{1}{b}(1-ax)$ である．この式を関数 xy に代入し，x のみの式にする．

$$xy = \frac{1}{b}x(1-ax) = \frac{a}{b}\left\{-\left(x-\frac{1}{2a}\right)^2 + \frac{1}{4a^2}\right\}$$

よって $x = \dfrac{1}{2a}$，したがって $y = \dfrac{1}{2b}$ のとき xy は最大で最大値は $\dfrac{1}{4ab}$ をとる．

(2) 変数 x，y が互いに独立に変化する場合，条件付き極大・極小問題は，ラグランジュの未定乗数法を使うと便利である．ラグランジュ乗数を λ とし，ラグランジュ関数（ラグランジアン）を $\mathcal{L}$ で定義する．ラグランジュ関数の最大化や最小化の問題は，制約なしの極大化・極小化と同じ方法で扱うことができる．ラグランジアンを作る．

$$\mathcal{L}(x,y,\lambda) = x \cdot y + \lambda\,(1-ax-by)$$

最大化のための 1 階の条件は，各変数に関するラグランジアンの 1 次微分 (偏微分係数) がゼロとなることである．

$$\begin{aligned}\frac{\partial \mathcal{L}}{\partial x} &= y - \lambda a = 0\\ \frac{\partial \mathcal{L}}{\partial y} &= x - \lambda b = 0\\ \frac{\partial \mathcal{L}}{\partial \lambda} &= 1 - ax - by = 0\end{aligned}$$

この 3 つの方程式を未知数 x，y，λ について解くと

$$\begin{aligned}x &= \frac{1}{2a}\\ y &= \frac{1}{2b}\\ \lambda &= \frac{1}{2ab}\end{aligned}$$

を得る．このとき，関数 xy は最大値 $\dfrac{1}{4ab}$ をとる．

2．例題は，経済学でよく使われる**コブ・ダグラス型生産関数**である．1 階の偏導関数は，

$$f_k(k,l) = A\alpha k^{\alpha-1}l^{\beta}, \quad f_l(k,l) = A\beta k^{\alpha}l^{\beta-1}$$

となる．2 階の偏導関数を求めると，次式を得る．

$$f_{kk}(k,l) = A\alpha(\alpha-1)k^{\alpha-2}l^{\beta}, \quad f_{kl}(k,l) = A\alpha\beta k^{\alpha-1}l^{\beta-1}$$
$$f_{lk}(k,l) = A\alpha\beta k^{\alpha-1}l^{\beta-1}, \qquad f_{ll}(k,l) = A\beta(\beta-1)k^{\alpha}l^{\beta-2}$$

このとき，$f_{kl} = f_{lk}$ であることがわかる（ヤングの定理）.

3．$Ak^{\alpha}l^{\beta} = c$ を全微分する.

$$\left(A\alpha k^{\alpha-1}l^{\beta}\right)dk + \left(A\beta k^{\alpha}l^{\beta-1}\right)dl = dc$$

ここで c は定数であるから，$dc = 0$ であることを思い出せば，次のように整理できる.

$$\left|\frac{dl}{dk}\right| = \frac{A\alpha k^{\alpha-1}l^{\beta}}{A\beta k^{\alpha}l^{\beta-1}} = \frac{\alpha l}{\beta k}$$

この式が等量線の勾配を与え，**技術的限界代替率**と呼ばれる．k が増加するとき，等量線の勾配の変化は次のようになる.

$$\frac{d}{dk}\left(\left|\frac{dl}{dk}\right|\right) = -\frac{\alpha\beta l}{(\beta k)^2} < 0$$

すなわち，勾配は緩やかとなる．これを技術的限界代替率逓減の法則と呼ぶ.

第4章

1．

(1).
$$\begin{bmatrix} 2 & 5 \\ 1 & 6 \end{bmatrix}$$

(2).
$$\begin{bmatrix} 0 & -2 \\ 2 & 6 \end{bmatrix}$$

(3).
$$\begin{bmatrix} 4 & 3 & -5 \\ 0 & 11 & -5 \\ 13 & -5 & 0 \end{bmatrix}$$

2．

(1).
$$\begin{bmatrix} -20 & 32 \\ 10 & 2 \end{bmatrix}$$

(2).
$$\begin{bmatrix} 6 \\ 11 \end{bmatrix}$$

(3).
$$\begin{bmatrix} -4 \\ 1 \\ 25 \end{bmatrix}$$

3．

$$(\boldsymbol{A}+\boldsymbol{B})\boldsymbol{C} = \left(\begin{bmatrix} 1 & 2 \\ 3 & 4 \end{bmatrix} + \begin{bmatrix} 3 & -1 \\ -2 & 3 \end{bmatrix}\right)\begin{bmatrix} 2 & 5 \\ 7 & 8 \end{bmatrix} = \begin{bmatrix} 4 & 1 \\ 1 & 7 \end{bmatrix}\begin{bmatrix} 2 & 5 \\ 7 & 8 \end{bmatrix} = \begin{bmatrix} 15 & 28 \\ 51 & 61 \end{bmatrix}$$

$$\boldsymbol{AC}+\boldsymbol{BC} = \begin{bmatrix} 1 & 2 \\ 3 & 4 \end{bmatrix}\begin{bmatrix} 2 & 5 \\ 7 & 8 \end{bmatrix} + \begin{bmatrix} 3 & -1 \\ -2 & 3 \end{bmatrix}\begin{bmatrix} 2 & 5 \\ 7 & 8 \end{bmatrix} = \begin{bmatrix} 16 & 21 \\ 34 & 47 \end{bmatrix} + \begin{bmatrix} -1 & 7 \\ 17 & 14 \end{bmatrix}$$
$$= \begin{bmatrix} 15 & 28 \\ 51 & 61 \end{bmatrix}$$

4．

(1).

step1　拡大係数行列を作る.

$$\left[\begin{array}{cc|c} 3 & 5 & 58 \\ 2 & -1 & 4 \end{array}\right]$$

step2　拡大係数行列の1行目に $\frac{1}{3}$ を掛ける.

$$\left[\begin{array}{cc|c} 1 & \frac{5}{3} & \frac{58}{3} \\ 2 & -1 & 4 \end{array}\right]$$

step3　1 行目を 2 倍して 2 行目から引く．

$$\left[\begin{array}{cc|c} 1 & \frac{5}{3} & \frac{58}{3} \\ 0 & -\frac{13}{3} & -\frac{104}{3} \end{array}\right]$$

step4　2 行目を $-\frac{3}{13}$ 倍する．

$$\left[\begin{array}{cc|c} 1 & \frac{5}{3} & \frac{58}{3} \\ 0 & 1 & 8 \end{array}\right]$$

step5　2 行目を $\frac{5}{3}$ 倍して 1 行目から引く．

$$\left[\begin{array}{cc|c} 1 & 0 & 6 \\ 0 & 1 & 8 \end{array}\right]$$

(2).

step1　拡大係数行列を作る．

$$\left[\begin{array}{cc|c} 5 & 1 & 13 \\ 2 & 5 & 19 \end{array}\right]$$

step2　拡大係数行列の 1 行目に $\frac{1}{5}$ を掛ける．

$$\left[\begin{array}{cc|c} 1 & \frac{1}{5} & \frac{13}{5} \\ 2 & 5 & 19 \end{array}\right]$$

step3　1 行目を 2 倍して 2 行目から引く．

$$\left[\begin{array}{cc|c} 1 & \frac{1}{5} & \frac{13}{5} \\ 0 & \frac{23}{5} & \frac{69}{5} \end{array}\right]$$

step4　2 行目を $-\frac{5}{23}$ 倍する．

$$\left[\begin{array}{cc|c} 1 & \frac{1}{5} & \frac{13}{5} \\ 0 & 1 & 3 \end{array}\right]$$

step5　2 行目を $\frac{1}{5}$ 倍して 1 行目から引く．

$$\left[\begin{array}{cc|c} 1 & 0 & 2 \\ 0 & 1 & 3 \end{array}\right]$$

(3).

step1　拡大係数行列を作る．

$$\left[\begin{array}{ccc|c} 1 & -1 & 1 & 5 \\ 2 & 1 & -3 & 1 \\ 3 & 2 & 1 & 19 \end{array}\right]$$

step2　2 行目 −1 行目 × 2，3 行目 −1 行目 × 3

$$\left[\begin{array}{rrr|r} 1 & -1 & 1 & 5 \\ 0 & 3 & -5 & -9 \\ 0 & 5 & -2 & 4 \end{array}\right]$$

step3　2 行目 × $\frac{1}{3}$

$$\left[\begin{array}{rrr|r} 1 & -1 & 1 & 5 \\ 0 & 1 & -\frac{5}{3} & -3 \\ 0 & 5 & -2 & 4 \end{array}\right]$$

step4　3 行目 −2 行目 × 5

$$\left[\begin{array}{rrr|r} 1 & -1 & 1 & 5 \\ 0 & 1 & -\frac{5}{3} & -3 \\ 0 & 0 & \frac{19}{3} & 19 \end{array}\right]$$

step5　3 行目 × $\frac{3}{19}$

$$\left[\begin{array}{rrr|r} 1 & -1 & 1 & 5 \\ 0 & 1 & -\frac{5}{3} & -3 \\ 0 & 0 & 1 & 3 \end{array}\right]$$

step6　2 行目 +3 行目 × $\frac{5}{3}$

$$\left[\begin{array}{rrr|r} 1 & -1 & 1 & 5 \\ 0 & 1 & 0 & 2 \\ 0 & 0 & 1 & 3 \end{array}\right]$$

step7　1 行目 +2 行目

$$\left[\begin{array}{rrr|r} 1 & 0 & 1 & 7 \\ 0 & 1 & 0 & 2 \\ 0 & 0 & 1 & 3 \end{array}\right]$$

step8　1 行目 −3 行目

$$\left[\begin{array}{rrr|r} 1 & 0 & 0 & 4 \\ 0 & 1 & 0 & 2 \\ 0 & 0 & 1 & 3 \end{array}\right]$$

5．

(1).

step1　拡大係数行列を作る．

$$\left[\begin{array}{rr|rr} 3 & 5 & 1 & 0 \\ 2 & -1 & 0 & 1 \end{array}\right]$$

step2　拡大係数行列の 1 行目に $\frac{1}{3}$ を掛ける．

$$\left[\begin{array}{cc|cc} 1 & \frac{5}{3} & \frac{1}{3} & 0 \\ 2 & -1 & 0 & 1 \end{array}\right]$$

step3　1 行目を 2 倍して 2 行目から引く．

$$\left[\begin{array}{cc|cc} 1 & \frac{5}{3} & \frac{1}{3} & 0 \\ 0 & -\frac{13}{3} & -\frac{2}{3} & 1 \end{array}\right]$$

step4　2 行目を $-\frac{3}{13}$ 倍する．

$$\left[\begin{array}{cc|cc} 1 & \frac{5}{3} & \frac{1}{3} & 0 \\ 0 & 1 & \frac{2}{13} & -\frac{3}{13} \end{array}\right]$$

step5　2 行目を $\frac{5}{3}$ 倍して 1 行目から引く．

$$\left[\begin{array}{cc|cc} 1 & 0 & \frac{1}{13} & \frac{5}{13} \\ 0 & 1 & \frac{2}{13} & -\frac{3}{13} \end{array}\right]$$

したがって，

$$\boldsymbol{A}^{-1} = \begin{bmatrix} \frac{1}{13} & \frac{5}{13} \\ \frac{2}{13} & -\frac{3}{13} \end{bmatrix}$$

これより，

$$\boldsymbol{A}^{-1}\boldsymbol{b} = \begin{bmatrix} \frac{1}{13} & \frac{5}{13} \\ \frac{2}{13} & -\frac{3}{13} \end{bmatrix} \begin{bmatrix} 58 \\ 4 \end{bmatrix} = \begin{bmatrix} 6 \\ 8 \end{bmatrix}$$

6．

(1).

$$\begin{vmatrix} 3 & 5 \\ 2 & -1 \end{vmatrix} = 3 \times (-1) - 5 \times 2 = -13$$

(2).

$$\begin{vmatrix} 1 & -1 & 5 \\ 2 & 1 & -3 \\ 3 & 2 & 1 \end{vmatrix} = 1 + 9 + 20 - 15 + 6 + 2 = 23$$

(3). 第 1 列で余因子展開して，

$$\begin{vmatrix} 2 & 1 & -7 \\ 2 & 0 & 1 \\ 6 & -1 & -3 \end{vmatrix} - 4 \times \begin{vmatrix} -1 & 5 & 0 \\ 2 & 1 & -7 \\ 6 & -1 & -3 \end{vmatrix} = 28 - 4 \times (-170) = 708$$

7.

(1).

$$\begin{bmatrix} \frac{5}{16} & \frac{1}{16} \\ -\frac{1}{16} & \frac{3}{16} \end{bmatrix}$$

(2).

$$\begin{bmatrix} -\frac{6}{23} & \frac{7}{23} \\ \frac{5}{23} & -\frac{2}{23} \end{bmatrix}$$

(3).

$$\begin{bmatrix} \frac{1}{4} & -\frac{1}{36} & \frac{23}{36} \\ \frac{1}{4} & -\frac{1}{4} & \frac{3}{4} \\ \frac{1}{4} & -\frac{13}{36} & \frac{47}{36} \end{bmatrix}$$

8.

(1).

$$x = \frac{\begin{vmatrix} -17 & -1 \\ 21 & 5 \end{vmatrix}}{\begin{vmatrix} 3 & -1 \\ 1 & 5 \end{vmatrix}} = -\frac{64}{16} = -4, \qquad y = \frac{\begin{vmatrix} 3 & -17 \\ 1 & 21 \end{vmatrix}}{\begin{vmatrix} 3 & -1 \\ 1 & 5 \end{vmatrix}} = \frac{80}{16} = 5$$

(2).

$$x = \frac{\begin{vmatrix} -11 & 7 \\ 7 & 6 \end{vmatrix}}{\begin{vmatrix} 2 & 7 \\ 5 & 6 \end{vmatrix}} = \frac{-115}{-23} = 5, \qquad y = \frac{\begin{vmatrix} 2 & -11 \\ 5 & 7 \end{vmatrix}}{\begin{vmatrix} 2 & 7 \\ 5 & 6 \end{vmatrix}} = \frac{69}{-23} = -3$$

(3).

$$x = \frac{\begin{vmatrix} 1 & 7 & -5 \\ -4 & -6 & 1 \\ 1 & -3 & 2 \end{vmatrix}}{\begin{vmatrix} 2 & 7 & -5 \\ 5 & -6 & 1 \\ 1 & -3 & 2 \end{vmatrix}} = \frac{-36}{-36} = 1, \qquad y = \frac{\begin{vmatrix} 2 & 1 & -5 \\ 5 & -4 & 1 \\ 1 & 1 & 2 \end{vmatrix}}{\begin{vmatrix} 2 & 7 & -5 \\ 5 & -6 & 1 \\ 1 & -3 & 2 \end{vmatrix}} = \frac{-72}{-36} = 2,$$

$$z = \frac{\begin{vmatrix} 2 & 7 & 1 \\ 5 & -6 & -4 \\ 1 & -3 & 1 \end{vmatrix}}{\begin{vmatrix} 2 & 7 & -5 \\ 5 & -6 & 1 \\ 1 & -3 & 2 \end{vmatrix}} = \frac{-108}{-36} = 3$$

第5章

1.

(1).

固有値は，$\lambda_1 = -3,\ \lambda_2 = 2$

固有値 $\lambda_1 = -3$ の固有ベクトルは，${}^t(-1, 1)$

固有値 $\lambda_2 = 2$ の固有ベクトルは，${}^t(4, 1)$

(2).

固有値は，$\lambda_1 = \frac{1}{3},\ \lambda_2 = \frac{1}{2}$

固有値 $\lambda_1 = \frac{1}{3}$ の固有ベクトルは，${}^t(0, 1)$

固有値 $\lambda_2 = \frac{1}{2}$ の固有ベクトルは，${}^t(-\frac{1}{6}, 1)$

(3).

固有値は，$\lambda_1 = -1,\ \lambda_2 = 1,\ \lambda_3 = 2$

固有値 $\lambda_1 = -1$ の固有ベクトルは，${}^t(2, -1, 2)$

固有値 $\lambda_2 = 1$ の固有ベクトルは，${}^t(4, -3, 2)$

固有値 $\lambda_3 = 2$ の固有ベクトルは，${}^t(1, -2, 1)$

２.

(1).

練習問題 1 で求めたように問題 (1) の 2 次正方行列の固有値と固有ベクトルは以下であった.

固有値は，$\lambda_1 = -3,\ \lambda_2 = 2$

固有値 $\lambda_1 = -2$ の固有ベクトルは，${}^t(-1, 1)$

固有値 $\lambda_2 = 3$ の固有ベクトルは，${}^t(4, 1)$

固有ベクトルから作る 2 次正方行列 $\boldsymbol{X}$ は，

$$\boldsymbol{X} = \begin{bmatrix} -1 & 4 \\ 1 & 1 \end{bmatrix}$$

$\boldsymbol{X}$ の逆行列 $\boldsymbol{X}^{-1}$ は，

$$\boldsymbol{X}^{-1} = \begin{bmatrix} -\frac{1}{5} & \frac{4}{5} \\ \frac{1}{5} & \frac{1}{5} \end{bmatrix}$$

したがって，2 次正方行列 $\boldsymbol{A}$ の対角化は，

$$\boldsymbol{X}^{-1}\boldsymbol{A}\boldsymbol{X} = \begin{bmatrix} -3 & 0 \\ 0 & 2 \end{bmatrix}$$

次に，2 次正方行列 $\boldsymbol{A}$ の累乗を計算すると，上式より，

$$\begin{bmatrix} -\frac{1}{5} & \frac{4}{5} \\ \frac{1}{5} & \frac{1}{5} \end{bmatrix} \begin{bmatrix} 1 & 4 \\ 1 & -2 \end{bmatrix}^k \begin{bmatrix} -1 & 4 \\ 1 & 1 \end{bmatrix} = \begin{bmatrix} (-3)^k & 0 \\ 0 & 2^k \end{bmatrix}$$

したがって，

$$\begin{bmatrix} 1 & 4 \\ 1 & -2 \end{bmatrix}^k = \begin{bmatrix} -1 & 4 \\ 1 & 1 \end{bmatrix} \begin{bmatrix} (-3)^k & 0 \\ 0 & 2^k \end{bmatrix} \begin{bmatrix} -\frac{1}{5} & \frac{4}{5} \\ \frac{1}{5} & \frac{1}{5} \end{bmatrix} = \begin{bmatrix} \frac{(-3)^k}{5} + \frac{2^{2+k}}{5} & \frac{-4\,(-3)^k}{5} + \frac{2^{2+k}}{5} \\ \frac{-(-3)^k}{5} + \frac{2^k}{5} & \frac{4\,(-3)^k}{5} + \frac{2^k}{5} \end{bmatrix}$$

(2).

練習問題 1 の (2) の 2 次正方行列の固有値と固有ベクトルは以下であった．

固有値は，$\lambda_1 = \frac{1}{3}$，$\lambda_2 = \frac{1}{2}$

固有値 $\lambda_1 = \frac{1}{3}$ の固有ベクトルは，${}^t(0, 1)$

固有値 $\lambda_2 = \frac{1}{2}$ の固有ベクトルは，${}^t(-\frac{1}{6}, 1)$

固有ベクトルから作る 2 次正方行列 $\boldsymbol{X}$ は，

$$\boldsymbol{X} = \begin{bmatrix} 0 & -\frac{1}{6} \\ 1 & 1 \end{bmatrix}$$

$\boldsymbol{X}$ の逆行列 $\boldsymbol{X}^{-1}$ は，

$$\boldsymbol{X}^{-1} = \begin{bmatrix} 6 & 1 \\ -6 & 0 \end{bmatrix}$$

したがって，2 次正方行列 $\boldsymbol{A}$ の対角化は，

$$\boldsymbol{X}^{-1}\boldsymbol{A}\boldsymbol{X} = \begin{bmatrix} 3^{-1} & 0 \\ 0 & 2^{-1} \end{bmatrix}$$

次に，2 次正方行列 $\boldsymbol{A}$ の累乗を計算すると，上式より，

$$\begin{bmatrix} 6 & 1 \\ -6 & 0 \end{bmatrix} \begin{bmatrix} \frac{1}{2} & 0 \\ 1 & \frac{1}{3} \end{bmatrix}^k \begin{bmatrix} 0 & -\frac{1}{6} \\ 1 & 1 \end{bmatrix} = \begin{bmatrix} 3^{-k} & 0 \\ 0 & 2^{-k} \end{bmatrix}$$

したがって，

$$\begin{bmatrix} \frac{1}{2} & 0 \\ -1 & \frac{1}{3} \end{bmatrix}^k = \begin{bmatrix} 0 & -\frac{1}{6} \\ 1 & 1 \end{bmatrix} \begin{bmatrix} 3^{-k} & 0 \\ 0 & 2^{-k} \end{bmatrix} \begin{bmatrix} 6 & 1 \\ -6 & 0 \end{bmatrix} = \begin{bmatrix} 2^{-k} & 0 \\ -3 \cdot 2^{1-k} + 2 \cdot 3^{1-k} & 3^{-k} \end{bmatrix}$$

(3).

練習問題 1 の (3) の 3 次正方行列の固有値と固有ベクトルは以下であった．

固有値は，$\lambda_1 = -1$，$\lambda_2 = 1$，$\lambda_3 = 2$

固有値 $\lambda_1 = -1$ の固有ベクトルは，${}^t(2, -1, 2)$

固有値 $\lambda_2 = 1$ の固有ベクトルは，${}^t(4, -3, 2)$

固有値 $\lambda_3 = 2$ の固有ベクトルは，${}^t(1, -2, 1)$

固有ベクトルから作る 3 次正方行列 $\boldsymbol{X}$ は，

$$\boldsymbol{X} = \begin{bmatrix} 2 & 4 & 1 \\ -1 & -3 & -2 \\ 2 & 2 & 1 \end{bmatrix}$$

$\boldsymbol{X}$ の逆行列 $\boldsymbol{X}^{-1}$ は，

$$\boldsymbol{X}^{-1} = \begin{bmatrix} -\frac{1}{6} & \frac{1}{3} & \frac{5}{6} \\ \frac{1}{2} & 0 & -\frac{1}{2} \\ -\frac{2}{3} & -\frac{2}{3} & \frac{1}{3} \end{bmatrix}$$

したがって，3 次正方行列 $\boldsymbol{A}$ の対角化は，

$$\boldsymbol{X}^{-1}\boldsymbol{A}\boldsymbol{X} = \begin{bmatrix} -1 & 0 & 0 \\ 0 & 1 & 0 \\ 0 & 0 & 2 \end{bmatrix}$$

次に，3 次正方行列 $\boldsymbol{A}$ の累乗を計算すると，上式より，

$$\boldsymbol{X}^{-1}\boldsymbol{A}^{\boldsymbol{k}}\boldsymbol{X} = \begin{bmatrix} (-1)^k & 0 & 0 \\ 0 & 1 & 0 \\ 0 & 0 & 2^k \end{bmatrix}$$

したがって，

$$\boldsymbol{A}^{\boldsymbol{k}} = \begin{bmatrix} 2 & 4 & 1 \\ -1 & -3 & -2 \\ 2 & 2 & 1 \end{bmatrix} \begin{bmatrix} (-1)^k & 0 & 0 \\ 0 & 1 & 0 \\ 0 & 0 & 2^k \end{bmatrix} \begin{bmatrix} -\frac{1}{6} & \frac{1}{3} & \frac{5}{6} \\ \frac{1}{2} & 0 & -\frac{1}{2} \\ -\frac{2}{3} & -\frac{2}{3} & \frac{1}{3} \end{bmatrix}$$

$$= \begin{bmatrix} 2 - \frac{(-1)^k}{3} - \frac{2^{1+k}}{3} & \frac{2(-1)^k}{3} - \frac{2^{1+k}}{3} & -2 + \frac{5(-1)^k}{3} + \frac{2^k}{3} \\ -\frac{3}{2} + \frac{(-1)^k}{6} + \frac{2^{2+k}}{3} & -\frac{1}{3}(-1)^k + \frac{2^{2+k}}{3} & \frac{3}{2} - \frac{5(-1)^k}{6} - \frac{2^{1+k}}{3} \\ 1 - \frac{(-1)^k}{3} - \frac{2^{1+k}}{3} & \frac{2(-1)^k}{3} - \frac{2^{1+k}}{3} & -1 + \frac{5(-1)^k}{3} + \frac{2^k}{3} \end{bmatrix}$$

第 6 章

1．価格が 2 のときの需要量は $Q = \frac{1}{2} + 2 = \frac{5}{2}$ である．したがって，需要の価格弾力性 $\epsilon(P)$ は，

$$\epsilon(P) = -\frac{2}{\frac{5}{2}} \cdot \left(-\frac{1}{4}\right) = \frac{1}{5}.$$

よって，正解は選択肢 **1** である．

2．2 期間の消費選択における予算制約式は，

$$C_1 + \frac{C_2}{1+r} = Y_1 + \frac{Y_2}{1+r} \qquad 〔r：利子率, Y_i：所得\ (i=1,2)〕$$

となる．したがって，ラグランジュの式は，次のようになる．

$$\mathcal{L} = C_1C_2 + \lambda\left(Y_1 + \frac{Y_2}{1+r} - C_1 - \frac{C_2}{1+r}\right)$$

1 階の条件より，$C_1 = \frac{(1+r)Y_1+Y_2}{2(1+r)}$，$C_2 = \frac{(1+r)Y_1+Y_2}{2}$ を得る．問題文では，第 1 期の所得を 2 期にわたって使い尽くすので，来期の所得 $Y_2 = 0$ である．今期の所得は 100 であるが，所得税がかかるので，税引き後の所得は $Y_1 = 100 - 100 \times 0.1 = 90$ である．利子率は 5% であ

るが，利子収入にも所得税がかかるので，$r = 0.05 - 0.05 \times 0.1 = 0.045$ である．これから，第 1 期の所得は，

$$C_1 = \frac{(1+0.045)90+0}{2(1+0.045)} = \frac{90}{2} = 45$$

となる．税引き後所得は 90 であるから，$90 - 45 = 45$ が第 1 期の貯蓄額となる．

よって，正解は選択肢 **2** である．

第 7 章

1．費用最小化問題から総費用関数が導出されることに注目すると，例題 7.2 と同様にして長期費用関数を求めることができる．

$$TC = 5\sqrt{2}Y$$

よって，正解は選択肢 **4** となる．

2．平均可変費用は $avc = 10 - 2x + \frac{1}{3}x^2$ であり，これ最小にするのは

$$\frac{d\ avc}{dx} = \frac{2}{3}x - 2 = \frac{2}{3}(x-3) = 0$$

より，$x = 3$ のときであり，正解は選択肢 **4** となる．

第 8 章

1．独占利潤を最大にする生産量は 30，価格は 90 である．完全競争下では均衡生産量は 40，均衡価格は 80 となる．このとき経済余剰の損失は 150 となる．したがって，正解は選択肢 **5** となる．

2．(a) は，$PQ - TC = (22-Q)Q - (2Q+10)$ を極大にする Q を求める．$20 - 2Q = 0$ より $Q = 10$ が解であり，そのとき極大値は 90 である．(b) は，$AC = \frac{TC}{Q} = 2 + \frac{10}{Q}$ が $P = AC$ となることである．条件式の両辺に Q をかけると $PQ = AC \times Q$ であるが，$PQ - AC \times Q = PQ - TC$ であるから，利潤は 0 である．(c) は，$MC = \frac{dTC}{dQ} = 2$ が $P = MC$ となることである．$22 - Q = 2$ より $Q = 20$ を得るが，このとき利潤は -10 となる．よって，正解は選択肢 **3** となる．

3．この独占企業の利潤最大化条件は，$MR_1 = MR_2 = MC$ である．$MR_1 = \frac{d(P_1x_1)}{dx_1} = 5 - x_1$ と $MC = \frac{dC}{d(x_1+x_2)} = 1$ から，$5 - x_1 = 1$ を解いて，$x_1 = 4$ となる．このとき，$P_1 = 5 - \frac{1}{2} \cdot 4 = 3$.

同様に，$MR_2 = \frac{d(P_2x_2)}{dx_2} = 3 - x_2$ と MC から，$x_2 = 2$，$P_2 = 3 - \frac{1}{2} \cdot 2 = 2$. したがって，正解は選択肢 **3** となる．

第 9 章

1．次のラグランジュの式を解けばよい．

$$\mathcal{L} = X_AY_A + \lambda_1(U_B^0 - X_BY_B) + \lambda_2(\overline{X} - X_A - X_B) + \lambda_3(\overline{Y} - Y_A - Y_B)$$

1 階の条件式を整理することで，$\frac{X_B}{X_A} = \frac{Y_B}{X_B}$ を得る．

2．次のラグランジュの式を解けばよい．

$$\begin{aligned}\mathcal{L} = (K_X)^{\frac{1}{2}}(L_X)^{\frac{1}{2}} \quad &+ \quad \lambda_1\left(Y^0 - (K_Y)^{\frac{1}{4}}(L_Y)^{\frac{3}{4}})\right) \\ &+ \quad \lambda_2(\overline{K} - K_X - K_Y) + \lambda_3(\overline{L} - L_X - L_Y)\end{aligned}$$

1 階の条件式を整理することで，$\frac{L_X}{K_X} = \frac{L_Y}{3K_Y}$ を得る．

第 10 章

1．

(1). 初項　22,　公差　−3,　項数　9

(2). 一般項　$a_n = 22 + (n-1)(-3) = 25 - 3n$

(3). $S_9 = \frac{(22-2)\times 9}{2} = 90$

2．

(1). 階差数列の初項 1,　公差　1

(2). 第 n 項は，もとの数列の第 n 項＝初項＋ (階差数列の $n-1$ 項までの和)　である．
　したがって，もとの数列の一般項は，

$$a_n = 1 + \frac{[1 + (n-1)](n-1)}{2} = 1 + \frac{n(n-1)}{2}$$

(3).

$$\begin{aligned} S_{10} &= \sum_{n=1}^{10}(1 + \frac{n(n-1)}{2}) = 10 + \frac{1}{2}\sum_{n=1}^{10}(n^2 - n) \\ &= 10 + \frac{1}{2}\Bigl[\sum_{n=1}^{10} n^2 - \sum_{n=1}^{10} n\Bigr] \\ &= 10 + \frac{1}{2} \times \Bigl[\frac{1}{6} \times 10 \times (10+1) \times (2 \times 10 + 1) - \frac{10 \times (1+10)}{2}\Bigr] = 175 \end{aligned}$$

3．

予想収益の現在価値と設備の費用とを比較する．

A 案の予想収益の現在価値と設備費用

$$\frac{605}{1.1} + \frac{605}{1.1^2} = 1050 < 1200$$

B 案の予想収益の現在価値と設備費用

$$\frac{1331}{1.1} + \frac{1331}{1.1^2} + \frac{1331}{1.1^3} = 3310 > 3200$$

C 案の予想収益の現在価値と設備費用

$$\frac{4840}{1.1} + \frac{4840}{1.1^2} = 8400 < 8500$$

以上より，実行可能なのは B 案だけである．正解は「**3**．B 案は実施し，A 案および C 案は実施しない.」.

4．

A 国について，題意から Y_t は 1 割ずつ増加するから，

$$Y_t = 1.1 \cdot Y_{t-1} = 1.1^2 \cdot Y_{t-2} = 1.1^3 \cdot Y_{t-3} = \cdots$$

この関係をＡ国の第２式に代入して，

$$\begin{aligned} Y_t^p &= 0.5Y_t + 0.5^2\frac{Y_t}{1.1} + 0.5^3\frac{Y_t}{1.1^2} + 0.5^4\frac{Y_t}{1.1^3} + \cdots \\ &= 0.5Y_t\Big[1 + \frac{5}{11} + \Big(\frac{5}{11}\Big)^2 + \Big(\frac{5}{11}\Big)^3 + \cdots\Big] \end{aligned}$$

上式の角括弧内は初項１で公比 $\frac{5}{11}$ の無限等比級数であり，公比は１より小であるから収束して次のようになる．

$$Y_t^p = \frac{1}{2}Y_t\Big(\frac{1}{1-\frac{5}{11}}\Big) = \frac{11}{12}Y_t$$

これをＡ国の第１式に代入して，

$$C_t = 0.8 \times \frac{11}{12}Y_t = \frac{11}{15}Y_t$$

これより，$\alpha = \frac{11}{15} = 0.7333\cdots$ となる．

Ｂ国について，Ｂ国の第２式から，

$$\begin{aligned} Y_t - C_t &= I_t \\ Y_{t-1} - C_{t-1} &= I_{t-1} \end{aligned}$$

題意から I_t は１割ずつ増加するから，

$$Y_t - C_t = 1.1(Y_{t-1} - C_{t-1})$$

他方，長期的には $C_t = \alpha Y_t$ が成り立つから上式にこの関係を代入して，

$$\begin{aligned} Y_t - \alpha Y_t &= 1.1(Y_{t-1} - \alpha Y_{t-1}) \\ Y_t(1-\alpha) &= 1.1Y_{t-1}(1-\alpha) \\ Y_t &= 1.1Y_{t-1} \end{aligned}$$

上式の両辺に α をかけると，

$$\begin{aligned} \alpha Y_t &= 1.1\alpha Y_{t-1} \\ C_t &= 1.1C_{t-1} \end{aligned}$$

以上から，長期的には Y, C, I が１割の成長率で増大する．そこで，$C_{t-1} = \frac{C_t}{1.1}$ をＢ国第１式に代入して，

$$\begin{aligned} C_t &= \frac{0.5}{1.1}C_t + 0.4Y_t \\ \frac{6}{11}C_t &= \frac{2}{5}Y_t \\ C_t &= \frac{11}{15}Y_t \end{aligned}$$

これより，$\alpha = \frac{11}{15} = 0.7333\cdots$ となる．

正解は「**2.** 73 %　73 %」である．

第 11 章

1．

均衡財政主義に基づく財政政策の実施とは，政府支出を租税収入でまかなうことであるから，$G = T$ である．これを踏まえて，第 1 式に，第 2 式から第 3 式を代入し Y に関する次の方程式をうる．

$$Y = 195 + 0.6\,(-25 + 0.9\,Y) + 0.1\,Y$$

これを解いて，均衡国民所得は $Y^* = 500$ である．

別解　$G = T$ を考慮して，モデルを次のように行列表現する．

$$\begin{bmatrix} 1 & -1 & -1 \\ -0.6 & 1 & 0.6 \\ -0.1 & 0 & 1 \end{bmatrix} \begin{bmatrix} Y \\ C \\ T \end{bmatrix} = \begin{bmatrix} 50 \\ 120 \\ 25 \end{bmatrix}$$

これを「クラーメルの公式」により Y について解くと，

$$Y = \frac{\begin{vmatrix} 50 & -1 & -1 \\ 120 & 1 & 0.6 \\ 25 & 0 & 1 \end{vmatrix}}{\begin{vmatrix} 1 & -1 & -1 \\ -0.6 & 1 & 0.6 \\ -0.1 & 0 & 1 \end{vmatrix}} = \frac{180}{0.36} = 500$$

2．

生産物市場の需給均衡式 $Y = C + I + G$ に C, I, T, G を代入して整理すると，

$$0.4Y + 12r = 140$$

生産物市場の需給均衡式 $M/P = L$ に $L, M/P$ を代入して整理すると，

$$0.5Y - 10r = 50$$

これをクラーメルの公式を用いて Y について解く．

$$Y = \frac{\begin{vmatrix} 140 & 12 \\ 50 & -10 \end{vmatrix}}{\begin{vmatrix} 0.4 & 12 \\ 0.5 & -10 \end{vmatrix}} = \frac{-2000}{-10} = 200$$

正解は「**2.** 200」である．

3．
期待を含む $AD-AS$ モデルである．第1式に第2式と第3式を代入し IS 曲線の方程式を導出する．

$$IS\text{ 曲線の方程式:}\quad 0.2Y+500r=105$$

LM 曲線の方程式は第4式に $M=300$ を代入して，

$$LM\text{ 曲線の方程式:}\quad 0.5Y-1000r=\frac{300}{P}-60$$

第5式が総供給 AS 曲線の方程式である．

$$AS\text{ 曲線の方程式:}\quad Y=500+100(P-P^e)$$

通常の $AD-AS$ モデルでは，IS 曲線の方程式と LM 曲線の方程式から総需要 AD 曲線を導出し，AS 曲線との連立方程式モデルを考える．しかし，設問は「長期均衡における期待物価水準」を求めるので，$P=P^e$ とすることができる．そうすると，AS 曲線の方程式から $Y=500$ となり，これを IS 曲線の方程式に代入して r を求めると，

$$0.2\times500+500r=105$$

から，$r=0.01$ となる．$Y=500,\ r=0.01$ を LM 曲線の方程式の方程式に代入して，

$$0.5\times500-1000\times0.01=\frac{300}{P}-60$$

から P を求めて，$P=1$．長期均衡における期待物価水準は $P^e=P=1$ であるので，正解は「**2.**　1.0」である．

第12章

1．
第1式に第2式から第5式を代入して Y に関して整理する．

$$\text{生産物市場の均衡：}\quad 0.3Y=c_0+i_0+G+X-m_0$$

また，元の状態で経常収支は20兆円の黒字であるから，

$$\text{経常収支：}\quad X-M=X-0.1Y-m_0=20$$

以上の2式で当初の状態が表現されている．そこで，政府支出 G を変化させることにより国民所得が変化し，それにともない経常収支が均衡したとすると，この変化は次のように表現される．

$$\text{生産物市場の均衡：}\quad 0.3(Y+\Delta Y)=c_0+i_0+(G+\Delta G)+X-m_0$$
$$\text{経常収支：}\quad X-0.1(Y+\Delta Y)-m_0=0$$

変化後の生産物市場の均衡式とはじめの生産物市場の均衡式の差をとると，

$$0.3\Delta Y=\Delta G$$

変化後の経常収支とはじめの経常収支の差をとると，

$$0.1\varDelta Y = 20$$

以上の 2 つの式より，$\varDelta Y = 200$, $\varDelta G = 60$．したがって，正解は「**2.** 60 兆円の増加」である．

2．
題意から，生産物市場の需給均衡式を立てると，

$$Y = C(Y - T) + I + G + Ex - Im(Y)$$

Y は国民所得，C は民間消費，T は租税，I は民間投資，G は政府支出，Ex は輸出，Im は輸入で，全て実質値である．財政政策の効果を見るために，上式を全微分する．

$$dY = c\,dY - c\,dT + dI + dG + dEx - m\,dY$$

ここで，c は限界消費性向，m は限界輸入性向である．この式を基に財政政策の効果をまとめると，以下である．

$$\text{減税効果：}\quad dY = \frac{-c}{1-c+m}dT \tag{14.45}$$

$$\text{公共投資の効果：}\quad dY = \frac{1}{1-c+m}dG \tag{14.46}$$

$$\text{公共投資の輸入誘発効果：}\quad dIm = m\,dY = \frac{m}{1-c+m}dG \tag{14.47}$$

以上から，$c = 0.8$, $m = 0.2$ または $m = 0.3$ を代入して答えを求める．正解は「**3**」である．

3．
IS 曲線の方程式，LM 曲線の方程式，財政収支の定義式を求める．
第 1 式に第 2 式～第 4 式を代入して，

$$Y = 30 + 0.8(Y - T_0 - 0.5Y) + 50 + \frac{2}{r} + G$$

これを整理して，

$$IS\text{ 曲線の方程式：}\quad 0.6Y - \frac{2}{r} + 0.8T_0 = G + 80$$

$$LM\text{ 曲線の方程式：}\quad Y + \frac{10}{r} = M$$

$$\text{財政収支 }BF\text{ の定義式：}\quad BF = (0.5Y + T_0) - G$$

そこで，貨幣供給 M と財政収支 BF を一定として，これらの 3 式を全微分する．

$$\begin{cases} 0.6\ dY + \frac{2}{r^2}\ dr + 0.8\ dT_0 = dG \\ dY - \frac{10}{r^2}\ dr = 0 \\ 0.5\ dY + dT_0 = dG \end{cases}$$

以上の結果は，その微係数を均衡点で評価することで，(dY, dr, dT_0) に関する連立 1 次方程式とみなすことができるので，dY をクラーメルの公式で求める．

$$dY = \frac{\begin{vmatrix} dG & \frac{2}{r^2} & 0.8 \\ 0 & -\frac{10}{r^2} & 0 \\ dG & 0 & 1 \end{vmatrix}}{\begin{vmatrix} 0.6 & \frac{2}{r^2} & 0.8 \\ 1 & -\frac{10}{r^2} & 0 \\ 0.5 & 0 & 1 \end{vmatrix}} = \frac{-\dfrac{10}{r^2}dG + 0.8\dfrac{10}{r^2}dG}{0.6\dfrac{-10}{r^2} + 0.4\dfrac{10}{r^2} - \dfrac{2}{r^2}} = \frac{-10+8}{-6+4-2}dG = \frac{1}{2}dG$$

したがって，

$$\frac{dY}{dG} = \frac{1}{2}$$

例題 12.5 の正解は「**1.** $\frac{1}{2}$」である．

第 13 章

1．

例題 13.2 で解説した通り,「くもの巣理論モデル」における市場均衡の安定条件は，

$$\text{需要曲線：} \quad D_t = a\,P_t + b$$
$$\text{供給曲線：} \quad S_t = c\,P_{t-1} + d$$

のとき，$|a| > |c|$ である．したがって，この条件を充たす正解は,「**3.** $-3 \quad +2$」である．

2．

第 1 式に第 2 式と第 3 式を代入し整理すると，Y に関する次の 2 階定係数の線形差分方程式が得られる．

$$Y_t - 2Y_{t-1} + 1.2Y_{t-2} = A$$

Y_t の運動を調べるには，固有方程式をつくり固有値を調べればよい．固有方程式は，

$$\lambda^2 - 2\lambda + 1.2 = 0$$

固有方程式の判別式 $= 4 - 4 \times 1.2 = -0.8 < 0$ であるから，固有値は複素数根になる．またその複素数の絶対値は，複素数根の場合には 2 根の積はそれらの絶対値の 2 乗に等しく，かつ「2 次方程式の根と係数の関係」から固有方程式の係数 1.2 に等しい．したがって，絶対値の 2 乗が 1 より大であるから，複素数根の絶対値は 1 より大である．したがって，Y_t は，$t \to \infty$ のとき，振動しながら発散する．正解は,「**1.** 振動発散」である.」.

3．

第 1 式に第 2 式～第 4 式を代入し整理すると，Y に関する次の 2 階定係数の線形差分方程式が得られる．

$$(1 - a - ab)Y_t - aY_{t-1} + abY_{t-2} = 15 + c$$

固有方程式は以下である.

$$(1-a-ab)\lambda^2 - a\lambda + ab = 0$$

問題の「景気循環が起こるケース」は Y_t が振動運動するケースであるから，固有値が複素数根の場合である．そこで固有方程式の判別式を調べる.

$$判別式 = a^2 - 4ab(1-a-ab)$$

1．$a^2 - 4ab(1-a-ab) = \frac{1}{16} > 0$
2．$a^2 - 4ab(1-a-ab) = -\frac{1}{4} < 0$
3．$a^2 - 4ab(1-a-ab) = 0$
4．$a^2 - 4ab(1-a-ab) = \frac{1}{16} > 0$
5．$a^2 - 4ab(1-a-ab) = 5 > 0$

以上より，正解は「**2.** $a = \frac{1}{4}$, $b = \frac{1}{2}$」である.

第 14 章

1．

(1)．$x = C\,e^{0.2\,t} - 500$,　C は任意の定数.

(2)．$y_t = C\,e^{2\,t} - \frac{1}{2}$,　C は任意の定数.

(3)．$z(x) = C\,e^{\frac{x}{3}} + 15$,　C は任意の定数.

2．

典型的な新古典派経済成長モデルに関する問題である．例題 14.4 から均衡成長の条件はこの問題の記号で次のようなる.

$$k' = s\,f(k) - n\,k = 0$$

しかし，問題のグラフは 1 階 1 変数の微分方程式の位相図ではなく，k と Y の関係を描くものになっている．したがって，均衡条件より,

$$f(k) = \frac{n\,k}{s}$$

となるので，均衡成長の条件は，曲線 $y = f(k)$ と直線 $y = \frac{n\,k}{s}$ の交点で充たされることになる．なお，均衡成長の条件をこのように書き換えたときの意味は，この $\frac{y}{k} = \frac{n}{s}$ とすれば，左辺が資本の平均生産性，右辺が資本の限界生産性であるので，時間の進行とともに均斉成長経路上で資本の平均生産性が一定になることである．正解は「**3.** $\frac{n}{s}k$」である.

3．

この問題は，新古典派経済成長モデルのパラメータのひとつ貯蓄率 s が変化した場合の効果を問う問題である．モデルは典型的な新古典派経済成長モデルであるので，位相図を描いて考えると分かり易い．位相図は，もとの貯蓄率を s_1，上昇後の貯蓄率を $s_2 > s_1$ としてグラフを描いている．図からも分かるように，貯蓄率 s の上昇は，均衡経済成長における k を上昇させる（$k_1 \to k_2$）．また，生産関数 $y = \sqrt{k}$ より，k の上昇は，y を上昇させる．さらに，均衡経

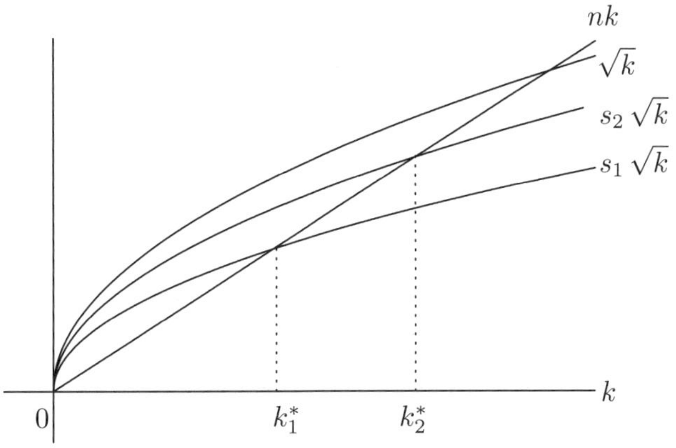

図 14.6

済成長の条件 $\Delta k = sy - nk = 0$ から導出され $k/y = s/n$ より，n を一定として s の上昇は，k/y を上昇させる．したがって，正解は「4．k と y はともに上昇し，資本係数 k/y は上昇する.」である．

4．

(1)．$E_1 = 0, E_2 = 0$ として Y, r について解くと，$Y = 3000,\ r = 1$.

(2)．1 階定係数の連立微分方程式の固有方程式を立て，固有値の性質を調べる．この場合，固有方程式は次のようになる．

$$\begin{vmatrix} \lambda + 1 & 1000 \\ -0.02 & \lambda + 10 \end{vmatrix} = \lambda^2 + 11\,\lambda + 30 = (\lambda + 5)(\lambda + 6) = 0$$

これを解いて，$\lambda_1 = -5, \lambda_2 = -6$ となる．これより，一般解は，

$$\begin{aligned} x &= C_1\,e^{-5\,t} + C_2\,e^{-6\,t} + 3000 \\ r &= C_3\,e^{-5\,t} + C_4\,e^{-6\,t} + 1 \end{aligned}$$

である．ここで，C_1, C_2 は初期条件により決まる定数，C_3, C_4 は C_1, C_2 と関連して決まる定数である．

そして，$t \to \infty$ のとき $e^{-5\,t} \to 0,\ e^{-6\,t} \to 0$ であるから，一般解は均衡値 $Y = 3000,\ r = 1$ に収束する．以上より，この $IS - LM$ モデルは均衡値 $Y = 3000,\ r = 1$ をもち，それらは安定である．

参考文献一覧

経済数学のテキストは多くあるので，ここでは標準的なものをあげておく．

経済数学の入門書として，

[1] G.C. アーチボルド，R.G. リプシー『入門経済数学』多賀出版，1982 年．
[2] E. ドウリング『例題で学ぶ入門　経済数学』上下，マグロウヒル，1990 年．
[3] 三土修平『初歩からの経済数学（第 2 版）』日本評論社，1996 年．

大学における経済学教育で期待されるレベルとして，

[4] M. アンソニー，N. ビッグス『経済・金融・経営のための数学入門』成文堂，2000 年．
[5] 神谷和也，浦井憲一『経済学のための数学入門』東京大学出版会，1996 年。
[6] A.C. チャン『現代経済学の数学基礎』上下，シーエーピー出版，1996 年．
[7] 戸瀬信之，伊藤幹夫『経済数学』エコミスト社，1999 年．

経済数学を体系的に学ぶには，

[8] 小山昭雄『経済学教室』1 ～ 8，岩波書店，1994～1995 年．

特に，最適化論を学ぶときの良書として，

[9] A.K. ディキシット『経済理論における最適化』勁草書房，1997 年．
[10] 西村清彦『経済学のための最適化理論入門』東京大学出版会，1990 年．

使いやすい経済数学の数学マニュアルとして，

[11] P. バーク，K. シュドセーテル『エコノミスト数学マニュアル』日本評論社，1996 年．

数式処理ソフトを用いた経済数学の学習書として，

[12] 浅利一郎，山下隆之他『はじめよう経済学のための *Mathematica*』日本評論社，1996 年．

索 引

浅利一郎（あさり・いちろう）

略歴
1950 年　東京都生まれ
1978 年　一橋大学大学院経済学研究科博士課程退学
現　在　静岡大学名誉教授
e-mail address: asari.ichiro@shizuoka.ac.jp

山下隆之（やました・たかゆき）

略歴
1962 年　東京都生まれ
1990 年　青山学院大学大学院経済学研究科博士課程単位修得退学
現　在　静岡大学教授
e-mail address: yamashita.takayuki@shizuoka.ac.jp

はじめよう　経済数学

2003 年 10 月 10 日　第 1 版第 1 刷発行
2018 年 4 月 30 日　第 1 版第 8 刷発行

著　者　浅利一郎・山下隆之
発行者　串崎　浩
発行所　株式会社 日本評論社
〒170-8474　東京都豊島区南大塚 3-12-4
電話 03-3987-8621（販売）
8595（編集）
振替　00100-3-16
印　刷　三美印刷株式会社
製　本　株式会社難波製本
装　幀　林　健造

ISBN 4-535-55329-7